# Vitus B. Dröscher

# Tiere
## in ihrem
## Lebensraum

Illustrationen von Katharina Lausche und
Hildburg Thiemeyer

Otto Maier Ravensburg

5  4  3  2      92  91  90  89

Layout und Grafik: Rainer Benz
Umschlaggestaltung: Rainer Benz
unter Verwendung einer Illustration von Hildburg Thiemeyer
Didaktische Beratung: Prof. Siegfried Aust,
Freie Universität Berlin

Printed in Germany
ISBN 3-473-35560-7

# Inhalt

# Am See

1 Biber
2 Bisamratte
3 Bleßhuhn
4 Eisvogel
5 Elritzen
6 Fischadler
7 Gelbrandkäfer
8 Graureiher
9 Haubentaucher
10 Hecht
11 Heidelibellen
12 Hüpferling
13 Kammolch
14 Karpfen

15 Kaulquappen
16 Kormoran
17 Krickenten
18 Laubfrosch
19 Ringelnatter
20 Rohrweihe
21 Stechmücke
22 Teichmuscheln
23 Wasserfloh
24 Wasserfrosch
25 Wasserläufer

26 Wels
27 Bruchweiden
28 Gelbe Teich-
   rosen
29 Rauhes
   Hornblatt
30 Rohrkolben
31 Schilf
32 Sumpf-
   Schwertlilien

## Beute machen – aber nicht ausrotten

Schon seit Stunden stand ein Graureiher im flachen Wasser am Ufer eines Sees in Schleswig-Holstein und hielt Ausschau nach Fischen, die er mit seinem spitzen Schnabel „speeren" könnte. Plötzlich ein Rauschen in der Luft: Dicht über dem Wasser schoß ein gewaltiger Seeadler heran. Mit seinen Krallen packte er den Reiher am langen Hals, erwürgte ihn in Sekunden und entschwand mit ihm ebenso-schnell, wie er gekommen war.

Seither wagten es die Reiher in dieser Gegend nicht mehr, bei Tage ohne Deckung Fische zu fangen. Nur in hellen Nächten hatten sie noch den Mut dazu. Viele konnten sich nun nicht mehr sättigen, seit der Seeadler die Gegend unsicher machte, und zogen

| **Seeadler** | |
| --- | --- |
| **Größe** | 95 cm |
| **Spannweite** | 230 cm |
| **Gewicht** | 4,6 kg; größter Greif Europas |
| **Horst** | Auf hohen Waldrandbäumen oder Küstenfelsen |
| **Beute** | Wasservögel, meist Bleßhühner, auch Fische; Säuger bis Rehgröße |
| **Jagdtaktik** | Ergreifen an der Wasseroberfläche; „Kompaniejagd" mit Paarpartner |
| **Eiablage** | 1 – 3 Eier, Mitte Februar bis Mitte März |
| **Brut** | 38 – 42 Tage |
| **Junge flügge mit** | 80 – 90 Tagen |

| **Fischadler** | |
| --- | --- |
| **Größe** | 58 cm |
| **Spannweite** | 140 cm |
| **Gewicht** | 1,7 kg |
| **Horst** | Auf freistehenden Bäumen oder Felsen |
| **Beute** | Fast nur größere Fische |
| **Jagdtaktik** | Ergreifen an der Wasseroberfläche sowie Stoßtauchen |
| **Eiablage** | 3 Eier, April bis Mai |
| **Brut** | 33 – 40 Tage |
| **Junge flügge mit** | 44 – 59 Tagen |

fort. Die Besitzer der Fischteiche atmeten auf. Warum nur hatten sie früher so viele Seeadler abgeschossen und sie in der Bundesrepublik Deutschland bis auf zwei Paare ausgerottet?

Der schlechteste Regulator der Natur ist der Mensch mit seinem Gewehr. Die Tiere unter sich können das viel besser: Fische, die dem Graureiher als Nahrung dienen, fressen unter anderem Kaulquappen, also die „Kinder" (Larven) der Frösche und Kröten. Trotzdem können sie diese nicht ausrotten. Wieso?

Ein weiblicher Wasserfrosch laicht etwa 4000 Eier ab. Forscher haben beobachtet, was geschieht, wenn es in einem Teich überhaupt keine Feinde gibt: Die Kaulquappen senden einen „Zauber"-Körperduft, ein sogenanntes Pheromon aus, das bei kleineren Froschkindern eine seltsame Appetitlosigkeit hervorruft. Diese verhungern dann, obwohl ringsum Nahrung im Überfluß vorhanden ist.

Schließlich ist durch diese Selbstregulierung der Frosch-Bevölkerungsdichte von 4000 Kaulquappen in der Wassermenge von 500 Badewannen nur noch eine einzige am Leben. Überraschenderweise ist das genau die Menge, die sich später als ausgewachsene Frösche in diesem Seegebiet ausreichend ernähren kann.

Fressen nun aber Fische und andere Feinde 3000 Kaulquappen, dann entströmt den überlebenden Geschwistern längst nicht mehr soviel von diesem Körperduft. Entsprechend weniger von ihnen sind zum Hungertod verurteilt. Ob von den anfänglich 4000 Kaulquappen, 10, 100, 1000, 2000 oder 3999 gefressen werden, spielt für die spätere Entwicklung der Bevölkerungsdichte der Frösche überhaupt keine Rolle. All die vielen Froschkinder sind nur eine Art Reserve oder Futter für andere Tiere. Das hat jedoch eine bestimmte Grenze: Werden mehr Kaulquappen getötet, als zur Erhaltung der Art nötig sind, etwa durch die Verschmutzung des Wassers, dann sterben die Frösche aus, und zwar schlagartig.

## Die Großen leben von den Kleinsten

Die Fische, die Kaulquappen fressen, ernähren sich im See auch von anderen Dingen. Die etwa 15 Zentimeter lange Kleine Renke, auch Felche oder Maräne genannt, verzehrt zum Beispiel Tierchen, die wir nur unter der Lupe genauer erkennen können: Wasserflöhe und Hüpferlinge. Das sind winzige Krebse, die man zum tierischen Plankton zählt, also zu jenen Lebewesen, die sich zwar hüpfend fortbewegen können, in ihrer Kleinheit aber ein Spielball der Wasserströmungen sind.

In einem Eimer Seewasser können im Frühjahr 20000 Wasserflöhe leben. Dann beginnt ein ungeheures „Kinderkriegen": Ein einziges Tier kann bis zum Herbst so viele Kinder und Kindeskinder bekommen, wie in Europa Menschen leben! Kommt keine Renke, um hier etwas zu verspeisen, so wird aus dem Wasser ein einziger Wasserfloh-Brei. Das haben Laborversuche von Professor Richard Woltereck gezeigt.

Im See aber haben die Wasserflöhe so viele Feinde, daß es ihnen ergeht wie den „zehn kleinen Negerlein": Fast alle werden erst einmal gefressen, aber zum Schluß sind es wieder so viele wie zuvor. Wasserflöhe sind das Grundnahrungsmittel, von dem fast alles Getier im See lebt, sei es als Fresser oder als Fresser des Fressers: Fische, Molche, Frösche, Käfer, Libellen, Wasserspinnen, Würmer,

Schnecken, Muscheln, Vögel und Säugetiere. Ohne Wasserflöhe und Hüpferlinge wäre fast alles andere Leben im und am See nicht möglich.

Die Wasserflöhe wiederum ernähren sich von mikroskopisch kleinen Bakterien, von anderen, ebenso winzigen, einzelligen Lebewesen wie Amöben und Rädertierchen, vor allem aber von einzelligen, grünen Algen.

Algen sind Pflanzen, sozusagen das „Gras des Wassers". Sie stellen aus Wasser und Kohlensäure mit Hilfe der Kraft des Sonnenlichts Zucker her. Diesen Vorgang bezeichnet man als Photosynthese. Algen erschaffen also aus totem Material organische Stoffe zum Aufbau ihres Körpers, der wiederum anderen Tieren im See als Nahrung dient.

Somit stehen die Algen am Anfang der Nahrungskette. An ihrem Ende ist in unserem Beispiel der Seeadler zu finden. Was die Algen herstellen, ist die Grundlage allen anderen Lebens. Wir nennen dies die Primärproduktion im See. Das bedeutet folgendes: Alle anderen Lebewesen im und am See können durch Fressen und Abgabe von Energie gar nicht mehr verbrauchen, als die Algen produzieren. Hier liegt die Grenze aller Möglichkeiten des Lebens.

Andererseits kann die Herstellung aller Lebensgrundlagen bei den Algen durch Gifte gestört, behindert oder gestoppt werden. Dann stirbt der See und wird zur stinkenden Brühe.

## Das große Fressen und die Lebensgemeinschaft

Viele Menschen verstehen die Tier- und Pflanzenwelt heute leider immer noch als die Ordnung vom Fressen und Gefressenwerden. „Nur der Starke überlebt", heißt es. Daraus wurde sogar eine Weltanschauung gemacht: Man zog aus der oberflächlichen Betrachtung die Schlußfolgerung, daß der „Starke" den „Schwachen" vernichten dürfe oder sogar vernichten solle. So bekämpft ein Geschäftsmann unerbittlich seinen Konkurrenten, ein Staat unterwirft den anderen im Krieg, der Mensch rottet zahlreiche Tierarten aus und tut der Natur bedenkenlos Gewalt an durch seine Eingriffe mit Hilfe der Technik und der Chemie – bis er sieht, daß er sich damit an den Rand des eigenen Untergangs „vorangearbeitet" hat.

9

Irgend etwas muß also am Prinzip vom Fressen und Gefressenwerden nicht stimmen. Was ist das? In den eben berichteten Beispielen aus dem Lebensraum See wird ja auch ungeheuer viel gefressen. Der Unterschied ist nur: Keine Tierart rottet die andere aus! Jede frißt von ihren Beutetieren nur so viel, daß im nächsten Jahr noch ebenso viele davon da sind wie heute und in zehn, hundert und vielleicht tausend Jahren. In diesem Sinne ist die Gemeinschaft die Lebensform der Natur.

Der Lebensraum See bildet also eine einzige große Lebensgemeinschaft, eine Biozönose. Rechnen wir den gesamten Lebensraum, das Biotop, mit hinzu, so bezeichnen wir dies alles als Ökosystem.

Hier hängt der Fortbestand einer Tierart auf Gedeih und Verderb von jeder anderen ab. Dabei ist es so eingerichtet, daß sich alles in einem großen Gleichgewicht befindet, von kleineren Schwankungen in bestimmten Zeitabständen einmal abgesehen. Jede Störung des Gleichgewichts der Natur, etwa durch den Menschen, muß zwangsläufig zu einer Katastrophe führen, von der dann auch der Mensch betroffen wird.

Es ist kein Zufall, daß diese großen Zusammenhänge gerade am Beispiel des Lebensraums See entdeckt worden sind, und zwar von Professor August Thienemann, dem Direktor des Max-Planck-Instituts für Limnologie (Binnengewässerkunde) in Plön in Holstein, und Professor Richard Woltereck, dem Chef der Limnologischen Station Seeon im Chiemgau. Denn der See ist ein fast geschlossener Bereich, dessen Tier- und Pflanzenwelt man vergleichsweise leicht überblicken kann.

Aber – und das haben diese beiden Begründer der modernen Ökologie um 1930 auch schon gesehen – der See ist nur eine Welt im kleinen, ein einfaches Modell für alle anderen Lebensräume, ja, sogar für den gesamten Planeten Erde.

## Wie aus einem See
## eine stinkende Brühe wird

Während die Algen und Wasserpflanzen organische Stoffe herstellen, erzeugen sie als „Abfallprodukt" Sauerstoff, der sich im Wasser löst. Diesen können alle Fische und Wassertiere durch ihre Kiemen einatmen. Die Tiere erzeugen durch ihren Stoffwechsel Kohlendioxid, das sie ins Wasser abgeben.

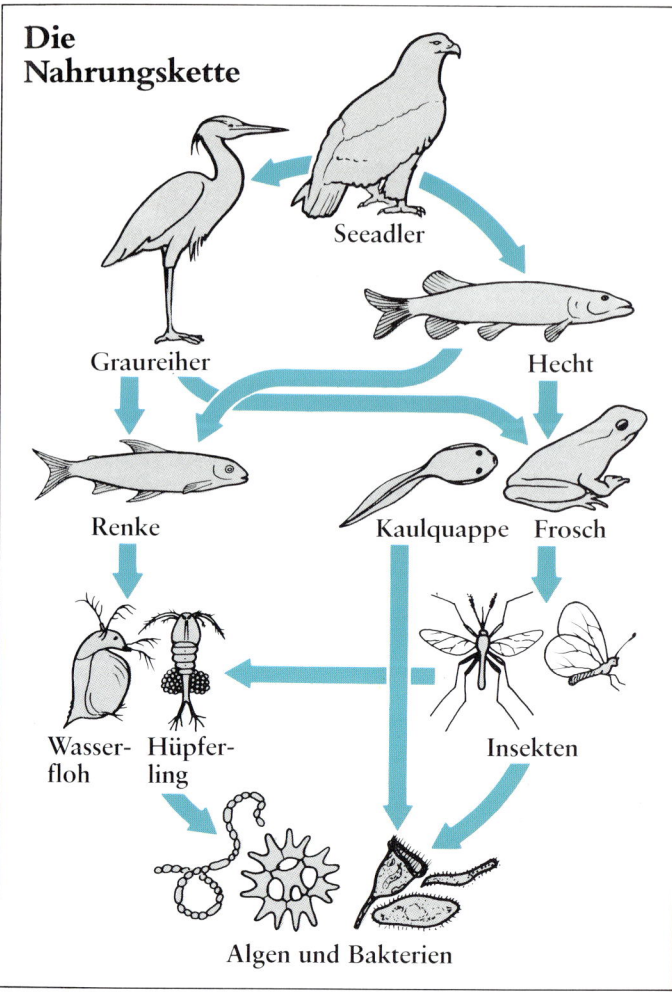

**Die Nahrungskette**

Seeadler

Graureiher   Hecht

Renke   Kaulquappe   Frosch

Wasser-   Hüpfer-   Insekten
floh   ling

Algen und Bakterien

*Die Pfeile zeigen, wer wen frißt. Eine Nahrungskette umfaßt nur selten mehr als fünf Glieder.*

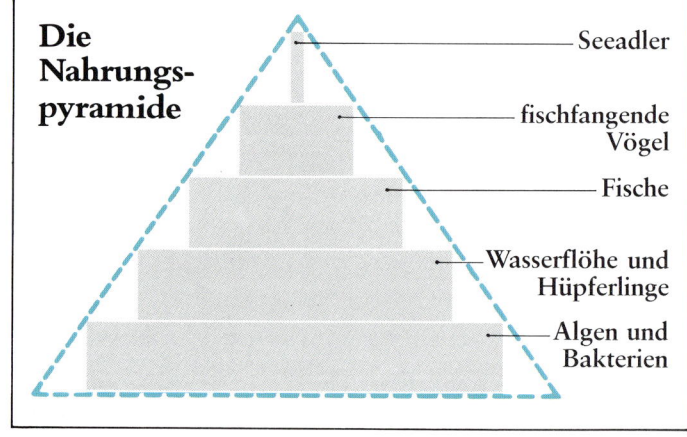

**Die Nahrungspyramide**

Seeadler

fischfangende Vögel

Fische

Wasserflöhe und Hüpferlinge

Algen und Bakterien

*Rechnet man die Körpermassen zum Beispiel aller Wasserflöhe in einem See zusammen, so erhält man die sogenannte Biomasse der Wasserflöhe. Innerhalb einer Nahrungskette ist die Biomasse einer Beuteart immer erheblich größer als die der Beutefresser. Zeichnet man die Biomassen der Glieder einer Nahrungskette untereinander auf, dann erhält man eine Nahrungspyramide.*

Damit können die Pflanzen wiederum organische Stoffe herstellen. So schließt sich der Kreis, und alles ist in Ordnung.

Nun aber wird von außen „Dünger" in den See eingeleitet: Jauche (Gülle) oder Kunstdünger mit dem Sickerwasser der umliegenden Felder, ungereinigte Sielabwässer mit Resten von phosphathaltigen Waschmitteln und menschlichen Ausscheidungen, zum Beispiel aus dem Freibad. Dann nimmt das Wachstum der Algen und Wasserpflanzen stark zu. Dadurch vermehren sich auch viele Tiere. In einer ungeheuren Kraftanstrengung verarbeiten alle Lebewesen im See den Unrat. Das ist die vielbewunderte natürliche Selbstreinigungskraft des Wassers. Wir kennen sie ebenso von den Flüssen und von den Küstengewässern der Meere. Wenn nun aber Menschen aus Unwissenheit oder Gedankenlosigkeit den See immer mehr als „Wasserklosett" mißbrauchen, vermehren sich die einzelligen Algen ins Unermeßliche. Dabei bilden sie die „Wasserblüte". Das sind lange, zähe Fäden, in denen sich die größeren Wasserflöhe mit ihren Beinen verfangen. Die Gefesselten müssen alle verhungern. Die Nahrungskette zwischen Pflanzen- und Tierwelt wird weitgehend unterbrochen. Die Folgen des Sauerstoffmangels sind katastrophal: In dichten Wolken sinken die toten Wasserflöhe auf den Seegrund, mit ihnen unzählige kleine und größere Tiere, die sich von Wasserflöhen ernähren und die nun ebenfalls verhungern. Es bildet sich eine Moderschicht.

Zunächst sind es sauerstoffatmende (aerobe) Bakterien, die hier die Zersetzungsarbeit leisten. Sie verbrauchen so viel Sauerstoff, daß viele andere Tiere im Wasser ersticken. Eines Tages sehen wir dann Tausende von Fischen mit ihrem silbernen Bauch nach oben tot auf dem Wasser treiben. Als Folge davon sterben auch die Pflanzen ab. Schließlich haben nicht einmal mehr die Moderbakterien genug Sauerstoff. Auch sie sterben. Nun vermehren sich andere Bakterien, nämlich solche, die keinen Sauerstoff benötigen (anaerobe Bakterien). Sie gewinnen ihre Energie nicht durch Atmung, sondern durch Gärung. Dabei entstehen Ammoniak und Schwefelwasserstoff, das sind stechend und nach Fäulnis riechende Gase. Blasen steigen vom Seegrund auf. Sie wirken auf alles

andere Leben im See als tödliches Gift. Und schließlich überzieht ein lückenloser, grüner Algenteppich die Oberfläche: das „Leichentuch" eines toten Sees. Den Übergang von der natürlichen Selbstreinigung eines Gewässers zum Teufelskreis des Absterbens bezeichnet man als „Umkippen", und die Überdüngung, die das Umkippen hervorruft, als Eutrophierung.

Schon viele Seen in Mitteleuropa haben durch die Schuld des Menschen dieses schlimme Schicksal erlitten. Ob und wann ein See kurz vor dem Umkippen steht, können nur Fachwissenschaftler herausfinden. Wenn das Unheil schon eingetreten ist, kann man den See nur durch sehr kostspielige Maßnahmen retten: Man muß sofort damit aufhören, Abwässer in den See einzuleiten; der See muß künstlich belüftet werden, indem man Preßluft in den Tiefenbereich einpumpt, und man muß die Moderschicht am Seegrund ausbaggern.

All dieses Geschehen im See ist nur eine Welt im kleinen, ein Modell unseres Planeten. Der Welt im großen ergeht es gegenwärtig ebenso. Diese Zusammenhänge deutlich zu machen, die Abhängigkeit in Lebensgemeinschaften bewußt zu machen, die Schuld der Zerstörer aufzuzeigen sowie Mittel und Wege zur Rettung unserer Umwelt zu suchen – auch das soll eine Aufgabe dieses Buches sein.

## Der Frosch als Verwandlungskünstler

Frösche und Kröten legen ihre Eier, den Laich, im Wasserpflanzendschungel der Seen, Teiche und Tümpel ab. Nach fünf oder sechs Tagen schlüpft ein winziges Wesen aus, das nur einen Millimeter groß ist. Es gleicht überhaupt nicht seinen Eltern, sondern scheint mehr Fisch als Frosch zu sein: Es hat keine Beine, aber einen langen Schwanz, atmet durch Kiemen, darf also das Wasser nicht verlassen und frißt nur Pflanzen (Algen). Der Frosch ist in einer Larve versteckt, in der Kaulquappe. Im Laufe von drei Monaten verwandelt sich die Kaulquappe zwar nicht in einen Märchenprinzen, aber in ein völlig anderes Wesen. Erst verlagern sich die Kiemen, die als Büschel außen am Kopf hingen, in den Leib hinein. Dann wachsen neben dem Schwanz Hinterbeine. Die Vorderbeine bleiben vorerst unsichtbar, weil sie im Inneren der Kiemen heranwachsen.

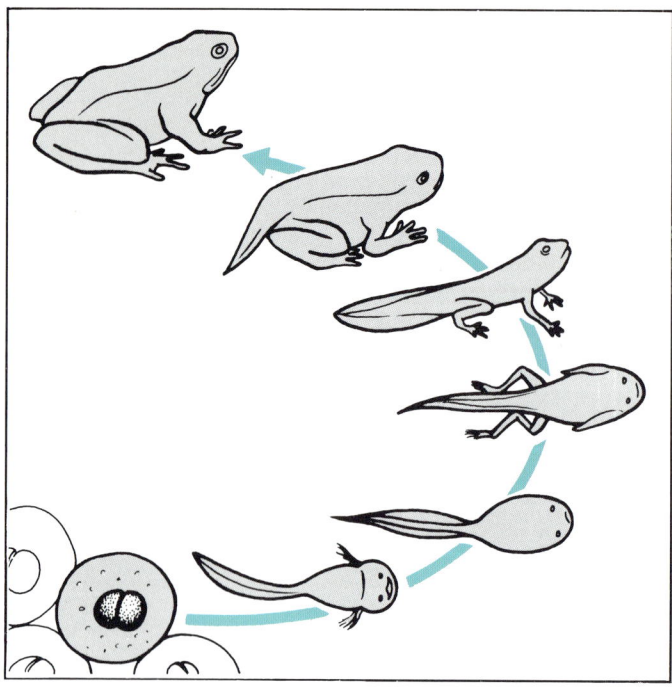

*Die Entwicklungsstadien des Frosches.*

Bald entwickeln sich auch Lungen. Die Kaulquappen schwimmen immer häufiger zur Wasseroberfläche, um Luft zu schnappen, weil die Kiemen kleiner werden. Auch der Schwanz schrumpft, seine Körpermasse wird in die Beine verlagert. Schließlich werden die Vorderbeine gebrauchsfähig, der winzige Algenlutschmund wird zum breiten Froschmaul. Das Tier kriecht nach und nach aufs Land.

Aber es kann jetzt einige Tage lang nichts fressen, weil sich der Darm vom langen Pflanzenverdauungskanal in den kurzen Fleischfressertrakt des künftigen Fliegenfängers umbildet. Wenn dieser Vorgang abgeschlossen ist und nur noch ein kleines Schwänzchen das Hinterteil des fünf bis zehn Millimeter großen Tierchens ziert, ist die Umwandlung (Metamorphose) vollendet. Der Frosch wächst dann in seiner jetzigen Gestalt weiter, bis er „ausgewachsen" ist.

## Der Biber verändert die Landschaft

Wenn „Marsmenschen" mit riesigen Fernrohren die Erdoberfläche nach Veränderungen absuchen würden, könnten sie nur zweierlei feststellen: die größten Bauwerke der Menschen und den Landschaftswandel, den die Biber verursacht haben.

Mit ihren Dammbauten haben Biber einst Bäche in den Steingerölltälern der nordamerikanischen Gebirge zu zahllosen Seen aufgestaut und die Täler in grüne Auwälder umgewandelt. Vor 120 Jahren aber kamen weiße Pelztierjäger ins Land und töteten jährlich bis zu 270000 Biber.

Die Dämme zerfielen. Die Flüsse wurden wieder reißend und schwemmten das Erdreich fort. Das einst fruchtbare Land veränderte sich in steinigen Karst. Tausende von Farmern mußten ihre Ländereien aufgeben. So rächte sich der Mord an den Tieren. Seit 1903 aber werden die Biber geschützt, und sogleich hat sich der kahle Fels wieder belebt.

Hinter der Arbeit dieser Tiere steckt ein erstaunliches bautechnisches Können. Die Anlage von Talsperren hat den Sinn, neue Seen als Lebensraum aufzustauen und dadurch den Wasserspiegel auf einem gleichmäßig hohen Stand zu halten. So kann der Wohnkessel in der Biberburg-Insel, in der Mitte des „eigenen" Sees, weder überflutet werden noch so trocken fallen, daß Feinde dort eindringen könnten.

Ein einziges kanadisches Biberpärchen schaffte in 15 Monaten folgendes: Es fällte 270 Bäume, darunter Riesenstämme bis zu 39 Meter Höhe und 1,60 Meter Durchmesser. Aus diesem Material stapelte es drei Dämme von 40, 45 und 60 Meter Länge quer durch ein kleines Delta dreier Flußarme.

Die „Schnitzmesser" der Nagezähne hobeln pro Sekunde drei Späne aus dem Holz. Einen Stamm von acht Zentimeter Durchmesser legen sie in fünf Minuten um. Für einen halbmeterdicken Stamm braucht ein Tier aber schon drei Tage. Natürlich nutzen sich die Zähne der Biber bei dieser Arbeit stark ab. Dafür besitzen sie die beneidenswerte Eigenschaft, lebenslang und pausenlos nachzuwachsen.

Ist der Biber somit ein Waldschädling? Nein, denn er fällt nur schnellwachsende Laub-Weichhölzer wie Pappeln und Weiden; Eichen, Buchen und Nadelhölzer rührt er nicht an.

In den Donau-Auen bei Neustadt, wo Biber wieder neu angesiedelt werden, nachdem sie in der Bundesrepublik Deutschland völlig ausgerottet worden waren, haben ehrenamtliche Helfer 30000 Pappeln und Weiden gepflanzt und damit den Tieren ein Paradies geschaffen.

*Biber*

*Bisamratte*

*Wanderratte*

| | Biber | Bisamratte | Wanderratte |
|---|---|---|---|
| Länge | 100 cm + 30 cm Schwanz (breit = „Kelle") | 36 cm + 25 cm Schwanz (schmal, scharfkantig) | 26 cm + 22 cm Schwanz (schmal, rund) |
| Gewicht | 30 kg | 1,5 kg | 400 g, selten bis zu 500 g |
| Herkunft | Einheimisch | 1905 aus Nordamerika eingebürgert | Im Mittelalter aus Asien eingebürgert |
| Nahrung | Baumrinde (nicht Holz!) | Vegetarier | Allesfresser |
| Vorräte | Äste, auf Seegrund verankert | Kräuterhaufen im See, dient als Wohnburg | Benutzt die Vorräte des Menschen |
| Paarungszeit | Januar bis März | April bis Herbst | Ganzjährig |
| Tragzeit | 105 – 107 Tage | 28 Tage | 22 – 24 Tage |
| Würfe / Jahr | 1 mit 2 – 4 Jungen | 3 – 4 mit je 7 – 9 Jungen | 7 mit je 6 – 12 Jungen |
| Alter | 10 – 15 Jahre | 4 Jahre | $1^{1}/_{2}$ – 2 Jahre |

## Der Hecht – der Hai unserer Seen

Unbeweglich lauerte der Hecht im Versteck am Schilfrand, bis sein Opfer auf zehn Meter herangekommen war. Dann schnellte er mit einer Geschwindigkeit von 47 Kilometer pro Stunde hervor und verschlang das Beutetier. Anschließend vergrub er sich für mehrere Tage im Schlammgrund des Sees und verdaute.

Das Opfer kann fast so groß wie der Räuber sein. Mitunter hängt dem Hecht der Schwanz der Beute noch einen Tag lang aus dem Maul heraus, bis der verschlungene Teil halbwegs verdaut und im Magen wieder Platz ist. Selten „erstickt" der Hecht an einer zu großen Beute. Wieder ausspucken kann er sie nicht: Das verhindern die Zähne, die in mehreren Reihen im Maul stehen und wie Widerhaken schräg nach hinten gerichtet sind.

Aus dem Hechtlaich schlüpft nach wenigen Tagen ein Schwarm niedlich aussehender Minihechte, die sich von Wasserflöhen ernähren. Doch sobald die jungen Tiere eine Länge von drei bis vier Zentimeter erreicht haben, fangen sie an, sich gegenseitig aufzufressen. Bald ist von den etwa 50 Fischchen nur noch ein einziges übrig, dessen Bauch zum Grab

Hecht

Elritze

Karpfen

| | Hecht | Karpfen | Elritze |
|---|---|---|---|
| **Länge** | Normal 130 cm, selten 200 cm | Normal 30 – 40 cm, selten bis 100 cm | 7 – 10 cm, selten bis 14 cm |
| **Gewicht** | Normal 25 kg, selten bis 70 kg | Normal 0,5 – 1 kg, selten bis 30 kg | Um 30 g |
| **Alter** | Alter an Jahren = Gewicht in kg | 40 Jahre | 5 Jahre |
| **Laich** | 100 000 – 1 Million Eier, kleben an Wasserpflanzen | 100 000 – 6 Millionen Eier, kleben an Wasserpflanzen | 200 – 1000 Eier im klaren Wasser, haften auf Steinen, Kies und Sand |
| **Brutpflege** | Keine | Keine | Keine |
| **Feinde** | See- und Fischadler und eigene Artgenossen | Hecht, Wels, Reiher, Fischadler, Fischotter | Forelle, Aal, Hecht |
| **Nahrung** | Alles Fleischliche | Algen, Wasserpflanzen, Würmer, Krebschen, Insektenlarven | Wasserpflanzen, Würmer, Insektenlarven, Laich |

aller seiner Brüder und Schwestern geworden ist. Als ausgewachsene Tiere fallen Hechte über alles Fleischliche her, das sie überwältigen können: über Fische, Wanderratten, Ringelnattern, Frösche und schwimmende Wasservögel. Sogar einen Schwan, der gerade Nahrung vom Seegrund heraufholt (gründelt), können sie am langen Hals packen und in der Tiefe ertränken.

## Schreckstoffe warnen vor Räubern

Kleinere Fische jagt der Hecht als „Schleicher": Regungslos verharrt er in einer Wasserpflanzenwiese, bis er von fingerlangen Elritzen arglos umschwärmt wird. Elritzen sind jene Fische, die gern von Urlaubern an Bootsanlegestellen gefüttert werden. Kommt eine Elritze dicht am Kopf des Hechtes vorbei, schnappt er sie. Die Schwarmgenossen bemerken das zunächst nicht.

Aber sobald die Haut der Elritze zerfetzt wird, strömt ein Duft aus, der alle anderen Elritzen zur Flucht treibt, als hätte der Blitz eingeschlagen. Man nennt diesen Duftstoff einen „Schreckstoff". Dem Opfer nützt er zwar nichts mehr, aber er rettet die Artgenossen. Der Geruch des Todes hängt noch Tage an diesem Ort, so daß sich der Hecht ein neues, möglicherweise nicht mehr so günstiges Versteck suchen muß.

Solche Schreckstoffe besitzen noch viele andere Süßwasserfische (übrigens auch Kaulquappen). Schleien und Karauschen stürzen sich kopfüber in den Schlamm am Seeboden. Grundeln erstarren und machen sich durch ihre Tarnfarbe unsichtbar. Barben ballen sich an der Wasseroberfläche zu einem dichten Schwarm zusammen und versuchen, den Hecht durch Luftsprünge zu verwirren. Karpfen meiden lange Zeit die gesamte gefährliche Region des Sees.

Was hat unter diesen Umständen der Hecht im Karpfenteich zu suchen? Verursacht er nicht andauernde Panik in diesem Gewässer? Durchaus nicht, denn der Teichwirt sorgt dafür, daß in jedem Becken nur ein Hecht schwimmt, der zu klein ist, um die Karpfen zu fressen. Er soll sich an kleinere Beute halten, sogenannte Weißfische, auch „Fischunkraut" genannt, die den Karpfen das Futter wegfressen.

Wie kommen nun aber die Weißfische, zu denen auch die Elritze gehört, in den Teich? Sind sie über Land gelaufen? Natürlich nicht. Sie kommen per „Luftfracht": Wenn Enten in einem großen See gründeln, bleibt der Fischlaich, der dort liegt, an ihrem Gefieder kleben. Später wassern die Enten auf dem neu angelegten Teich, und die Fischeier lösen sich ab. Das ist das ganze Geheimnis.

Es gibt aber auch Fische, die tatsächlich über Land laufen können. Es sind die Aale. In den frühen Morgenstunden schlängeln sie sich durchs Gras taufeuchter Wiesen und gelangen so aus den Flüssen in Seen und Teiche.

## Was ist ein See, was ist ein Teich?

In einem See gibt es drei grundverschiedene Lebensbereiche:

– Die Uferzone (Litoral) mit einer unbewachsenen Bank oder mit einem Schilfgürtel, in dem wir auch Binsen und Rohrkolben finden. Hier gedeihen viele Wasserpflanzen wie See- und Teichrosen, Sumpf- und Schwertlilien.

– Weiter vom Ufer entfernt schließt sich der Lebensbezirk der Freiwasserzone (Pelagial) an. Pflanzen fassen hier keinen Boden mehr, aber frei schwebende Algen vermehren sich gut. Sie und die Pflanzen der Uferzone sorgen für die Primärproduktion belebter Substanzen. Diese sind der Quell allen Lebens im See. Die Freiwasserzone reicht so tief, wie das Sonnenlicht ins Wasser eindringt.

– Darunter liegt das dunkle Reich der Tiefwasserzone (Profundal). Wo die Grenze liegt, hängt davon ab, wie trübe das Wasser ist. Alles, was hier lebt, ernährt sich nur von dem, was in der Ufer- und Freiwasserzone produziert worden ist. Somit bilden alle drei Zonen samt ihrer Tier- und Pflanzenwelt eine große, übergeordnete Lebenseinheit.

Stehende Gewässer, die so flach sind, daß das Sonnenlicht überall bis zum Grund dringt, bezeichnet der Seenforscher (Limnologe) als Teiche; Teiche, die vorübergehend austrocknen, als Tümpel.

Ein See kann auch von einem Fluß durchquert werden wie der Bodensee vom Rhein oder wie ein Stausee. Indem sich das Flußwasser im See ausbreitet, verliert es an Geschwindigkeit und wird zum stehenden Gewässer, also zum See.

Vom Fluß mitgerissener Schlamm sinkt im See langsam zu Boden und lagert sich ab. Der See wird immer flacher und verlandet schließlich. Bei einem Stausee geht das sehr schnell. Aber auch in einem See, der nicht von einem Fluß durchströmt wird, lagern sich Schwebstoffe auf dem Grund ab. Früher oder später ist die Verlandung das Schicksal eines jeden Sees. So entsteht ein Hochmoor.

## Vom Sterben der Graureiher

Mit ohrenbetäubendem Krach donnerte ein Düsenjäger im Tiefflug über die Brutkolonie der Graureiher in einer alten Eiche. In kopfloser Flucht suchten alle dort brütenden Stelzvögel das Weite. Als sie nach 15 Minuten wieder heimkehrten, hatte bereits ein Schwarm Saatkrähen die Horste besetzt, die

| Graureiher | |
|---|---|
| **Größe** | 106 cm |
| **Gewicht** | 1,75 kg |
| **Nest** | Kolonie in Bäumen |
| **Brut** | Ende März, 4 – 5 Eier, 25 – 26 Tage bebrütet |
| **Nahrung** | Täglich 100 g Fisch, 230 g Insekten, Mäuse und Frösche |
| **Beutefang** | Lauern, knietief im Wasser stehend |
| **Feinde** | Uhu, Seeadler |
| **Alter** | 24 Jahre |
| **Gefährdung** | Trotz teilweisem Schutz durch Abschuß gefährdet |

| Kormoran | |
|---|---|
| **Größe** | 92 cm |
| **Gewicht** | 2,3 kg |
| **Nest** | Kolonie in Bäumen |
| **Brut** | Ab April, 3 – 4 Eier, 23 – 30 Tage bebrütet |
| **Nahrung** | Täglich bis zu 600 g Fische bis zu 20 cm Länge |
| **Beutefang** | Unterwasserschwimmen bis zu 20 m Tiefe |
| **Feinde** | Uhu, Seeadler |
| **Alter** | 35 Jahre |
| **Gefährdung** | In BRD ausgerottet. Seit 1982 Neuansiedlung |

Eier zerstört und die Jungen getötet. Nur sechs der 32 Reiherpaare gelang es, ihr Heim zurückzuerobern. Von Krähennachbarn ständig belästigt, wurde kaum ein Jungvogel flügge. Im Winter darauf fielen sieben geschwächte Reiher dem Frost zum Opfer, fünf wanderten nach Spanien aus und kehrten nie mehr zurück.

Ein Jahr nach dem Überfliegen durch einen einzigen Düsenjäger war die gesamte Reiherkolonie ausgestorben. Eine winzig erscheinende Ursache hatte

| Eisvogel | |
|---|---|
| **Größe** | 16 cm |
| **Gewicht** | 35 g |
| **Nest** | Einzeln in Lehm-Steilwand |
| **Brut** | Ab April 6 – 8 Eier, Zweitbrut, 18 – 21 Tage bebrütet |
| **Nahrung** | Kleine Fische, Insekten, Frösche, Kaulquappen |
| **Beutefang** | Stoßtauchen bis zu 2,50 m Tiefe |
| **Feinde** | Baumfalke, Sperber, Ringelnatter |
| **Alter** | 4 Jahre |
| **Gefährdung** | Durch harte Winter und Störung in Nestnähe gefährdet |

eine Kette unvorhersehbarer Folgen ausgelöst und zum Untergang der Brutkolonie geführt.

## Das Kinderkarussell des Eisvogels

Stell dir vor, du befindest dich in einem automatischen Restaurant. Sieben Gäste sitzen im Kreis. Nur einer hockt vor einem Loch, aus dem Nahrung in seinen Mund gestopft wird. Sobald er eine Portion erhalten hat, dreht sich die ganze Gesellschaft wie ein Kinderkarussell um einen Gast weiter, der nun an der Reihe ist und gefüttert wird.

Genau dies ist das Schema, nach dem Eisvogeleltern ihre Jungen im Inneren einer meterlangen Erdröhre in einem lehmigen Steilhang füttern.

Das Futterholen macht ungeheuer viel Arbeit: Der Elternvogel wartet auf seinem Lauersitz, bis er einen Fisch entdeckt hat, und schießt dann wie ein Pfeil ins Wasser. Aus einer Sitzhöhe von 60 Zentimeter erreicht er Tauchtiefen bis zu 40 Zentimeter. Seine größte Tauchtiefe liegt bei 2,50 Meter.

Um sich und seine Kinder zu sättigen, muß ein Elternvogel jeden Tag 31 fingerlange Fischlein fangen. Da von zehn Tauchangriffen neun ins Leere gehen, muß er täglich etwa 310mal ins Wasser. Katastrophal wirkt sich ein kalter Winter aus: Eis ist des Eisvogels Tod. Bei hartem Frost verhungern 95 von 100 dieser Tiere. Sie frieren beim Tauchen am Eis fest. So bedarf dieses bildschöne Tier unseres besonderen Schutzes, um auch in Zukunft zu überleben. Wir bauen ihm Kunstnester und sperren die Umgebung ab. Die Elternvögel würden es nicht wagen, das Nest anzufliegen, solange etwa ein Angler in der Nähe sitzt. Ihre Jungen müßten dann verhungern.

## Verteidigung aus dem Untergrund

Langsam schwamm ein Höckerschwan am Schilfrand des Chiemsees entlang. Plötzlich schoß ein kleiner Vogel aus dem Röhricht. Mit flinken Trippelschritten erhob er sich aus dem Wasser. Es sah aus, als ginge ein Pinguin auf der Oberfläche spazieren. Dazu spreizte der Vogel sein prächtiges Halskrausen- und Haubengefieder und zeterte fürchterlich. Es war ein *Haubentaucher*, der seinen Brutplatz im Schilf gegen den zehnmal so schweren Schwan verteidigte. Dieser stieß zischend mit dem Schnabel zu – aber ins Leere, denn das Ziel war plötzlich spurlos verschwunden: das berühmte Blitztauchmanöver des Haubentauchers! Noch während der Schwan „dumm" guckte, durchzuckte es ihn. Der Verteidiger hatte ihn im Gegenangriff unter Wasser mit seinem spitzen Schnabel ins Po-Loch gestochen! Da blieb dem Großen nur noch die Flucht.

Das Nest eines Haubentauchers ist ein schwimmendes Häufchen Schilf, das im Röhricht verankert wird – eine recht feuchte Kinderstube. Für die Eier

mag es genügen. Aber die eben geschlüpften Küken würden darin erfrieren. Deshalb bekommen sie gleich nach dem Schlüpfen ein anderes „Nest": das pelzige, warme Rückengefieder unter den Flügeln der Eltern.

## Mit Wasserwerfern gegen Feinde aus der Luft

Als eine Rohrweihe dicht über dem Schilfsaum des Dümmersees herangaukelte, gab der Wachtposten

| Haubentaucher | |
|---|---|
| **Größe** | 48 cm |
| **Gewicht** | 1,4 kg |
| **Nest** | Auf Schilffloß im Röhricht verankert; für Küken: Flügeltasche der Eltern |
| **Brut** | Ab Ende April 2 – 6 Eier, 27 – 29 Tage; 2. Brut möglich |
| **Küken** | 20 Tage in Flügeltaschen der Eltern; 11 Wochen von Eltern gefüttert |
| **Nahrung** | Bis 13 cm lange Fische, Molche, Kaulquappen, Insekten, Krebse |
| **Tauchen** | Meist 30 Sekunden, höchstens 3 Minuten, etwa 7 m tief |
| **Feinde** | Für Küken: Hecht, Aal, Forelle, Reiher, Fischotter |
| **Gefährdung** | Durch Schilfrückgang |

| Bleßhuhn | |
|---|---|
| **Größe** | 38 cm |
| **Gewicht** | 230 g |
| **Nest** | Hängematte 30 cm über Wasser im Schilf; Rampe zum Wasser für Küken |
| **Brut** | 22 – 25 Tage; nur 1 Brut |
| **Küken** | Nestflüchter mit Rückkehr ins Nest zum Schlaf; flügge mit 8 Wochen |
| **Nahrung** | Wasserpflanzen, Würmer, Schnecken, Insekten |
| **Tauchen** | Höchstens 27 Sekunden, etwa 3 m tief |
| **Feinde** | Da Seeadler und Rohrweihe jetzt selten sind, starke Vermehrung |
| **Gefährdung** | Nicht gefährdet |

einer zwanzigköpfigen *Bleßhuhn*-Versammlung Alarm. Sogleich flatterte alles in Panik wirr durcheinander. Nun aber zeigte sich: Das Bläßhuhn, richtig Bleßhuhn (nach der weißen Blesse auf der Stirn), auch Belche genannt, trägt den Zunamen „Huhn" zu Unrecht. Es gehört auch gar nicht zu den Hühnervögeln, sondern zu den Rallen; das sind an Feuchtgebiete angepaßte Vögel. So war das Durcheinanderwirbeln auch nicht ein „verrückter Hühnerkram", sondern eine Überlebenstaktik zur Verwirrung des Feindes.

Um doch noch ein Beutetier abzusprengen, taumelte die Rohrweihe – der einzige Greifvogel, der im Schilfdickicht landen, Beute schlagen und wieder starten kann – so tief herab, daß sie fast die Oberfläche des Sees berührte. Da nahmen alle Bleßhühner die „Köpfchen-unter-Wasser, Schwänzchen-in-die-Höh-Stellung" ein, benutzten die Schwimmlappen an ihren Füßen als Wasserwerfer und spritzten den Feind so naß, daß er floh. Wie Haubentaucher und Bleßhuhn brüten viele Vögel im Schilfgürtel. Wer in der Brutzeit von März bis Juli mit dem Boot oder Surfbrett dicht ans Schilf heranfährt, stört damit die Tiere in lebensbedrohender Weise.

## Selbstmord auf der Straße?

Der Autofahrer dachte, die Straße schwömme plötzlich zur Seite weg. Im Lichtkegel der Scheinwerfer wallte eine braune Masse über die Fahrbahn. Der Mann bremste, rutschte wie auf Schmierseife und schleuderte gegen einen Baum. Blechschaden. Er hatte das Warnschild „Achtung! Krötenwanderung" nicht ernst genommen.

Ende Februar, Anfang März treten in den Abendstunden an einigen Orten ungeheure Massen von *Erdkröten* weite Wanderungen an. Was geht da vor? Normalerweise leben diese braunen, warzigen Lurche im dichten Gestrüpp am Waldboden. Zur Laichzeit aber drängt es sie zurück in jenen Teich oder Tümpel, in dem sie einst aus dem Ei geschlüpft waren. Dort werden sie sich paaren und selbst Eier legen. Der Hoppelmarsch führt mit einem Tempo von 600 Meter pro Tag mehrere Kilometer weit. Hat ein Bauer einen solchen „Heimattümpel" zugeschüttet, kriechen die Tiere genau an dieser Stelle wie irrsinnig umher. Nur wenige Meter daneben könnten sie vielleicht einen anderen Tümpel finden: Aber diesen mißachten sie, bis sie sterben. Sie sind heimattreu bis in den Tod!

Gegen diese Urgewalt des Heimkehrtriebes sind alle Sperren oder Abzweigungen nutzlos. Naturschützer stellen entlang der Straßen, die von solchen Krötenwanderungen gekreuzt werden, Schutzzäune auf, sammeln die Tiere in Eimern ein und tragen sie hinüber. Oder sie bohren Krötentunnel und legen Trichterzäune an. Man kann die Lurche auch umsiedeln. Dazu muß man den Laich aus dem Tümpel entfernen, in den die Kröten nicht zurückkehren sollen, und ihn in einem günstiger gelegenen Teich aussetzen. Dieser wird dann zur neuen Heimat aller folgenden Krötengenerationen.

## Nur wenige Kinder sind zum Leben „zugelassen"

Im September legt die *Heidelibelle* ihre letzten Eier ins Wasser ab. Die kleinen Larven, die daraus schlüpfen, finden aber alle erfolgversprechenden Lauersitze für die Unterwasserjagd bereits von größeren Libellenlarven besetzt. Da ihre älteren Artgenossen Kannibalen sind, müssen sie deren Nähe unbedingt meiden. Sie verstecken sich im Schlamm, hungern und warten, bis der Jagdsitz, etwa am Stengel einer Wasserpflanze, frei geworden ist – sei es dadurch, daß sich der „große Bruder" vom schwimmenden „Tauchsportler" zum fliegenden „Himmelsstürmer" weiterentwickelt hat, oder dadurch, daß er gefressen worden ist.

Zu ihrem Glück kann die Larve lange fasten. Während dieser Zeit hält sie sich auch „jung", mitunter sogar fünf Jahre lang. Währenddessen verschwenden die großen Vielfresser ihr Leben in wenigen Wochen.

Forscher haben gezählt, was eine Larve gefressen hat, um erwachsen (adult) zu werden: 3037 Mückenlarven, 164 Mückenpuppen, 17 Wasserschnecken, 21 Würmer, 18 Kaulquappen, 3 kleine Fische und 17 andere Libellenlarven, darunter 5 der eigenen Art.

Mit einem Wasserstrahl-Raketenantrieb schießt der Unterwasserjäger auf sein Opfer zu. Dann schleudert er die sogenannte Fangmaske seiner „Unterlippe" vor und verzehrt die Beute. Hat die Larve genug gefressen, dann steigt sie an einem

*Erdkröte*

Schilfstengel aus dem Wasser, klammert sich daran fest und wartet, bis ihre Haut getrocknet ist und am Rücken aufreißt. So kann das flugfähige, geschlechtsreife Insekt (Imago) ausschlüpfen. Aber von hundert Kleinlarven schafft das höchstens eine. Alle anderen sind zum Leben nicht „zugelassen" und nur zur „Reserve" da.

Die fliegende Libelle nennt man auch „Wasserjungfer", „Drachenfliege", „Mückenhabicht", und „Pferdestecher" (obwohl sie gar nicht stechen

*Feuersalamander*

*Kamm-Molch*

| | Erdkröte | Feuersalamander | Kamm-Molch |
|---|---|---|---|
| **Größe** | 15 cm | 20 cm | 18 cm |
| **Lebensraum** | Als Kaulquape im Teich, erwachsen in Wäldern und Gärten | Als Larve 3 Monate im Teich, erwachsen in Moos und Geröll in Wassernähe | Verläßt Teich selten und zum Überwintern in Höhlen und Felsspalten |
| **Nahrung** | Insekten, Schnecken, Würmer, kleine Amphibien | Schnecken, Spinnen, Würmer, Insekten | Krebschen, Insekten, Schnecken, Laich, Kaulquappen |
| **Paarung** | Kleineres Männchen umklammert das Weibchen | Liebesspiel mit Umarmung | Übergabe eines Samenpaketes (Spermatophore) |
| **Laich** | 2 Schnüre mit je 1200–6000 Eiern, um Wasserpflanzen gewickelt | Weibchen setzt 10 Monate nach der Paarung 70 3 cm große Larven ins Wasser ab | 100 Eier auf Wasserpflanzen |
| **Jugendentwicklung** | Nach 12 Tagen schlüpfen Kaulquappen; Umwandlung zur Kröte in 77–91 Tagen | Mit Beinen und Kiemen; Umwandlung in 3 Monaten | Nach 2–3 Wochen schlüpfen Larven; Umwandlung in 3 Monaten |
| **Feindabwehr** | Mit Gift aus Hautdrüse mäßig stark | Mit Gift aus Hautdrüse wie Feuer | Mit Gift aus Hautdrüse ekelerregend |
| **Gefährdung** | Durch Straßen und Trockenlegung | Durch Trockenlegung und Verschmutzung von Gewässern | Durch Trockenlegung und Verschmutzung von Gewässern |
| **Alter** | 11 Jahre | 25 Jahre | 18 Jahre |

kann) oder „Teufels Stopfnadel", die bösen Kindern angeblich die Ohren zunäht. Auch sie ist ein unersättlicher Räuber, der fliegende Insekten aller Art jagt. Jedes ihrer beiden Netzaugen (Facetten- oder Verbundaugen) besteht je nach Artzugehörigkeit aus 10000 bis 28000 Einzelaugen: ein ungeheur genaues Zielgerät für die Luftjagd bei einem Tempo bis zu 100 Kilometer pro Stunde.

Die Männchen besetzen und verteidigen Paarungsreviere an jenen Stellen des See- oder Bachufers, die sich zur Eiablage durch das Weibchen gut eignen und von diesen dazu ausgesucht werden. „Er" packt „sie" im Flug mit seiner Hinterleibszange am Genick (Paarungskette). Nun krümmt sie ihren Hinterleib unter seine Brust und erreicht mit ihrer Geschlechtsöffnung am Hinterende seine Samentaschen (Paarungsrad).

Die Weibchen vieler Arten werfen ihre befruchteten Eier sogleich ins Wasser, andere tauchen zum Eierlegen ganz unter. Wenn sie danach mit nassen Flügeln nicht starten können, werden sie von den Männchen wie von einem Hubschrauber aus „Seenot" gerettet.

In Deutschland leben 80 Libellenarten, 40 davon sind vom Aussterben bedroht. Die Ursachen dafür sind Trockenlegung von Gewässern, Wasserverschmutzung, Flußbegradigung, Torfabstich. Zum Beispiel legt die Grüne Mosaikjungfer ihre Eier nur in die wassergefüllten Blätter der Krebsschere. Das ist eine Süßwasserpflanze, die gegenwärtig vernichtet wird, weil sie die Angler stört. Mit der Pflanze stirbt auch die Libelle. Das muß verhindert werden!

## Warum uns die Mücken stechen

Der zwölfjährige Wolfgang ist ein großer Mückenfänger. Schon 17 Plagegeister hat er erlegt. Aber eine hat ihn in der Nacht doch gestochen und ihm einen Stecknadelkopf voll Blut abzapft. Das reichte dem Tier, um 500 Eier herzustellen. Eine Stechmücke kann aber bis zu zehnmal Blut saugen und insgesamt 5000mal Nachwuchs zeugen. Die 17 getöteten Insekten waren also ein Nichts dagegen. Die fertigen Eier können so lange im Mutterleib bleiben, bis eine Paarung erfolgt. Das Weibchen kann die Samen aber auch lange aufheben, etwa den ganzen Winter über, bis es Blut gefunden hat und Eier bilden kann. In den Tropen oder in der Tundra

überlebt ein Mückenweibchen mehrere Jahre andauernde Dürre-, Hitze- oder Frostzeiten im Trockenschlaf und erwacht beim ersten Regen zu neuem Leben. Findet es in der Einöde weder Menschen noch Vieh als Blutlieferanten, dann hält es sich an Mäuse, Vögel, Heuschrecken, Käfer oder Regenwürmer.

Zur Paarung tanzen die Männchen in Massen über Büschen, Steinen oder auch über Spaziergängern und warten auf einzeln zu ihnen kommende Weibchen. Die Männchen sind keine Blutsauger, sondern nähren sich nur von Pflanzensäften. Wir erkennen sie an den großen Antennen, die wie Flaschenbürsten aussehen. Ertönt das Summen eines fliegenden Weibchens, so schwingen diese Antennen mit wie eine Stimmgabel und bringen das Männchen in Paarungsstimmung.

Zur Eiablage genügt eine Pfütze, Regentonne oder Blumenvase. Das Weibchen legt seine 200 bis 500 Eier nebeneinander, zu einem Floß aufgeschichtet. Bald schlüpfen die Larven aus. Sie hängen sich mit dem Haarkranz an ihrem Hinterleibsende und mit Luftkissen an der Wasseroberfläche fest und atmen durch eine schnorchelähnliche Luftröhre (Trachee). Um sich zu ernähren, strudelt die Larve mit den Härchen an der Mundöffnung Wasser durch ihren Körper hindurch und filtert dabei Algen und Schwebstoffe heraus. Eine einzige Larve filtert einen Liter Wasser pro Tag sauber. Sie kann aber auch Wasserflöhe orten und angreifen. Nachdem sie sich dreimal gehäutet hat, verpuppt sie sich und schlüpft schon wenige Tage später als flugfähige Stechmücke.

Ihre Blutquelle findet das Weibchen in dunkler Nacht mit Hilfe der Wärme, der Feuchtigkeit und des Kohlendioxids, die in der „Abwindfahne" ihres Opfers abgegeben werden. Menschen mit „süßem Blut", das Mücken anziehen soll, gibt es nicht, – wohl aber solche, die in ihrem Körpergeruch Duftstoffe besitzen, die Mücken mehr oder weniger stark abschrecken. Diese Wirkung kann man verstärken, indem man sich mit zerriebenen Baldrianblättern einreibt (dann lockt man allerdings Katzen an!) oder abends eine Vitamin-B-Tablette einnimmt. Ein gut gewürztes Abendessen mit viel Knoblauch nützt auch. Knoblauch kann Mücken sogar töten.

# An Bach und Fluß

| | | |
|---|---|---|
| 1 Aal | 3 Feuersalamander | 11 Lachs |
| 2 Bachforelle | 4 Fischotter | 12 Nachtigall |
| | 5 Flußflohkrebs | 13 Pirol |
| | 6 Flußkrebs | 14 Wasseramsel |
| | 7 Flußperlmuschel | 15 Wasserspitzmaus |
| | 8 Flußuferläufer | 16 Schmerle |
| | 9 Groppe | 17 Brunnenkresse |
| | 10 Köcherfliegen- | 18 Flutender |
| | larve | Hahnenfuß |
| | | 19 Pfaffenhütchen |
| | | 20 Silberweide |
| | | 21 Schwarzerle |
| | | 22 Quellmoos |

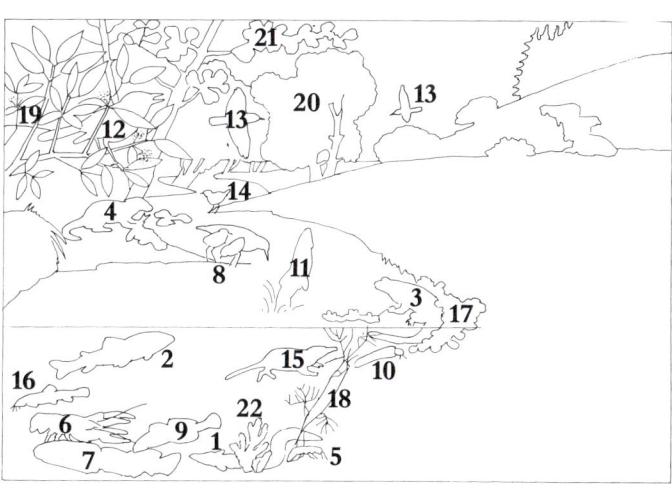

## Vom Menschen zum wilden Räuber gemacht

Mutter *Fischotter* stieß einen Pfiff aus: das Startsignal zum Kesseltreiben auf Fische. Sogleich schwärmten ihre drei Kinder zur Treiberkette aus und scheuchten die Fische in eine kleine Bucht des Flusses. Während die Jungen die Fische an der Flucht hinderten, stieß die Mutter in die Masse der Beute hinein, faßte ein Opfer, trug es ans Ufer und ließ es dort liegen, um das nächste zu holen. Als sie zwölf Fische gefangen hatte, hielten es die Kinder vor Gier nicht länger aus. Sie hechteten an Land, um mit dem Mahl zu beginnen. So entkamen die meisten Fische.

Auf diese Weise können Fischotter keine nennenswerten Schäden unter den Fischen anrichten. Eine Mutterfamilie verteidigt nämlich ein 20 Kilometer langes Teilstück eines Flusses als „privaten Grundbesitz". Hier bleiben immer mehr als genug Fische übrig. Die Revierbildung bei den Raubtieren ist eines der wirksamsten Mittel der Schöpfung gegen die Ausrottung der Beutetiere.

Das wird anders, wenn der Mensch Fischteiche anlegt: Darin schwimmen nun Forellen oder

23

Karpfen unnatürlich dicht beieinander. Bricht hier ein Otter ein, so findet er eine Lage vor, wie er sie sonst nur von seinen Kesseltreiben her kennt. Ein Instinkt zwingt ihn, immer wieder in den Teich zu tauchen und Fisch um Fisch an Land zu schleppen. Die Teichwirte sagen: „Der Otter räumt ein Gewässer aus."

So gelangte das Tier irrigerweise in den Ruf, ein blutrünstiger Massenmörder zu sein, der ausgerottet werden müsse. Allein 1914 wurden in Deutschland 10000 Fischotter getötet. 1986 lebten in Schleswig-Holstein nur noch 65 Tiere, in Niedersachsen 90 und sechs im Gebiet zwischen Bayerischem Wald und Böhmerwald.

Seit 1968 steht der Fischotter unter Schutz. Mehrere Tierzuchtinstitute züchten Jungtiere, um sie später in freier Natur ansiedeln zu können. Doch bisher sind alle ausgesetzten Tiere nach wenigen Wochen gestorben, ohne daß man weiß, warum. Selbst dort, wo Biber gut gedeihen, gehen die Fischotter ein. Sie sind ein hochempfindlicher Anzeiger dafür, ob die Umwelt und besonders die Gewässer noch in Ordnung sind (Bioindikatoren). Leider sieht es damit zur Zeit sehr schlecht aus.

## Millionen wandern in den Tod

„Eines Tages sind sie da, erst Tausende, dann viele Millionen." So schilderte vor 100 Jahren ein Zeitgenosse die Lachswanderung in der niederländischen Rheinmündung. „Plötzlich stürmen die Massen los, daß der Strom bergauf zu fließen scheint. Binnenschiffe werden von ihrer Menge zurückgedrängt. So passieren *die Lachse* Köln und Basel. (Ein D-Zug braucht für diese 520 Kilometer ungefähr sechs Stunden!) Seit sie vom Meer in den Fluß gekommen sind, fressen sie nichts mehr. Bei Schaffhausen peitschen sie sich den 20 Meter hohen Rheinfall hinauf, durchqueren den Bodensee und beginnen mit dem Aufstieg in die Alpen. Sie überspringen breite Kiesbänke, wälzen sich, auf der Seite liegend und sich krümmend, über Stromschnellen hinweg, bis sie einen klaren Bergbach erreicht haben, wo sie laichen und dann sterben." Forscher haben herausgefunden: Ein Lachs kehrt nach zwei- bis siebenjährigem Leben im Ozean stets wieder an den Ort zurück, an dem er einst aus dem Ei geschlüpft ist. Im falschen Gewässer ist er unfähig zu laichen. Wie findet er seine Heimat? Wieso schwimmt er nicht in die Mosel oder in den Main? Professor Arthur Hasler hat das Geheimnis dieser Tiere erforscht: Der Lachs erkennt seine

### Fischotter

| | |
|---|---|
| **Länge** | 90 cm + 45 cm Schwanz |
| **Gewicht** | 13 kg |
| **Nahrung** | Fische, Krebse, Frösche, Wasservögel, Ratten, Bisame |
| **Jagd** | Meist bei Mondschein, taucht 6 – 8 Minuten, ortet Unsichtbares mit Schnurrhaaren, tags Lauerjagd vom Pfahl oder Stein |
| **Erdbau** | In Uferböschung, Eingang 0,5 m unter Wasser, 2 Luftschächte |
| **Paarungszeit (Ranz)** | Zu allen Jahreszeiten, Bereitschaft angezeigt durch Grashäufchen mit Kotsignal |
| **Wurf** | Nach 61 – 63 Tagen Tragzeit 1 – 4 Junge, bleiben 1 Jahr bei Mutter. Reif mit 2 – 3 Jahren |
| **Alter** | Bis 18 Jahre |
| **Feinde** | Nur Mensch, Wasserverschmutzung und Biotopzerstörung |

Heimat am Duft. Sein Bergbach riecht nach den speziellen Pflanzen und Mineralien (Gesteinen). Dieses Duftgemisch ist sein Wegweiser von der Flußmündung bis zu seinem Ziel.

Das klingt unglaublich. Aber die Natur vollbringt es: Kurz nachdem der Fisch aus dem Ei geschlüpft ist, „schaltet" sie sein Riechhirn so, daß es mit heftigen Signalen reagiert, wenn es genau diesen Duft wahrnimmt. Alle anderen Gerüche lösen hingegen keinen Reiz aus, dorthin zu schwimmen. Wir nennen dies „Prägung".

Wird ein Fluß jedoch durch Fabrikabwässer verseucht, dann versagt der Duftwegweiser des Lachses. Das Tier findet nicht heim und kann nicht laichen. Die Lachsbevölkerung des Flusses stirbt nach und nach aus.

Lachs

Aal

Bachforelle

| | **Aal** | **Lachs** | **Bachforelle** (Lachs-Verwandter) |
|---|---|---|---|
| **Länge, männl.** <br> **weibl.** | 51 cm <br> 100 cm | 150 cm <br> 120 cm | 25 – 40 cm |
| **Gewicht,** <br> **männl.** <br> **weibl.** | <br> 2 kg <br> 4 kg, max. 6 kg | <br> 36 kg <br> 20 kg | <br> 15 kg <br> 15 kg |
| **Nahrung** | Nasenjäger auf Insekten, Schnecken, Krebse, Spitzmäuse, Frösche, Laich, Würmer, kleine Aale. Fasten im Aquarium bis 4 Jahre | Augenjäger, jung im Fluß: Insekten, Groppen; im Meer: kleine Fische, Garnelen; zurück im Fluß: nichts | Augenjäger, ähnlich dem Lachs. Wanderformen ziehen wie Lachs, nur nicht so weit. Auch Seeforellen: ziehen vom Fluß in einen See. Ferner standorttreue Formen, die nicht wandern |
| **Feinde** | Größere Aale, Hechte, Welse | Hechte, Fischadler, Seeadler | Siehe Lachs |
| **Alter** | Ca. 15 Jahre, im Aquarium 50 Jahre | 4 – 6 Jahre, max. 10 Jahre | 4 – 6 Jahre |
| **Gefährdung** | Haut-Tumor durch Schmutz im Fluß | Schmutz und Staustufen ohne Fischtreppe | Verdrängung durch die aus USA eingebürgerte Regenbogenforelle |

Im Rhein ging der Lachs von vielen Millionen im Jahre 1875 bis 1955 auf nahezu Null zurück. 1963 wurde der letzte Lachs bei Basel gefangen. Inzwischen aber werden viele Abwässer besser geklärt. Einige vielleicht zu hoffnungsvolle Fischereibiologen haben schon 1984 wieder begonnen, schwedischen Lachslaich in Nebenflüssen des Rheins anzusetzen. Ob die Fische wieder dorthin zurückfinden, war bei Drucklegung dieses Buches noch ungewiß. In der Themse hat man mit ähnlichen Versuchen bereits Erfolg gehabt.

### Weltreise über 7000 Kilometer

Der *Aal* sieht aus wie eine Schlange, ist aber ein Fisch. Er kann über Land „laufen", weil er nicht nur durch Kiemen atmet, sondern auch durch seine Haut. Licht sieht er nicht nur mit den Augen, sondern auch durch Lichtsinneszellen in der Haut des Schwanzes. Sie zeigen ihm an, ob er sich bei Tage auch vollständig in einem Versteck vor Feinden verborgen hat. Er schmeckt nicht nur mit der Zunge, sondern als Nachtjäger auch mit der Haut. Berührt er eine Schnecke, schnellt er herum und schnappt die Beute.

Am fantastischsten aber ist seine Nase: Verdünnt man einen Fingerhut voll Rosenduftöl mit der 58-fachen Menge Wasser aus dem Bodensee, so kann der Aal diesen Duft immer noch wahrnehmen! Dr. Harald Teichmann hat das bewiesen. Der Fisch braucht diese „Supernase", um nachts Beute aufzuspüren. Der Geruchssinn des Lachses ist wahrscheinlich ähnlich gut.

Doch es gibt noch mehr zu staunen: Kommt der Lachs im Fluß zur Welt, um in den Atlantik zu wandern und zum Laichen in den Fluß zurückzukehren, so macht es der Aal genau umgekehrt. Er schlüpft im Sargassomeer aus dem Ei, also in einem Gebiet des Atlantiks östlich der mittelamerikanischen Inselkette. Von hier läßt er sich als durchsichtiger Winzling mit dem Golfstrom nach Osten treiben. Die Küsten Europas erreicht er nach etwa drei Jahren und wandert als streichholzlanger (65 Millimeter), kleiner Glasaal in die Flüsse ein: Hier ernährt er sich vier bis zehn Jahre lang als unersättlicher Räuber und wächst bis zu einem Meter Länge heran. Doch eines Tages erfaßt ihn wieder der Wandertrieb. Er zieht flußabwärts zurück ins Meer. Dabei bildet sich der Darm zurück. Der After schließt sich. Von nun an kann er lebenslang nichts mehr fressen. Aber das angefutterte Fett reicht für eine vierjährige Fastenreise zurück ins Sargassomeer.

In der Nordsee steuert er nach einem „inneren Magnetkompaß" Kurs Nordwest, bis er nördlich von Schottland an die Stelle kommt, wo der europäische Festlandsockel von 200 auf 1000 Meter Tiefe abstürzt. Hier taucht er auf den Meeresgrund hinab, wo er von einer Tiefenströmung erfaßt wird, die unter dem Golfstrom genau in der Gegenrichtung fließt. Sie führt den Aal heim zum Laichen ins Sargassomeer.

### Was ist ein Fluß?

Viele Leute nehmen an, ein Bach, Fluß oder Strom sei eine kleine, mittlere oder große Abflußrinne für überflüssiges Regenwasser, das möglichst schnell ins Meer geleitet werden müsse. Nur in einem Fall trifft diese Annahme zu: in der Wüste. Wenn irgendwo in der Sahara ein sogenannter Punktregen fällt, dann prasseln in kurzer Zeit ungeheure Wassermengen auf die Einöde nieder. Sie fließen gleich wieder ab, sammeln sich in einem uralten, ausgetrockneten Flußbett, einem Wadi, und schießen

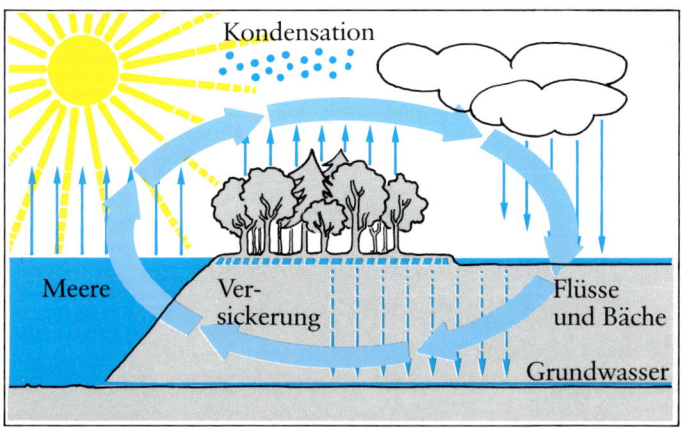

*Der Süßwasserkreislauf: Wolke – Regen – Grundwasser – Bach – Fluß – Meer – Verdunstung – Wolke.*

in einer Flutwelle fort. Hat sich ein Mensch, 300 Kilometer vom Punktregen entfernt, ahnungslos in diesem Wadi zum Schlafen gelegt, bringt ihn die Flutwelle um. Deshalb sagt der Wüstenforscher Uwe George: „In der Sahara ertrinken mehr Menschen als dort verdursten." Nur wenige Tage später herrscht dort wieder absolute Dürre.

Daß dies bei uns in Mitteleuropa nicht so ist, liegt daran, daß ein Fluß eben kein Wasserabführkanal und kein Wadi ist. Was unterscheidet ihn davon? Es ist die Tatsache, daß die Natur bei uns mit dem Süßwasser, dem Spender allen Lebens, sparsam umgeht. Sie verlangsamt den Süßwasserkreislauf von der Wolke über den Regen, den Wald als „Schwamm", das Grundwasser, die Wasserversorgung von Mensch, Tier und Pflanze, über Bach, Fluß und Strom und weiter über die Verdunstung wieder zur Wolke.

Süßwasser ist nämlich unvorstellbar knapp. Verkleinern wir in Gedanken einmal die Erdkugel so weit, daß die Salzwassermengen aller Ozeane gerade ein Schwimmbecken von 25 Meter Länge, 8 Meter Breite und 2 Meter Tiefe füllen, dann reicht das Süßwasser aller Seen gerade für zwei Eimer und der Inhalt aller Bäche und Flüsse der Welt nur noch für einen Trinkbecher.

Überdies sind Bach, Fluß und Strom lebende Wesen höherer Ordnung, genauso wie Tümpel, Teich und See. Auch sie halten sich durch ihre Lebewelt von Wasserpflanzen in der Uferzone gesund. Auch sie besitzen eine Selbstreinigungskraft, allerdings nur für organische Stoffe. Gifte und Salze führen sie

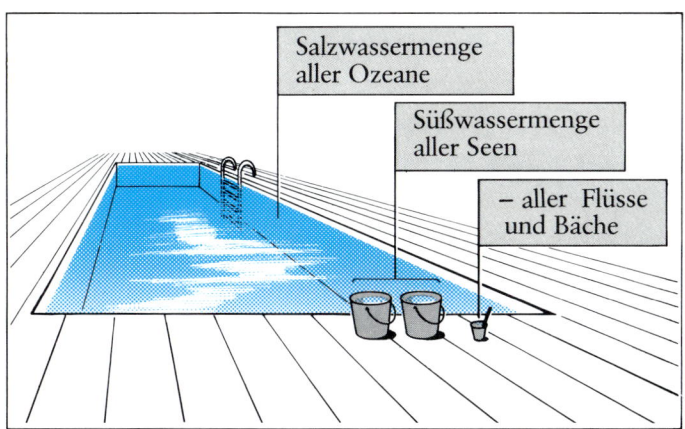

*Mengenvergleich zwischen Süßwasser und Salzwasser.*

unverändert mit bis ins Meer. Auch viele Flüsse sind schon – ebenso wie viele Seen – bei Überdüngung „umgekippt", also zur leblosen, stinkenden Brühe geworden.

Über das, was viele Wasserbauingenieure mit unseren Flüssen gemacht haben, kann der Biologe nur verzweifelt die Hände ringen. Sie haben ihren Lauf begradigt, ihr Bett betoniert und sie in „Rennbahnen" für Wasser verwandelt. Alles Leben darin stirbt ab. Der Moder stinkt zum Himmel, und das Wasser wird als Trinkwasser unbrauchbar. Das Land zu beiden Seiten des Flusses wird zur Trockensteppe. In Südspanien wurde es bereits zur Wüste – und der Fluß zum Wadi! Ein düsteres Zukunftsbild unserer Erde. Zum Glück gibt es inzwischen immer mehr einsichtsvolle Naturpfleger, die mithelfen, daß unsere Flüsse wieder leben lernen.

## Der Lebenslauf eines Flusses

Flüsse sind die gewaltigsten Erdarbeiter der Welt. Alle Täler sämtlicher Gebirge wurden von ihnen ausgewaschen (Erosion). In der Ebene haben sie das mitgeführte Erdreich wieder abgelagert und manche Mündungsarme weit ins Meer hinausgeschoben, in Form eines weitverzweigten Flußdeltas.

Im Gebirge fließt der Wasserlauf als Bach reißend schnell zu Tal. Hier können nur solche Fische leben, die schneller schwimmen, als der Bach fließt, und die es in ziemlich kaltem Wasser aushalten. Das trifft zum Beispiel auf die stromlinienförmigen Bachforellen zu. Sie können stundenlang im Strudel „auf der Stelle" stehen und fangen Kleintiere bis zur Größe einer Spitzmaus ab, die von dem Wasser zu Tal gerissen werden. Zum Schlafen suchen sie sich ruhige Stellen hinter Steinen oder Brückenpfeilern. Deshalb nennen wir diesen Teil eines Flusses die *Forellenregion*. Hier leben auch Groppen, Schmerlen, Elritzen und Bachneunaugen.

Talab, dort wo der Bach breiter und wärmer wird und langsamer strömt, schließt sich die *Äschenregion* an, wo wir auch den Döbel und den Nasenfisch finden. Das sind ebenfalls gute Schwimmer, obwohl ihr Leib nicht ganz so stromlinienförmig ist wie der einer Forelle.

Wo der Fluß mächtig, aber noch etwas geruhsamer fließt und wo das Wasser noch einige Grade wärmer ist, geht die Äschen- in die *Barbenregion* über. Auch Aland, Rapfen und Haselfisch sind hier zu Hause.

Weiter in Richtung aufs Meer folgt, immer mit fließendem Übergang, die *Brassen-* oder *Bleiregion* mit Schleie, Barsch, Rotfeder, Plötze und Hecht. Der Hecht ist zwar der schnellste Schwimmer von allen

Süßwasserfischen, hält sein Tempo aber nur wenige Sekunden lang durch. Zum Lauern im Versteck braucht er stehendes oder fast stehendes Wasser. Die anderen Bewohner der Brassenregion sind dickbäuchige, hochrückige Fische, die geruhsam im Schlamm des Flußbettes oder im Wasserpflanzendschungel der Uferzone nach Nahrung wühlen.

Der letzte Bereich eines Flusses ist die *Brackwasserzone*. Täglich zweimal während der Flut strömt hier salziges Meerwasser bis zu 100 Kilometer weit „bergauf" und vermischt sich mit dem Süßwasser zum Brackwasser. Hier gedeihen auch ausgesprochene Meeresfische wie Flunder (auch Butt genannt), Finte, Meeräsche und Stör, während echte Süßwasserfische wie etwa der Kaulbarsch diesen Bereich als Übergang zum Bewohnen des Meeres benutzen.

## Wonach suchen sich Tiere ihren Lebensraum aus?

Wie kommt es, daß ein Süßwasserfisch, der in alle Flußregionen schwimmen könnte, wie ein Lachs oder ein Aal, von dieser Freiheit keinen Gebrauch macht und in seiner Region bleibt? Er wählt seinen Lebensraum nach folgenden Gesichtspunkten:

1. Wo ist mein Körper in der Lage zu leben? Ein Langsamschwimmer kann sich nicht im reißenden Bergbach halten. Außerdem muß die Temperatur stimmen. Wie ein Eskimo in den Tropen unter der Hitze leidet und ein Afrikaner in der Arktis unter der Kälte, so besitzt auch jedes Tier seine Lieblings- oder Vorzugstemperatur, in der es sich wohl fühlt und nach der es sucht.

2. Wo lassen mir meine Feinde eine Überlebensmöglichkeit? Wo kann ich dem sogenannten Feinddruck widerstehen? Hierzu besitzen viele Tiere Verteidigungsstrategien: Sie reichen von der Tarnung und der Kunst, sich zu verstecken, über die Erzeugung von Bitter- oder Giftstoffen, die dem Feind den Genuß verleiden, weiter über die Möglichkeit, zu der Tageszeit tätig zu sein, in der die Feinde schlafen, bis zur Entwicklung raffinierter Verteidigungswaffen. Dies kann etwa eine „Ritterrüstung" sein wie der Panzer des Flußkrebses oder eine bestimmte Abwehrtaktik. Hat zum Beispiel ein Wels einen aalförmigen Inger am Kopf gepackt, so scheidet die Haut des Opfers blitzartig überall glitschigen Schleim aus. Dann verknotet der Inger seinen Leib zu einer Acht, preßt diesen Knoten nach vorn gegen das Maul des Feindes und zieht gegen den Druck dieses Widerlagers sein Vorderende, das schon verschlungen war, wieder aus dem Maul des Feindes heraus und ist frei.

3. Wo kann ich mich ausreichend ernähren? Das hängt vom Nahrungsangebot ab und von der Fähigkeit des Tieres, sich dieses Futters auch zu bemächtigen. Zum Beispiel kann die Barbe, die sich am Tag vor Hecht und Wels verstecken muß, in der Nacht nur deshalb Würmer, Schnecken und Insektenlarven im Flußbett finden, weil ihr Barteln ums Maul hängen: Das sind Zotten mit hochempfindlichen Sinnesorganen zum Ertasten und „Vorkosten" der Beute.

4. Wo kann ich meine Kinder aufwachsen lassen, ohne daß allzu viele gefressen werden oder verhungern? Der Lebensraum eines Fisches und sein Laichgebiet, das diesen Ansprüchen genügen soll, brauchen nicht übereinzustimmen. In einem solchen Fall führt der Fisch Laichwanderungen durch.

5. Wo finde ich andere Tierarten, mit denen ich zusammenarbeiten muß, um mein Überleben zu sichern? Fast alle Tiere sind fest in solche Lebensgemeinschaften eingebunden. Ein Beispiel dafür ist das Verhältnis von Flußperlmuschel und Bachforelle (siehe weiter unten). Nach diesen fünf Gesichtspunkten – körperliche Anpassung, Feinddruck, Nahrungsangebot, Nachwuchssicherung und Lebensgemeinschaft – findet jedes Tier, auch das kleine, winzige und „schwache", seinen Lebensraum, seine sogenannte ökologische Nische. Dies ist nicht nur im Fluß so, sondern auch in allen anderen Lebensbereichen überall auf der Erde. Der Fluß bietet hierfür nur ein Modell. Dies ist eine der wichtigsten Erkenntnisse zum Verständnis des Lebens auf der Erde.

## Perlenfischer im Bayerischen Wald

In der obersten Flußregion befördern die Bachforellen mitunter „blinde Passagiere". Millimeterkleine Winzlinge gelangen zufällig mit dem Wasserstrom ins Maul einer Forelle. Beim Passieren der Kiemen setzen sich die Zwerge dort fest. Es sind die eben aus dem Ei geschlüpften Larven der *Flußperlmuschel*.

Da das Muttertier wie jede Muschel keine Brutpflege betreiben kann, bleiben ihm nur zwei Tricks, mit denen es für das Überleben des Nachwuchses sorgt. Einmal das „Lottospiel": Ein Weibchen produziert im Jahr eine Million Eier. Da es bis zu 80 Jahre alt wird, hat es eine riesige Nachkommenschaft (bis zu 80 Millionen). Dabei brauchen nur zwei Kinder so lange am Leben zu bleiben, bis sie

*Flußperlmuschel*

selbst Junge bekommen, um die Muschelbevölkerung auf gleichem Stand zu erhalten. Bei etwa 60 Millionen „Einsätzen" genügen also zwei „Treffer". Alles andere ist Futter für die Fische.

Um diese beiden Treffer zu erzielen, ist ein zweiter Trick nötig: Einige Larven, die bachabwärts treiben, müssen an die Kiemen einer Forelle gelangen. Dann sorgt der große Fisch (unfreiwillig!) dafür, daß die Muschelkinder im Bergbach bleiben, nicht von Feinden gefressen werden und selbst Plankton als Nahrung aus dem Wasser fischen können, das die Forelle durch ihre Kiemen strömen läßt.

Die Muttermuschel verhält sich gleichsam wie ein Kuckuck, der als Brutschmarotzer seine Jungen artfremden Tieren zur Pflege übergibt. Also kann es in einem Bach ohne Forellen auch keine Flußperlmuscheln geben.

Wie der Name schon andeutet, können Flußperlmuscheln ähnlich wie im Meer Austern und Seeperlmuscheln Perlen herstellen. (Näheres darüber auf Seite 40.) Allerdings findet sich in 2700 Muscheln nur eine einzige Perle. Das Geschäft damit lohnt sich nicht. Es gibt aber Liebhaber, die als Hobby Flußperlmuscheln züchten.

## Die „Chinesen" kommen!

Im Morgengrauen eines warmen Maitages entsteigt der Elbe östlich von Hamburg etwas Entsetzliches: ein Heer von Millionen und Abermillionen achtbeiniger, mit Kneifzangen bewaffneter *Wollhandkrabben.* Sie krabbeln wie ein lebendiger Teppich über Land, um das Stauwerk bei Geesthacht auf dem Landweg zu umgehen.

Als die Spitze dieser „Armee" an einer halbmeterhohen Blechsperre angelangt ist, schichten sich die Leiber der ersten Zehntausend zu einer lebenden Rampe auf, und die nachfolgenden Millionen schwemmen darüber hinweg. 45 Millionen von ihnen werden in Fallen gefangen und zu 500 Tonnen Hühnerfutter verarbeitet. Doch da ein Weibchen bis zu 920000 Eier legt, sind das nur die Nachkommen von 50 Tieren. Im nächsten Jahr sind es wieder so viele wie zuvor. Wo kommen diese „Flußheuschrecken" her, was haben sie vor?

Es begann im Jahre 1905. Ein Handelsschiff hatte im Ballastwasser einige Wollhandkrabben-Larven aus China nach Bremerhaven eingeschleppt. Sie vermehrten sich explosionsartig und verbreiteten sich über alle Küsten Nordeuropas.

Im Wattenmeer schlüpfen die winzigen Larven aus dem Ei. Im Alter von 21 Monaten erfaßt die Jungkrabben im Februar ein durch nichts zu bremsender Wandertrieb flußaufwärts. Ein Heerwurm, der von Cuxhaven bis Hamburg reicht, marschiert unter Wasser in Ufernähe mit einem Tempo von drei Kilometern pro Tag stromaufwärts. Nur die Staustufe Geesthacht zwingt sie zum Umweg über Land. Im Herbst ist die Havel erreicht, im April Saale und Elster bei Leipzig. Ein Jahr später passieren die Wollhandkrabben Dresden, und im Alter von fünf Jahren gelangen einige sogar bis nach Prag.

Da diese Tiere nur im Salzwasser laichen können, treten sie den Rückweg zum Meer an: In der Flußmitte mit der Strömung treibend, schaffen sie nun acht bis zwölf Kilometer am Tag. Im Oktober erreichen zuerst die Männchen, die an der „Wolle" auf beiden Scheren zu erkennen sind, die Paarungsplätze. Bei Brunsbüttel legen sie einen breiten Sperrgürtel quer durch die Elbe und fangen die etwas später eintreffenden Weibchen ab.

Seit 1976 nimmt die Menge der „Chinesen" aber stark ab. Liegt das an der Wasserverschmutzung?

Nein, denn diese Liebhaber von Unrat leben sogar im völlig verölten, stinkenden Abfallwasser der Schiffe. Trotzdem finden diese Allesfresser heute im Fluß kaum noch Nahrung. Die Wasserpflanzen sind in der Elbe bei Hamburg abgestorben. Es gibt kaum noch Muscheln, Schnecken oder Würmer. Anfang der 70er Jahre, als alle diese Beutetiere vom Wasserschmutz vergiftet wurden und starben und es viel Aas gab, hatten die Wollhandkrabben noch einen reich gedeckten Tisch. Aber als es dann kaum noch etwas für sie gab, hatte auch ihre Stunde geschlagen. Ihr Verschwinden zeigt uns den absoluten Tod des Flusses an.

*Wollhandkrabbe*

*Die Wanderwege der Wollhandkrabbe.*

## Warum singt die Nachtigall so schön?

Auch der unmusikalischste Mensch ist begeistert, wenn er nachts die 28 Gramm leichte Nachtigall ihre Arien in die sternenklare Luft schmettern hört. Sie singt 250 verschiedene „Strophen", eine schöner als die andere. Einige ihrer Motive hat Ludwig van Beethoven in seiner F-Dur-Symphonie, der „Pastorale", verwendet, und der italienische Komponist Ottorino Respighi bezog die Einfälle für seine symphonische Dichtung „Die Pinien von Rom" aus den Melodien der Nachtigall.

Hat diese Schönheit einen Sinn? Der Gesang der Vogelmännchen dient im allgemeinen dazu, Rivalen abzuschrecken und diese vom Weibchen und vom eigenen Revier fernzuhalten. Ein „Sängerkrieg" also? Nicht so bei der Nachtigall.

Mitte April treffen die ersten Männchen aus dem tropischen Afrika bei uns ein und suchen ihren Lebensraum: parkartige Auwälder mit dichtem Buschwerk, wo sie nisten und sich verstecken können. Zudem brauchen sie einen Teppich aus vorjährigem Fallaub, in dem sie nach Würmern, Insekten und Spinnen stochern können. Sobald das Männchen hier sein Revier gefunden hat, beginnt es zu singen, und zwar auch nachts, um später kommenden Artgenossen, die ja nachts und einzeln ziehen, zu sagen: „Kommt her! Hier läßt es sich leben!" Die musikalische Meisterleistung steht also im Dienst der Hilfe für Artgenossen.

Aber ist dieser „tönende Leuchtturm" überhaupt nötig? Ein *Pirol*, der in Hamburg, Elbchaussee 137, hinterer Garten, dritter Apfelbaum von rechts, nistet, findet nach seiner Winterreise ins tropische Afrika wieder genau zu demselben Baum zurück, und zwar ohne tirilierenden Wegweiser.

Bei der Nachtigall ist das anders. Während der Pirol sein Nest hoch im Baum baut und dort auch seine Insektennahrung findet, ist die Nachtigall an den Erdboden gebunden. Ein richtiger Auwald wird aber oft über weite Strecken vom Fluß überschwemmt. Dem Pirol macht das nichts aus. Aber die Nachtigall muß dann dorthin ziehen, wo der Wald nicht im Wasser steht. Das kann jedes Jahr eine andere Stelle sein. So formt der Charakter der Landschaft sogar die Verhaltensweisen dieser Vögel: ihre Nachbarschaftshilfe samt deren bezauberndem Gesang.

## Nachtigall

| | |
|---|---|
| **Größe** | 16 cm |
| **Gewicht** | 28 g |
| **Biotop** | Ursprünglich Auwälder, jetzt auch Parks, Friedhöfe, Gärten, Streuobstwiesen |
| **Nest** | Im bodennahen Gebüsch |
| **Balz** | Ab Mitte April |
| **Brut** | Mitte Mai 5 Eier, 13 Tage bebrütet |
| **Zug** | Savannen Zentralafrikas |

## Pirol

| | |
|---|---|
| **Größe** | 24 cm |
| **Gewicht** | 90 g |
| **Biotop** | Ursprünglich Auwälder, jetzt auch Parks, Friedhöfe, Gärten, Streuobstwiesen |
| **Nest** | An dünnen Gerten in Baumkrone |
| **Balz** | Ab Anfang Mai (Pfingstvogel) |
| **Brut** | Mitte Mai 2 – 5 Eier, 14 – 15 Tage bebrütet |
| **Zug** | August bis Anfang Mai nach Äthiopien bis Mozambique |

## Was ist ein Auwald?

Dort, wo der Fluß nach Verlassen des Gebirges in die Ebene eintritt, ruhig dahinströmt und seine Schlammfracht ablagert, entstehen Auwälder. Oft tritt der Fluß über die flachen Ufer, überschwemmt das Land und bildet mit zahlreichen Nebenarmen einen „Urwald am Strom".

In der flußnahen Zone, die fast ständig unter Wasser steht, halten sich nur Bäume, die viel Wasser vertragen: Weiden, Erlen, Schwarz- und Silberpappeln. In weiter entfernten Gebieten, die nur selten überschwemmt werden, finden wir Eschen, Ulmen, Feldahorn, Hainbuchen und Stieleichen mit vielen Sträuchern wie Liguster, Kornelkirschen, Hartriegel, Pfaffenhütchen und Schlingpflanzen.

Ein Auwald ist als Wassersammelbecken ein natürlicher Hochwasserschutz für die flußabwärts gelegenen Gebiete. Zwischen 1950 und 1977 schnitten Wasserbauingenieure 130 Quadratkilometer (60 Prozent!) Auwald vom Oberrhein durch Dämme ab. Die Folge war: Bei Hochwasser floß das Wasser schneller ab, staute sich in den flußabwärts gelegenen, flachen Gebieten und überschwemmte sie.

Jetzt sinnt man in den Wasserbauämtern auf Gegenmaßnahmen: Man plant sogenannte Taschenpolder. Das sind künstliche Rückhaltebecken zu beiden Seiten des Rheins – und zwar dort, wo früher die Auwälder standen. Man hätte also viel Geld sparen und Unheil vermeiden können, wenn man die Auwälder so gelassen hätte, wie sie waren. Naturschützer fordern deshalb auch, dort statt der Taschenpolder wieder Auwälder wachsen zu lassen.

# Im Watt

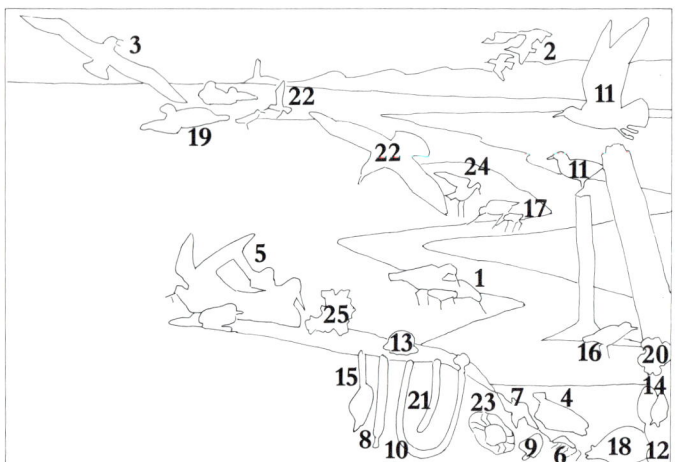

| | | |
|---|---|---|
| 1 Austernfischer | 10 Sandwurm | 18 Scholle |
| 2 Brandgans | 11 Lachmöwe | 19 Seehund |
| 3 Dreizehenmöwe | 12 Miesmuschel | 20 Seepocke |
| 4 Flunder | 13 Mondschnecke | 21 Seeringel- |
| 5 Flußseeschwalbe | 14 Nordische | wurm |
| 6 Garnele | Purpurschnecke | 22 Silbermöwe |
| 7 Seestern | 15 Sandklaffmuschel | 23 Strandkrabbe |
| 8 Scheidenmuschel | 16 Seeregenpfeifer | 24 Uferschnepfe |
| 9 Herzmuschel | 17 Säbelschnäbler | 25 Salzaster |

## Überlebenskunde für Seehundbabys

Schnuppi war ein wonniges Seehundbaby. Watt-wanderer hatten es bei Norderney gefunden. Es war allein und heulte zum Gotterbarmen. Motor-boote mit Touristen hatten seine Mutter verjagt. In der Heulerstation Norddeich wurde Schnuppi liebevoll gefüttert.

Doch leider genügt es nicht, die armen Waisen-kinder nur zu füttern. Früher hatte man sie einfach in der Nordsee ausgesetzt, wenn sie größer gewor-den waren. Aber in wenigen Wochen verhungerten fast alle jämmerlich inmitten des Fischreichtums, weil sie nicht gelernt hatten, Beute zu fangen.

Deshalb bekommen die Heuler seit 1975 ein Über-lebenstraining durch Menschen: Ein toter Hering wird an einem langen Faden durch das Bassin ge-zogen. Im jungen Seehund regt sich nun der Jagd-instinkt. Er nimmt die Verfolgung auf, schnappt den Bissen und lernt so, Fische zu fangen.

Trotzdem sind weiterhin viele der freigelassenen Seehundbabys verhungert. Und es hat lange ge-dauert, bis die Tierschützer den Grund dafür gefun-den haben: Die Hauptnahrung der Seehunde sind nicht Heringe, sondern Schollen. Aber als man ihnen im Bassin Schollen zu fressen gab, wußten die Jungen nicht, wie sie diese verspeisen sollten. Die breite Beute paßte nicht ins Maul, und Stücke ab-beißen können sie nicht.

## Seehund

| | |
|---|---|
| **Länge** | Bis 2 m |
| **Gewicht** | Bis 150 kg |
| **Tragzeit** | 340 Tage |
| **Wurf** | Mitte Juni 1 – 2 Junge zu je 10 – 15 kg und 90 cm Länge, 4 – 6 Wochen auf Sandbank abgelegt und gesäugt |
| **Nahrung** | Plattfische |
| **Tauchen** | 15 – 25 Min., 100 m tief |
| **Wanderung** | Mit Plattfischen im Herbst aus Deutscher Bucht an belgische oder jütländische Küste |
| **Alter** | Bis 30 Jahre |

Da zeigte ein erwachsener Seehund den Betreuern, wie es gemacht wird: Er packte die Scholle mit den Zähnen am Kopf und wirbelte sich dann in schneller Drehung um seine Längsachse. Die Gräten des Opfers brachen, und schon wickelte sich der Plattfisch auf wie ein Rollmops. So konnte er mit einem Haps verschluckt werden. Seither wird auf der Heulerstation immer ein erwachsener Seehund als „Lehrmeister" gehalten, der den Jungen zeigt, wie man Schollen verspeist.

Mit diesem Trick und einer Anzahl von Hegemaßnahmen ist es gelungen, den erschreckenden Rückgang der Seehundbestände an der Nordseeküste zu

stoppen. Diese Hegemaßnahmen bestehen vor allem in einem Schießverbot, dem Verbot von lärmenden Luftkissenbooten, dem Verbot für Touristen, die Seehundbänke während der Wurf- und Säugezeit im Juni und Juli zu betreten, und der Sorge für die Reinhaltung des Meerwassers.

1960 lebten dort nur noch 5 500 Tiere, bis 1978 sank ihre Anzahl sogar noch tiefer, auf 3 300 Exemplare. Seither steigt die Zahl der Seehunde glücklicherweise wieder an, allerdings nur sehr langsam.

## Der sinnlose Schollenfang

Im Herbst verlassen die Seehunde die deutsche Nordseeküste. Sie folgen ihren Beutetieren, den Schollen, unter anderem ins Seegebiet zwischen der Themsemündung und der niederländisch-belgischen Küste. Dort laichen die Schollen. Je nach Größe legt ein Weibchen zwischen 50 000 und 500 000 Eier.

Die Jungschollen sehen zunächst noch gar nicht so platt aus wie ihre Eltern, sondern wie ganz „normale" Fische. Auch leben sie im freien Wasser, nicht auf dem Meeresgrund. Doch plötzlich verwandelt sich ihr Körper: Die Schwimmblase verschwindet, der Schädelknochen verformt sich, der Mund wird „schief", und beide Augenhöcker wandern auf die rechte Körperseite (bei Flundern auf die linke!), die nun die obere wird. Der Leib plattet sich ab. Der Bodenbewohner ist fertig umgestaltet und sucht nun erst seinen Lebensraum auf: den Meeresgrund und das Wattenmeer.

Erst im Alter von vier Jahren kehren die Jungschollen Ende März ins Watt der deutschen Küste zurück. Sie sind dann etwa 20 Zentimeter lang und 120 Gramm schwer. Wie finden sie auf dem Grund des Meeres die Richtung zum Ufer, also dorthin, wo es warm ist und wo sie schnell wachsen können? Anhand der Strömung? Nein, denn diese ändert sich mit Ebbe und Flut täglich viermal.

Aber der Flutstrom ist etwas kälter als der Ebbstrom, der aus den flachen, von der Sonne erwärmten Wattgewässern kommt. Diesen winzigen Wärmeunterschied können die Schollen wahrnehmen und stellen sich darauf ein: Werden sie von kälterem Wasser umflossen, so lassen sie sich mit dessen Strömung treiben. Werden sie von wärmerem Wasser umspült, so graben sie sich im Sand ein und warten auf die nächste Flut, das nächste kältere Wasser. Diese Wartezeit benutzen sie zur Jagd auf Sandwürmer. Wie eine Katze vor dem Mauseloch lauern sie vor dem Eingang der Höhle eines Wurms. Kommt dieser mit seinem Hinterteil nach oben, saugt es die Scholle ein. Meist bekommt sie dabei nur wenige abgebrochene Körperabschnitte (Segmente) zu fassen. So gleicht die Jagd der Scholle auf Sandwürmer mehr einem Glücksspiel.

Kein Glücksspiel ist dagegen die Jagd des Menschen auf die Schollen, die dabei ausgerottet werden. Der Wahnsinn beginnt in den Seegebieten der Jungschollen. Obwohl sie noch so winzig sind, daß der Mensch sie für seine Ernährung nicht gebrauchen kann, werden sie zu Milliarden gefischt und zu Hühnerfutter zermahlen. Dann fallen die Fangflotten über die vierjährigen Schollen her. Sie sind es

wegfangen. Tatsächlich würde heute jeder, der nur mit weitmaschigen Netzen große Schollen fischen wollte, leer ausgehen. Die gibt es nämlich nicht mehr. Aber wenn die Menschen einander trauen und eine vernünftige Vereinbarung treffen würden, könnten sie diese traurige Tatsache zum Besseren wenden.

## Ein riesenhafter Nahrungssumpf

Viele Nordsee-Urlauber laufen gern barfuß im Watt herum. Andere ekeln sich vor den zahlreichen Kothäufchen, die sie dort sehen – völlig zu Unrecht. Was sich da ringelt, entstammt zwar dem After eines Tieres, nämlich des *Sand-, Watten-, Schlick-, Pier- oder Köderwurms,* ist aber dennoch kein Unrat. Ein solches Tier sieht aus wie ein fetter Regenwurm und bewohnt einen U-förmigen Gang

*Sand-, Watten-, Schlick-, Pier- oder Köderwurm*

*Seeringelwurm*

vor allem, die in die Fischgeschäfte kommen. Aber wer weiß eigentlich, daß diese Fische bis zu 15 Jahre alt, fast einen Meter lang und 2,8 Kilogramm schwer werden können? Nur gibt der Mensch ihnen nicht die Möglichkeit, auch nur annähernd so lange zu leben.

Warum eigentlich nicht? 1000 vierjährige Schollen wiegen 120 Kilogramm. Würde man sie nicht fangen, so könnten 400 Schollen – so viele überleben von 1000 Tieren dieser Art – ein Alter von 13 Jahren erreichen und vor allem ein Gesamtgewicht von 880 Kilogramm. Mit weitmaschigen Netzen, durch die alle jüngeren Schollen hindurchschlüpfen, könnte der Mensch also mehr als das Siebenfache an Nahrung gewinnen. Und warum tut er es nicht? Aus Angst davor, daß ihm „die anderen" dann alles

in 20 bis 30 Zentimeter Tiefe. Durch das trichterartige Loch strudelt es bei Flut Wasser und Sand herein. Den Sand „frißt" es, das heißt, es entzieht ihm im Magen zwei Prozent organische Schwebstoffe. Davon lebt der Wurm. Er reinigt also den Sand und drückt ihn gesäubert etwa alle 40 Minuten wie aus einer Zahnpastatube an die Oberfläche. Mit jedem Spatenstich fördert man bis zu vier Sandwürmer ans Licht. Ihre Menge ist unvorstellbar groß. Wer sie ausgraben will, etwa um Angelköder zu gewinnen, muß allerdings aufpassen, daß er nicht an einen Wurm gerät, der behaart ist wie eine dünne Flaschenbürste. Denn dieser kann einen mit seinen Kieferzangen schmerzhaft in die Finger zwicken: der *Seeringelwurm.*

Er ist die „Spinne des Wattenmeers". Von seinem

Röhreneingang aus spinnt er ein Netz von Schleimfäden. Bei Flut frißt er alle zehn Minuten sein Netz mit allem, was sich darin verfangen hat. Und das ist nicht wenig. In jedem Kubikmeter Schlick leben etwa fünf Millionen Tierchen: fadendünne Strudelwürmer, lupenkleine Bärtierchen, mikroskopisch winzige Krebschen, einzellige Wimpertierchen, Amöben, Geißeltierchen (Dinoflagellaten) sowie pflanzliche Kieselalgen. Ein trillionenfacher Nahrungssumpf!

Daß dieser an der Schlickoberfläche lebende Räuber nicht so zahlreich ist wie der Sandwurm, liegt daran, daß er sich nicht so tief in den Boden zurückziehen kann. Bei Ebbe holen ihn die Austernfischer mit ihrem langen Schnabel wie mit einer Pinzette aus seinem Bau.

Silbermöwen wenden einen anderen Trick an: Bei

## Die gepanzerten Raubritter

Ein anderer gefährlicher Räuber ist die *Strandkrabbe*, die jedoch nur bei Flut auf Jagd geht. Sie kann mit ihren zwei Ruderbeinen sogar schwimmen und überwältigt Würmer, Muscheln, Meeresschnecken, Jungfische und als Kannibale sogar kleinere Artgenossen. Bei Ebbe gräbt sie sich aus Angst vor den Seevögeln in den Sand ein. Einzelne Tiere, die wir trotzdem finden, sind meist schon halb tot. Bei Flut hat die Strandkrabbe nur zwei Feinde: den viel größeren *Taschenkrebs*, der wiederum vom noch größeren Hummer verspeist wird, und große *Seesterne*.

Die Hauptmahlzeit der Seesterne besteht jedoch aus Muscheln. Sofern diese nicht tiefer als zehn Zentimeter im Sand vergraben sind, ortet sie der Seestern beim Darüberkriechen mit seinem Ge-

*Strandkrabbe*

*Seestern*

Ebbe steht etwa alle drei Meter einer dieser Vögel im Watt. Von Zeit zu Zeit tritt er mit seinen Füßen auf der Stelle: Er „tretelt". Damit bringt er den Sand oder Schlick zum „Schwimmen". Der Bau des Wurms bricht dadurch ein, und der Wurm muß nun nach oben klettern – genau vor den Schnabel des Vogels.

So ist der Seeringelwurm zwar ein gefährlicher Räuber, der andere Würmer und sogar kleine Fische frißt. Aber beim Fang seiner Beute lebt er selbst so gefährlich, daß seine Kopfzahl vergleichsweise gering ist.

ruchssinn. Das Ausgraben der Muschel dauert bis zu drei Tage. Dann zieht er sie heraus und versucht, die Schalen mit der Kraft seiner Arme zu öffnen. Er schafft aber nur einen Spalt von einem Zehntelmillimeter. Doch das genügt. Denn nun stülpt er seinen Magen durch den eigenen Mund nach außen und – kaum vorstellbar – durch diese Ritze in das Innere der Muschel hinein. Dort, also außerhalb seines eigenen Körpers und innerhalb der Schutzschalen der Beute, verdaut er deren Weichteile. Das nennt man „äußere Verdauung". Aber auch der Seestern hat wiederum viele Feinde: Möwen, Kabeljau und

Schellfisch, Raubgarnelen und Borstenwürmer, die ihn wie Blutegel aussaugen, sowie Raubschnecken, die zu den schlimmsten „Killern" im Wattenmeer gehören.

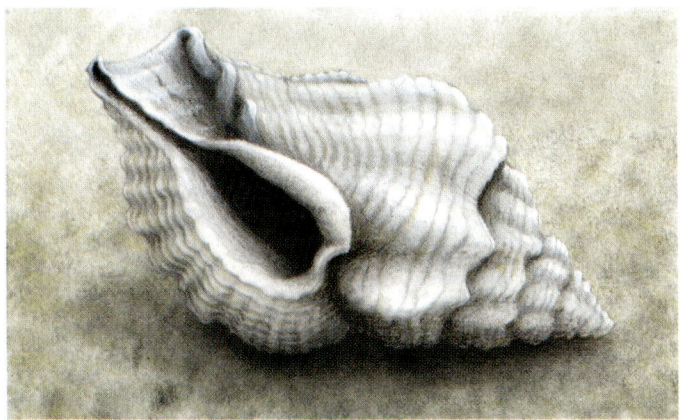

*Stachelschnecke*

*Nordische Purpurschnecke*

## Die Panzerknacker

Jede Muschelschale, die man am Strand findet und die ein kleines Loch aufweist, zeugt davon: Typische Panzerknacker waren am Werk! Es sind die *Stachelschnecke* und die *Nordische Purpurschnecke*, aus denen früher die kostbare Purpurfarbe für die Mäntel der Könige gewonnen wurde, sowie die *Gebänderte Mondschnecke*.

Die Mondschnecke ist ein Zwerg von nur zwei Zentimeter Größe. Wenn sie mit ihrer Raspelzunge ein Loch bohrt, dauert das einige Stunden. Deshalb fesselt die Schnecke ihr Opfer so lange an den „Zahnarztstuhl": Sie kriecht auf die Muschel und dreht sie unter sich herum. Dabei umwickelt sie das Opfer mehrfach mit einem breiten, klebrigen, zähen Schleimband. Dann bohrt sie ein Loch hinein, spritzt Verdauungssäfte ins Muschelgehäuse und saugt den verflüssigten Inhalt heraus wie Cola aus der Dose.

## Schutz gegen Einbrecher

Doch die Natur kennt keine Angriffsmöglichkeit, gegen die es nicht auch eine Verteidigung gäbe. So entzieht sich zum Beispiel die *Bohrmuschel* der Gefahr, angebohrt zu werden: Sie bohrt sich selbst in Fels, Holz oder Boden ein. Während die Mondschnecke durch vieltausendfaches Lecken mit ihrer raspelbewehrten Zunge ein Loch zustande bringt, „hobelt" die Bohrmuschel, indem sie ihre beiden

*Gebänderte Mondschnecke*

Kalkschalen fortgesetzt auf- und zuklappt. Am Rand der Schalen hat sie Stacheln und Zähnchen als Werkzeuge.

Früher, zur Zeit der Segelschiffe, bohrten sich diese Muscheln auch in die hölzernen Schiffsrümpfe und machten sie brüchig. Tausende von Schiffskatastrophen gehen zu Lasten dieses zehn Zentimeter kleinen Tieres. Es schließt sich zeitlebens in einen dicken Panzer ein, da seine Schalen ihm nicht ausreichenden Schutz gewähren. Aus dieser sicheren Behausung steckt es einen Schnorchel nach draußen. Durch diesen saugt es Wasser ins Innere hinein, das ihm Sauerstoff und Kleinlebewesen als Nahrung liefert.

Ähnlich schützt sich auch die bis zu zwölf Zentimeter große *Sandklaffmuschel*. Nur bohrt sie sich in Sand oder Schlick ein, und zwar bis zu 30 Zentimeter tief. Schollen, Möwen und Austernfischer picken nach ihrem superlangen Schnorchel. Da die Muschel ihn aber schnell einziehen kann, gehen allenfalls kleine Stücke davon verloren, die bald nachwachsen.

Nicht so tief gräbt sich die bis zu 20 Zentimeter lange *Taschenmesser- oder Scheidenmuschel* in den Sand ein. Dafür ist sie die „Erfinderin" der Rakete: Wird sie von einem Seestern berührt, zieht sie ruckartig ihren Fuß ein. So wird das Wasser im Inneren durch eine Düse herausgepreßt, und die Muschel macht nach dem Rückstoßprinzip einen bis zu 60 Zentimeter weiten Unterwassersprung.

*Bohrmuschel*

Im Gegensatz dazu ist die *Herzmuschel* ein einfacher Weitspringer. Aber immerhin schafft das nur fünf Zentimeter kleine Tier Weiten bis zu 50 Zentimeter, indem es seinen fünf Zentimeter langen Fuß blitzartig ausstreckt. Da kann ein angreifender Seestern nur staunen! Angesichts dieser Fluchtkünstler überrascht es, daß die *Miesmuschel* gerade das Gegenteil tut: Sie fesselt sich mit sogenannten

Byssusfäden selber an Steine, Pfähle und sogar an Artgenossen. Zwar kann sie jederzeit ihre „Ankertrossen" kappen und sich fortbewegen, aber ihr bester Schutz ist das Leben in der Gemeinschaft. Setzt man einen Seestern auf eine Miesmuschelkolonie, schließen sich sogleich alle Schalen und zwicken dem Angreifer viele seiner kleinen Füßchen ab. Also meidet er Muschelkolonien.

Übrigens soll man Miesmuscheln nur in Monaten mit einem „r" im Namen essen, also nicht von Mai bis August. Sie können dann giftig sein. Die Ursache dafür sind Dinoflagellaten, die sich in dieser Zeit stark vermehren. Sie enthalten ein Gift, das zwar den Muscheln nicht schadet, von denen sie gefressen werden, wohl aber dem Menschen, der diese Muscheln ißt.

### Was ist ein Watt?

Das Watt ist ein extrem flacher Küstenstreifen, der bei Ebbe trocken liegt, von einigen Tümpeln abgesehen. Es wird von Prielen durchzogen. Das sind Rinnen zwischen Sandbänken und kleinen Inseln (Halligen), die sich stark verästeln. Das in den Gezeiten oder Tiden ab- und auflaufende Wasser fließt darin mit zum Teil reißender Strömung.

Bei Flut wird dieser bis zu 30 Kilometer breite Gürtel vom Wasser überschwemmt. Den Höhenunterschied zwischen höchstem Wasserstand bei Flut und niedrigstem Wasserstand bei Ebbe bezeichnet man als Tidenhub. Er beträgt in der Deutschen Bucht 1,60 bis 3,70 Meter. Wattwanderer, die von der schnell herankommenden Flut überrascht werden oder denen der Rückweg von einem Priel versperrt wird, sind verloren.

Wie entstehen die Gezeiten? Die Erde ist zu 71 Prozent von Wasser bedeckt. Mond und Sonne ziehen das Wasser an und bilden auf den Ozeanen insgesamt vier „Berge", die allerdings so flach sind, daß man sie nicht sieht: je ein großer „Berg" zum Mond hin und auf der gegenüberliegenden Seite der Erde – sowie je ein kleiner „Berg" zur Sonne hin und auf der gegenüberliegenden Seite. Dazwischen liegen „Täler". Mit der Erddrehung im Laufe eines Tages ziehen diese Wasserberge und -täler, nur von den Kontinenten behindert, um den Erdball. Sie erzeugen alle zwölf Stunden und 25 Minuten eine Flutwelle.

Von den „Bergen" in den Ozeanen strömen die Flut-
wellen in die Randmeere wie die Nordsee und in
noch geringerem Maße in die Ostsee. Ihr Eintreffen
an den Küsten ist zeitlich sehr unterschiedlich und
wird in den Badegebieten angekündigt.

## Wann brechen die Deiche?

Türmen sich Mond- und Sonnenberg bei Vollmond
übereinander, entsteht mit einer Verzögerung von
etwa zwei Tagen eine besonders hohe Flut, die
Springflut. Die Täler sind dann extrem tief (Spring-
ebbe). Überlagern sich bei zü- und abnehmendem
Halbmond ein Mondberg und ein Sonnental, dann
kommt es zu einer schwachen Nippflut. Die Nipp-
ebbe (Mondtal plus Sonnenberg) fällt dann ebenfalls schwächer aus.

Außerdem mischt der Sturm kräfig mit. Drückt er

Wattgebiete verwandelte – bis heute. Auch die
große „Manndränke" vom 11. Oktober 1634 durch-
brach alle Deiche. 6 000 Menschen und 50 000
Rinder und Pferde ertranken. Die Sturmflut vom
16. und 17. Februar 1962 forderte besonders in
Hamburg viele Opfer, weil das Bett der Elbe, das
man für die Schiffahrt vertieft hatte, für das Wasser
eine „Rennbahn" geworden war. Trotz neuer
Deichbauten besteht diese Gefahr heute noch.

## Ein „Wechselbad" für Tiere und Pflanzen

Das Leben im Watt ist besonders hart. Dort wechseln nicht nur Wasser mit Trockenheit, nicht nur
Süßwasser (Regen) mit Salzwasser (Flut), sondern
auch die Wassertemperatur bei Hitze im Sommer
und bei Frost im Winter. Wer diese Gegensätze
nicht verträgt, stirbt. Im Verlauf des außergewöhn-

*Taschenmesser- oder Scheidenmuschel*

*Herzmuschel*

aus Nordwest Wasser vom Atlantik in die Nordsee
und in den „Trichter" der Deutschen Bucht, wird die
Flutwelle hier besonders hoch (Sturmflut).
Die schlimmsten Überschwemmungskatastrophen
geschehen, wenn folgende Naturereignisse zu-
sammentreffen:
1. Ein Orkan aus Südwest drückt Atlantikwasser
   ins Seegebiet zwischen Island und Norwegen.
2. Der Orkan dreht auf Nordwest und schiebt
   diesen Wasserberg in die Deutsche Bucht.
3. Genau zu dieser Zeit herrscht Springflut.
So war es im Jahre 1362, als eine ungeheure Sturm-
und Springflut einen bis zu 30 Kilometer breiten
Landgürtel an der Westküste von Schleswig-
Holstein und Tondern wegschwemmte und in

lich kalten Winters 1978/79 gingen Milliarden von
Herz- und Taschenmessermuscheln zugrunde. Seither bilden sie riesige Muschelbänke aus durchweg
leeren Kalkschalen. Auch „normale" Pflanzen
könnten im Watt nie gedeihen. Außer dem Seegras
halten sich hier nur Riesenalgen, die man meistens
als Tang bezeichnet: etwa der grüne Meersalat oder
der braune Riemen-und Blasentang. Im Gegensatz
zu den meisten anderen Pflanzen hat Tang keine
Wurzeln. Statt dessen verankert er sich mit Haftscheiben oder Klammern an festen Gegenständen
oder treibt frei umher.
Die Hauptmasse der Lebewesen im Watt bilden
einzellige Algen. Im Winter findet man eine halbe
Million Algen in einem Liter Meerwasser, im Som-

mer sind es zehn Millionen. Im Schlick leben sogar eine Million Algen in einem Kubikzentimeter; sie färben den Boden braun.

## Ist das Watt „schachmatt"?

Leider geht es dem Watt heute nicht besser als den Seen und Flüssen: Der Mensch mißbraucht es als Müllkippe. Allein 1984 wurden folgende Mengen von Giftstoffen und Abfällen in die Nordsee geleitet: 5 Millionen Tonnen Klärschlamm, 100 000 Tonnen Öl, 4 Milliarden Kubikmeter ungeklärte Abwässer, dazu 14 000 Tonnen Blei, 530 Tonnen Cadmium und 100 Tonnen Quecksilber sowie 100 000 Tonnen Phosphat und 750 000 Tonnen Nitrat aus Waschmittelrückständen.

Die Küstengewässer und das Watt sind in Gefahr, umzukippen und zu einem „toten Meer" zu wer-

*Miesmuschel*

den, dessen Gestank nicht mehr zu ertragen sein wird. Schon jetzt sterben im Watt Muscheln an Sauerstoffmangel und bilden riesige Bänke toter Muscheln. Mit dem Watt ginge ein einzigartiger Lebensraum verloren. Schließlich rasten hier alljährlich im Herbst fünf Millionen Vögel auf ihrer Reise von Nordeuropa, Sibirien und der Arktis in den warmen Süden. 182 000 Brand-, Ringel- und Weißwangengänse und Eiderenten sowie 50 000 Alpenstrandläufer und 30 000 Goldregenpfeifer überwintern hier. Sie alle sind in Gefahr.

## Wie in der Auster eine Perle entsteht

Die Befruchtung ist oft ein reines Glücksspiel, vor allem bei der Amerikanischen Auster: Riecht ein Weibchen männlichen Samen, stößt es explosionsartig bis zu 100 Millionen Eier aus. Der Duft jedes

einzelnen Eies zwingt wiederum zahllose Männchen, Samenwolken über die Muschelbank zu verbreiten. So sorgen die Kommandodüfte (Pheromone) für eine Kettenreaktion, durch die alle Tiere in der Zeit zwischen dem 26. Juni und dem 10. Juli jeweils zwei Tage nach Voll- oder Neumond (also zur Springflut) gleichzeitig ihre Eier und Samen ins Meerwasser abgeben. Dadurch wird dem Glücksfall stark nachgeholfen, daß ein Ei tatsächlich befruchtet wird.

Bei den Muscheln können Männchen und Weibchen ja nie zusammenkommen. In der Byssusdrüse erzeugt jede Auster einen Klebstoff und „mauert" damit ihre untere Schale auf felsigem Untergrund fest. Dafür kann jedes Tier immer wieder einmal Männchen und dann wieder Weibchen sein. Die Muschel ist also ein Zwitter (Hermaphrodit).

Die Europäische Auster produziert „nur" eine Million Eier, treibt aber Brutpflege. Je besser die Brutpflege ist, desto weniger Nachwuchs muß produziert werden. Diese Muschel behält den Laich in ihrer Mantelhöhle und strudelt die Samen stündlich zusammen mit sieben bis zehn Liter Wasser und den zugehörigen Nährstoffen in sich hinein.

Aus den befruchteten Eiern entwickeln sich 0,2 Millimeter kleine Tönnchen (Larven). Sie haben einen Wimpernkranz zum Schwimmen. Im Alter von acht Tagen stößt die Mutter sie aus. Zwei Wochen lang schwimmen sie umher, ernähren sich von Plankton und suchen felsigen Grund, auf dem sie sich ansiedeln können.

Feinschmecker, die die wabbelige, glasige Masse einer großen Auster herunterschlürfen, wissen meist gar nicht, daß dies ein Tier mit Herz, Leber, Niere, Mund und Magen, mit Schließmuskel, Darm und Keimdrüsen darstellt. Dennoch ist es so. Aber alle Organe sind hochempfindlich. Ein kleiner Fremdkörper, der in die Auster eindringt, kann sie schon gefährden. Deshalb wird dieser Fremdkörper entweder herausgespült oder, falls das nicht geht, unschädlich gemacht: Er wird in Perlmutt eingehüllt. So entsteht eine Perle.

Der Fremdkörper, der zur Bildung einer echten Perle führt, ist in freier Natur fast immer die Larve eines Fischbandwurms, die sich dort festsetzt. Um Perlen künstlich zu erzeugen, ist der Japaner Mikimoto auf die Idee gekommen, der lebenden

*Austernbank*

Muschel winzige gedrechselte Perlmuttkügelchen an der Stelle in den Mantel einzunähen, an der die besten Perlen gebildet werden. Dreieinhalb Jahre später hat das Schmuckstück seine volle Größe erreicht. Die Perlenzüchter verwenden allerdings keine Austern, sondern die *Große* oder die *Japanische Seeperlmuschel*.

## Das Wunder des Meeresleuchtens

In manchen Sommernächten beginnt das Meer zu leuchten. Urheber dieser Erscheinung sind riesige Massen von Tierchen, die nur 0,5 bis 2 Millimeter groß sind: einzellige Panzergeißeltierchen (Dino-flagellaten), die auch *Meeresleuchtentierchen* genannt werden. Im Inneren ihres durchsichtigen Körpers blitzen Hunderte von Lichtpünktchen und erzeugen einen leuchtenden Schimmer.

Die Tiere schalten ihre „Lampen" nur ein, wenn sie erschüttert werden. Schiffe ziehen deshalb leuchtende Streifen hinter sich her. Die Brandung an der Küste kann einem feurigen Wall gleichen. Bei aufgewühlter See oder bei einem Platzregen leuchtet das Meer, soweit das Auge reicht.

Wie können wir erfahren, ob sich bei Einbruch der Nacht, also meist erst nach 22 Uhr, der Weg zum Strand lohnt? Wir füllen bei Tag eine Flasche mit bräunlichem Meerwasser und schütteln sie daheim im dunklen Keller. Leuchtet sie auf, erwartet uns in der Nacht am Strand ein Naturschauspiel von märchenhafter Pracht.

## Nur gute Schüler können überleben

Wenn ein Hühnerküken aus dem Ei geschlüpft ist, weiß es instinktiv, wie Futterkörner aussehen. Anders ist das jedoch bei jungen *Austernfischern*: Ihre Nahrung sind Muscheln und Krebse. Diese zu verspeisen, ist so schwierig, daß sie zuvor viel lernen müssen. Ihre „Trainer" sind die Eltern.

Am Schlüpftag zeigen sie ihren Küken einen Sandwurm und fressen ihn selbst vor den Augen ihrer Kinder auf: „So sieht Futter aus!" Am zweiten Tag halten sie den Wurm so lange vor die Schnäbel der Jungen, bis eines zupickt: „Das soll für euch sein!" Noch einen Tag später können die Kleinen bereits laufen. Dann locken die Eltern ihre Nestflüchter aus der Kinderwiege und füttern sie draußen. Am Tag darauf lassen sie den Wurm irgendwo fallen, wenn die Jungen ihnen folgen: „Jetzt müßt ihr ihn selber finden!"

Es folgen Ausflüge zu Fuß ins Watt, wenn es bei Ebbe trocken liegt. Nun kommt erst die richtige Feinschmeckerschule: Strandkrabben werden vor den Augen der Kinder auf den Rücken geworfen und mit einem Schnabelstich ins Gehirn getötet. Dann reißen die Eltern der Krabbe den Panzer ab und holen das Fleisch wie mit einer Pinzette aus den acht Beinen heraus. In Miesmuscheln, die noch mit geöffneten Schalen unter Wasser liegen, sticht der Vogel hinein und zerschneidet den Schließmuskel. Liegt die Muschel aber geschlossen auf dem Trockenen, nimmt er sie zwischen die Füße, hämmert ein Loch in die Schale und zerschneidet von hier aus den Schließmuskel.

Bei diesem Unterricht werden die Jungen, die ja noch nicht fliegen können, oft von der Flut überrascht und ertrinken. Neun von zehn Küken müssen auf diese Weise ihr Leben lassen. Diese hohe Sterblichkeitsrate unaufmerksamer „Schüler" können sich die Austernfischer nur leisten, weil sie bis zu 36 Jahre alt werden und in dieser langen Zeit viele Bruten aufziehen.

Allerdings sind diese Vögel nicht in der Lage, mehr als eine Eßtechnik zu erlernen. Ein Strandkrabbenknacker zum Beispiel steht zeitlebens hilflos vor einer Muschel. Die Muschelspezialisten wiederum bekommen sogar Angst vor einer krabbelnden Krabbe. Ja, die Spezialisierung geht sogar noch weiter: Es gibt Vögel, die nur Miesmuscheln knacken, und solche, die nur Herzmuscheln verzehren. Auch geht ein Miesmuschelfresser die lebenslange Einehe nur mit einer Miesmuschelfresserin ein. Nie paart er sich mit einer Herzmuschel- oder gar mit einer Krabbenfresserin. Ihre Kinder brauchen ja auch zwei Trainer, die das gleiche lehren, sonst wären sie verloren.

## Die Luftabwehr der Seeschwalben

Auf der Vogelinsel Mellum in der Jademündung muß sich alljährlich in der Brutzeit eine winzige Kolonie von etwa 100 Paaren der zierlichen Flußseeschwalbe gegen eine erdrückende Übermacht von 18 000 kükenraubenden Silbermöwen behaupten. Wie ihnen das gelingt, hat Dr. Peter Becker von der Vogelwarte Helgoland erforscht: Vor allem bei

Flut, wenn die Silbermöwen im Watt keine Nahrung finden, aber auch sonst, auf dem Hin- und Rückflug zur und von der Futtersuche, überfliegen Scharen von Kükenräubern die kleine Seeschwalbenkolonie in rund fünf Meter Höhe. Passen die Eltern nur wenige Sekunden nicht auf, ist schon ein Küken im Möwenschnabel verschwunden. Nicht weniger als 69 von 100 Küken ereilt dieses Schicksal während einer Brutzeit. Gegen Ende der Brutzeit wird es besonders schlimm. Bis dahin haben sich einige Möwen zu perfekten Räubern entwickelt und räumen alle übrigen, etwas verspätet geschlüpften Küken aus. Ohne Abwehr würde kein

| Flußseeschwalbe | |
|---|---|
| Länge | 34 – 40 cm |
| Gewicht | 180 g |
| Alter | Bis 15 Jahre |
| Balz | Männchen bringt Braut einen Fisch als Geschenk |
| Nest | In Brutkolonie an Küste, im Binnenland selten |
| Brut | April bis Anfang Juni 3 Eier, 20 – 26 Tage bebrütet |
| Flügge mit | 23 – 27 Tagen |

| Austernfischer | |
|---|---|
| Länge | Ca. 43 cm |
| Gewicht | Ca. 500 g |
| Alter | Bis 36 Jahre |
| Balz | Trillerspiel in Gruppe am Boden und in der Luft |
| Nest | Weit verstreute Mulden auf kahlem Boden oder Salzwiese |
| Brut | April und Mai 3 Eier, 24 – 27 Tage bebrütet |
| Flügge mit | 32 – 35 Tagen |

einziges Seeschwalbenjunges überleben und die Kolonie bald aussterben.

Daß immer einer der beiden Elternvögel am Nest bleibt, versteht sich von selbst. Aber ein Schwälbchen allein kann gegen die wesentlich stärkere Silbermöwe nicht viel ausrichten. So schließen sich die Schwalben zu regelrechten „Abfangjägerstaffeln" zusammen. Zu zweien, dreien oder vieren stoßen sie auf den Feind herab und zwingen ihn zum Abdrehen.

Eine solche gemeinschaftliche Verteidigung ist fast immer erfolgreich. Weshalb wird sie dann nicht immer angewendet? Weil ein Elternvogel immer nur eine Tätigkeit auf einmal ausführen kann: entweder Jagdschutz fliegen, seine Nestlinge wärmen (hudern) oder Fische fangen. Ständige Verteidigung würde den Hungertod für die Küken bedeuten. Die Schwalben stecken also in einer Zwickmühle.

Insbesondere wenn Regen und Sturm die Nahrungssuche erschweren, entstehen in der Abwehr Lücken, und dann werden noch mehr Küken geraubt als an schönen Tagen. Wenn andererseits bei gutem Wetter gegen Abend überall der Hunger gestillt ist, stehen alle erwachsenen Vögel der Gemeinschaft zur Abwehr zur Verfügung, und den Kindesräubern gelingt dann kaum noch ein Fang.

*Dreizehenmöwe*

*Silbermöwe*

*Lachmöwe*

| | **Silbermöwe** | **Lachmöwe** | **Dreizehenmöwe** |
|---|---|---|---|
| **Länge** | 56–66 cm | 35–41 cm | 36–43 cm |
| **Gewicht** | Ca. 1000 g | Ca. 450 g | Ca. 500 g |
| **Alter** | Mittel 13,5 Jahre, max. 36 Jahre | Mittel 10 Jahre, max. 25 Jahre | Mittel 10 Jahre, max. 25 Jahre |
| **Brutkolonie** | Dünen der Inseln, Dächer der Hafenstädte | Verlandungszonen flacher Binnengewässer und Dünen | Simse steiler Felsen (Helgoland) |
| **Brut** | Ende April bis Mai 2–3 Eier, 26–32 Tage bebrütet | April bis Mitte Mai 3 Eier, 20–25 Tage bebrütet | Mai und Juni 1–3 Eier, 25–32 Tage bebrütet |
| **Flügge mit** | 35–49 Tagen | 26–28 Tagen | 30–35 Tagen |

# Im Meer

## Haie greifen an

Wie jeden Abend, so stiegen die Heringe vor der norwegischen Küste auch heute von ihren Nahrungsgründen in 200 Meter Tiefe langsam in die Höhe. Die Männer im Forschungs-U-Boot beobachteten, wie die Schwarmfische 30 Meter unter dem Meeresspiegel die Schlafposition bezogen und begannen, in Schräglage bewegungslos zu schweben.

Da erscholl ein gespenstisches Zischen. Wie elektrisiert durchzuckte es die Zehntausende von Heringen, und sie drängten sich zu einem dichten Kugelhaufen zusammen. Plötzlich vibrierte das Wasser. Ein Schwarm von 120 Dornhaien griff an. In langer Kolonne umzingelten die einen Meter langen Haie die Heringe. Dann stieß die Spitzengruppe mitten hinein. Abermals ging ein Zucken durch den Schwarm. Wo auch immer die Haie attackierten, stets preschten sie ins Leere, in eine fischlose Gasse. So schnell konnten die Heringe ihnen ausweichen.

Nach 20 Minuten gelang es den Haien, eine kleine Gruppe vom großen Schwarm abzusprengen, einzukreisen und bis zum letzten Fisch zu verschlingen.

Haie in der Nordsee und dazu noch in solchen Massen? Ja, aber es sind samt und sonders kleinere Exemplare, die Heringe, Schellfische, Dorsche und noch kleinere Tiere fressen, niemals aber Menschen angreifen:

Der *Dornhai*. Er wird einen Meter lang und frißt vor allem Fische. Die vier bis acht Jungen schlüpfen schon im Mutterleib aus dem Ei und werden erst geboren, wenn sie 24 Zentimeter lang und lebensfähig sind. Sie ernähren sich im Mutterleib von Eiern, die ihre Mutter für sie als Nahrung produziert. Die Haut ist rauh wie grobes Sandpapier und besitzt viele Hautzähne zur Feindabwehr. Das sind regelrechte Zähne, die hakenförmig gebogen und in der Haut (nicht im Knochen!) einzeln verankert sind. An beiden Rückenflossen sitzt ein besonders

| | |
|---|---|
| 1 Dornhai | 7 Kompaßqualle |
| 2 Einsiedlerkrebs mit Schmarotzerrose | 8 Krake |
| | 9 Makrele |
| 3 Hering | 10 Nagelrochen |
| 4 Hummer | 11 Ohrenqualle |
| 5 Kabeljau | 12 Rotbarsch |
| 6 Kleingefleckter Katzenhai | 13 Wachsrose |
| | 14 Sprotte |
| | 15 Seeigel |
| | 16 Taschenkrebs |
| | 17 Trottel-Lumme |
| | 18 Wellhornschnecke |
| | 19 Gemeiner Blasentang |
| | 20 Stacheltang |

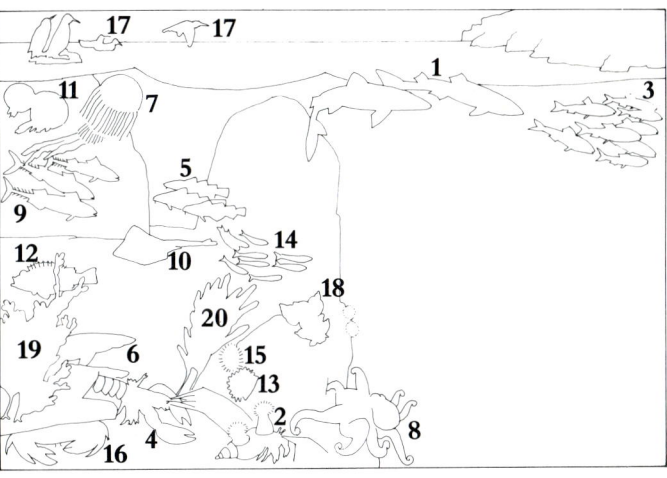

45

großer Dorn mit je einer Giftdrüse, ebenfalls zur Verteidigung. Dennoch wird der Dornhai gefressen, und zwar vom...

*Heringshai*, der bis zu drei Meter lang werden kann und durchaus in der Lage wäre, Menschen zu töten. Doch zwei Eigenarten halten ihn davon ab: Einmal folgt er meist den Heringsschwärmen und nicht, wie viele Haie der wärmeren Meere, als „Müllschlucker" den Schiffen. Zum anderen meidet er Flachwassergebiete wie die Deutsche Bucht, die nur 20 bis 30 Meter tief ist. Den Dornhai zerbeißt er meist in zwei Teile. Nachdem er eine Hälfte im Rachen hat, beißt er zu und schüttelt den Kopf hin und her. Dabei wirken seine Zahnreihen wie eine Kreissäge. Oft brechen Zähne heraus. Aber binnen weniger Stunden werden sie ersetzt, und zwar von Zähnen, die im Maul in Wartestellung nach hinten geklappt sind und nur noch aufgerichtet werden müssen.

Der *Kleingefleckte Katzenhai* wird nur 80 Zentimeter lang und ist der häufigste Hai in der Nord- und Ostsee. Meist lebt er am Meeresgrund, wo er sich von Seegurken, Schnecken, Krebsen, Würmern und Tintenfischen ernährt. Manchmal plündert und zerstört er die Grundnetze der Fischer. Oft verfängt

**Das Gebiß eines Hais**

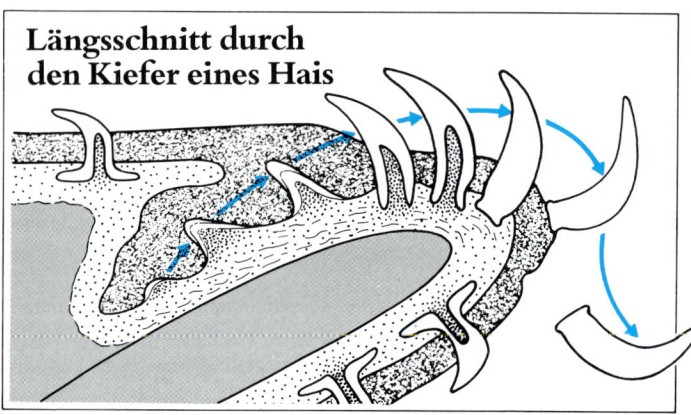

**Längsschnitt durch den Kiefer eines Hais**

*Verliert der Hai beim Zersägen der Beute einen Zahn, klappt binnen weniger Stunden ein neuer bereits vorgefertigter Zahn nach vorn. Auch in der Körperhaut des Hais sowie des Rochens liegen echte Zähne.*

*Heringshai*

*Dornhai*

*Kleingefleckter Katzenhai*

*Nagelrochen*

er sich aber auch selber und kommt dann als „Seeaal" oder „Schillerlocke" ins Fischgeschäft. Das Weibchen legt im Jahr 18 bis 20 Eier. Das sind vier bis 6 Zentimeter lange, rechteckige Kapseln mit einem langen, spiralförmigen Schlingfaden an jeder der vier Ecken. Damit verankert sich das Ei an Wasserpflanzen. Viel kürzer sind diese Fäden bei den Eiern des …

*Nagelrochens*. Er ist ein naher Verwandter der Haie und besitzt wie diese statt Knochen ein Knorpelskelett und keine Schwimmblase. Mit seinem bis zu 1,25 Meter langen, platten Körper liegt er meist flach auf dem Meeresboden. Wenn er wie ein Rasenmäher darüber hinweggleitet, frißt er Tiere, die sich im Schlick verbergen: Krabben, Krebse, kleine Schollen. Zieht er über eine Muschelbank, sieht diese hinterher aus, als wäre ein Raupenschlepper darüber gefahren. An der Schwanzspitze trägt er einen Stachel („Nagel") mit einer Giftdrüse. Diese Abwehrwaffe kann der Rochen mit solcher Kraft umherpeitschen, daß sie sogar durch die dicke Lederhaut eines Haies dringt und diesen für Tage außer Gefecht setzt. Taucher, die aus Versehen auf einen Rochen treten, bekommen den Giftstachel auch zu spüren.

## Rettung in letzter Sekunde

„Das Meer ist riesengroß und unerschöpflich", so dachten noch um 1965 die Fischdampferkapitäne. Ingenieure erfanden für sie modernste Technik zum Fang der *Heringe*:

1. Unterwasser-Ultraschall-Ortungsgeräte, die jeden Schwarm schon von weitem anzeigen. 2. Die Ringwade, ein riesiges Netz, das einen ganzen Schwarm einkesseln kann und aus dem sämtliche Fische mit Saugbagger-Rüsseln in die Kühlräume der Fabrikschiffe gepumpt werden. 3. Das „Integrierte Fischfangsystem", das modernste Ortungsmethoden mit Computern zusammenschaltet und die restlose Vernichtung ganzer Schwärme garantiert. 4. Der Ersatz kleiner Fischdampfer durch große Fabrikschiffe, die monatelang auf See bleiben können und von denen nur die fertigen Konserven abgeholt zu werden brauchen.

Und was die Haie in Jahrmillionen nicht schafften, brachte diese Menschentechnik in wenigen Jahren fertig: Im Herbst 1967 gab es vor Island „mehr Fischereifahrzeuge als Heringe", wie ein Meeresbiologe spottete. Die „Unerschöpflichkeit" des Meeres war ausgeschöpft.

Wer hatte sich schon klargemacht, daß ein Hering bis zu 25 Jahre alt wird? Daß er erst im dritten oder vierten Lebensjahr die Geschlechtsreife erlangt?

Verheerend wirkte sich auch das Schwarmverhalten aus. Die soziale Ordnung der Heringe ist die zwar anonyme, aber doch perfekt organisierte Masse. Auf dem Zug schwimmen alle Tiere parallel. Alle halten die gleichen Abstände und tun dasselbe. Zwar hat der Schwarm keinen Anführer, aber dafür eine Art „Massenseele": Sie signalisieren mit Zischlauten. Wie auf Kommando zerstreuen oder sammeln sich die Fische. Wenn ein Schiff über sie hinwegschwimmt, schießt der Schwarm geschlossen 50 Meter tiefer. Vom Hubschrauber aus gesehen wirkt er wie ein einziges, sich fortbewegendes Wesen.

Treffen zwei Schwärme zusammen, bleibt alles, was gleich schnell schwimmt, zusammen. Mit zwei bis sechs Kilometern pro Stunde, je nach Größe, ist der Hering ein sehr langsamer Fisch. So gruppieren sich die Schwärme immer neu nach gleicher Größe. Als in den siebziger Jahren die Bestände erschreckend abnahmen, sammelten sich die wenigen Überlebenden trotzdem zu Schwärmen … und bildeten wiederum lohnende Ziele zum Auswerfen der Netze. Das war es, was fast zur Vernichtung führte. Jetzt aber sind Fangquoten festgelegt, die ein Überleben sicherstellen.

## Quallen erobern die Meere

Seit einigen Jahren jagt ein Quallenalarm den anderen. Am Ostseestrand türmen sich mitunter hohe Wälle aus „Wackelpuddingen". Kleine Boote bleiben in Quallenschwärmen stecken. Zu Tausenden mußten Badegäste den Arzt aufsuchen, weil sie beim Schwimmen von *Feuer-* und *Kompaßquallen* so stark genesselt worden waren, daß ihr Körper aussah, als wäre er gepeitscht worden.

So etwas hat es früher nur selten gegeben. Wo kommen diese wabbeligen Massen her? Nicht aus den Weiten des Meeres, sondern aus warmen, flachen Buchten in der Nähe großer Häfen, zum Beispiel aus der Kieler Innenförde.

Was sich hier abspielt, ist gigantisch: Eine einzige weibliche *Ohrenqualle* stößt bis zu 20 000 Eier aus, die von den Samen der Männchen befruchtet werden (geschlechtliche Fortpflanzung). Aber aus einem Ei erwächst nicht nur eine Qualle, sondern eine Hundertschaft: Erst schlüpft aus dem Ei eine Larve, die sich am Grund festsetzt. Hieraus sprießt ein zehn Millimeter hoher Polyp, der sich in 30 Scheiben zerteilt. Wie von einem winzigen Tellerstapel löst sich ein „Teller" nach dem anderen von oben her ab. Fertig sind 30 winzige Quallen (Fortpflanzung durch Teilung, ungeschlechtlich).

Der am Boden verbleibende Rest wächst erneut, bildet wieder 30 „Teller", und so weiter. Meist geht

*Makrele*

*Hering*

*Sprotte*

| | **Hering** | **Sprotte** | **Makrele** |
|---|---|---|---|
| **Länge** | 30 cm | 12 cm | 50 cm |
| **Vorkommen** | Schwärme in Nord- und Ostsee, macht weite Wanderungen | Schwärme in Nord- und Ostsee, meist am Meeresboden | Schwärme in Nord- und Ostsee, meist nahe Meeresoberfläche |
| **Nahrung** | Winzige Ruderfußkrebse und Fischlarven | Winzige Ruderfußkrebse und Fischlarven | Heringe, Sprotten, Weichtiere, Kleinkrebse |
| **Feinde** | Makrele, Dorsch, Lachs, Hai, Lumme, Möwe | Makrele, Dorsch, Lachs, Lumme, Möwe, Qualle | Hai, Thunfisch, Delphin |
| **Laichen** | Zu verschiedenen Zeiten: bis 70 000 Eier pro Weibchen als Teppich am küstennahen Meeresgrund | Mai bis Juni, z.B. in Kieler Förde: bis 7 500 Eier pro Weibchen, Eier schweben frei im Meer | Mai bis August: 500 000 Eier pro Weibchen in Küstennähe, Eier schweben frei an Öltropfen |
| **Reife** | Mit 3 – 4 Jahren | Mit 2 – 3 Jahren | Mit 3 Jahren |
| **Alter** | Bis 25 Jahre | Bis 6 Jahre | Bis 25 Jahre |

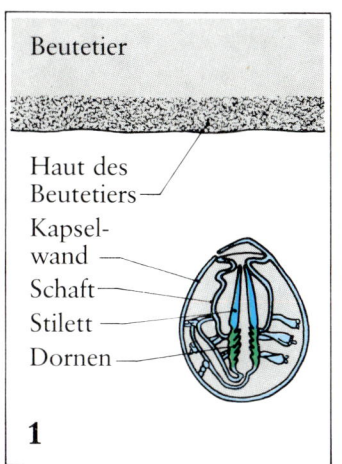 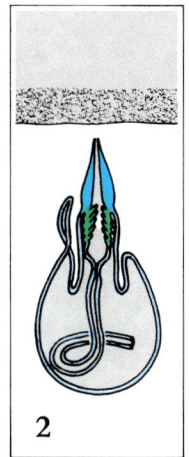 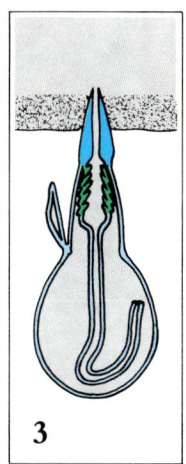 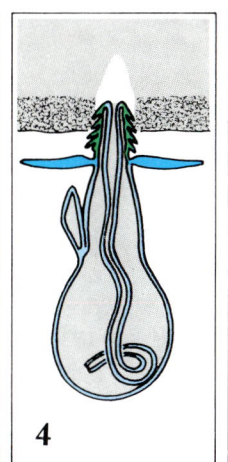 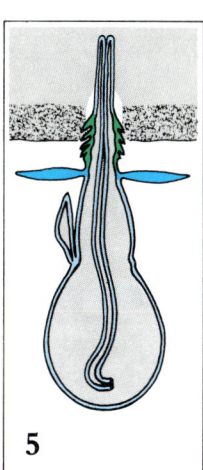 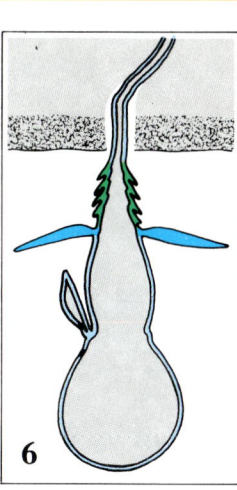

Beutetier

Haut des
Beutetiers
Kapsel-
wand
Schaft
Stilett
Dornen

1    2    3    4    5    6

*Die mikroskopisch kleine Nesselzelle einer Feuerqualle arbeitet wie eine Tretmine: Wird ein feines Härchen an der Spitze nur ganz leicht berührt, schießt ein Stilett aus der Kapsel heraus,*

*reißt eine tiefe Wunde und schleudert einen Nesselfaden mit einem stark brennenden Gift in die Wunde. Kleinere Tiere werden sofort getötet, größere gelähmt.*

dieser „Scypho-Polyp" nach der dritten Kinder-Serienproduktion kaputt. Er stirbt dann an Hunger, weil ihm die Milliarden von Jungquallen ringsum alles Futter wegfischen. Und überall geht jetzt das große Fressen los.

Erst frißt die millimeterkleine Jungqualle Kieselalgen, dann lupenkleine Ruderfußkrebse, Fisch- und Muschellarven und schließlich kleine Fische. Im März hat sie 1,4 Zentimeter Durchmesser und nesselt wie Feuer, auch den Menschen. Zum Glück ist dann noch keine Badesaison. Täglich frißt sie zwei Jungheringe. 1978 fraßen Ohrenquallen die ganze westliche Ostsee fischleer. Aber je größer sie werden, desto mehr stellen sie sich wieder auf lupenkleine Tiere als Nahrung um. Ihre Nesseln können dann die Haut des Menschen nicht mehr durchdringen.

Wieso kommt diese ungeheure Massenvermehrung erst seit 1975 voll zum Durchbruch? Die Wasserverschmutzung durch Öl schafft den Quallen ein Schlaraffenland. Die Ruderfußkrebse speichern das Öl im Leib, können nicht mehr absinken und vor den Quallen fliehen. Die Jungfische aber, die früher die Krebschen fraßen, die den Quallen entronnen waren, haben heute das Nachsehen. Sie verhungern oder fallen geschwächt den Quallen direkt zum Opfer.

So sorgt die Ölverschmutzung dafür, daß die Fischbestände erschreckend stark abnehmen, aber die Quallen in heuschreckenartiger Massenvermehrung die Meere erobern.

*Ohren-, Feuer- und Kompaßqualle*

## Der Ritter des Meeresgrundes

Der *Hummer* besitzt eine Rüstung wie früher die Ritter, dazu zwei gewaltige Kneifscheren, mit denen er Fleisch von Beutetieren abreißen und mundgerecht zerkleinern, die dicken Schalen der Auster oder den Daumen eines Menschen zerknacken kann. Dennoch schwebt er in so großer Gefahr, daß er sich tagsüber in eine „Burg" zurückziehen muß: in eine Felsenhöhle im Riff.

Herings- und Dornhaie, Rochen und auch große Dorsche zersägen mit Leichtigkeit die Hummerrüstung. Deshalb geht der bis zu 50 Zentimeter lange Riesenkrebs nur nachts auf Raub. Seine langen, roten Antennen tasten und riechen die Beute, aber auch Gefahren. Muscheln, Meeresschnecken, Seesterne, Seeigel, Aas, Krabben, ja auch kleinere Artgenossen zerknackt er und zerreißt sie dann in freßbare Stückchen. Der Vorteil der Ritterrüstung hat auch einen Nachteil zur Folge: Wenn der Hummer wächst, wird ihm der Panzer zu eng. Dann muß er sich häuten, ist einige Tage schutzlos und versteckt sich solange in einer Höhle.

Trotz dieser Lebenstüchtigkeit ist der Helgoländer

## Die gepanzerten Verwandten

Der *Taschenkrebs* besitzt eine vielseitigere „Karosserie" als der Hummer. Er ist bis zu 30 Zentimeter breit und sechs Kilogramm schwer, aber flach. Wenn ihn sein größter Feind, der Hummer, aus dem Felsenbereich vertreibt, kann er sich in Schlick und Sand schnell eingraben und auch dort gut leben, was dem Hummer nicht möglich ist. Manchmal erwischt ein Rochen nur eines seiner Beine. Dann kann er es opfern und abwerfen. Bis zur nächsten Häutung wächst es wieder nach, wie übrigens auch verlorene Scheren oder zerstörte Augen.

Kein Entkommen gibt es, wenn ein Krake angreift. Er umschlingt den Taschenkrebs mit seinen acht

*Hummer*

*Taschenkrebs*

Hummer schon fast ausgerottet worden. Schuld ist zum einen die Überfischung.

Ein Weibchen legt erst im Alter von sechs Jahren mit 19 Zentimeter Größe die ersten 8 000 Eier. Es hält sie mit den hinteren Beinen und dem Schwanz als Paket elf Monate lang unter dem Leib fest.

Noch bedrohlicher ist eine andere Gefahr: die Verschmutzung des Seewassers mit Öl. In starker Verdünnung wirkt dieses auf den Hummer genauso wie der arteigene Sexual-Lockstoff, mit dem Weibchen die Männchen zu sich heranholen. Die Männchen laufen nun in die Irre, wandern vom Riff auf die Sandflächen und sind dort allen Feinden wehrlos ausgeliefert. Solange das Problem der Ölverschmutzung der Nordsee nicht gelöst ist, wird es auch keine Wiederbelebung der Helgoländer Riffe durch Hummer geben.

Fangarmen und saugt sich mit Haftscheiben an seinem Panzer fest.

Das Weibchen legt bis zu drei Millionen Eier pro Jahr. Diese ungeheure Zahl sagt schon etwas über deren Schicksal aus: Fast alle fallen Feinden zum Opfer. Der Krebs selbst kann zwar Muscheln, Schnecken und andere Krebse knacken und fressen, seine Hauptnahrung aber ist Aas. Er ist der Müllschlucker des Meeresgrundes.

Es gibt noch andere Tricks, die vielen Gefahren, die Tieren im Meer drohen, zu vermindern. Die *Seespinne*, die auch zu den Krabben gehört, tarnt sich, indem sie sich mit ihren Kneifscheren Schwämme, Tang, Seegras, Polypen, Moostierchen oder Seepocken auf ihren Panzer packt.

Der kleine *Einsiedlerkrebs* schafft sich hingegen einen Panzer an, der so groß und dick ist, daß er ihn niemals selbst herstellen könnte: Als „Hausbesetzer" schlüpft er mit seinem weichen, spiraligen Hinterleib in das leere Gehäuse einer Wellhorn- oder Brandhornschnecke, zur Not auch in Arzneimittelfläschchen, die ein Badegast weggeworfen hat.

Knackt ein Hummer oder ein Taschenkrebs sein Haus, flitzt er schnell heraus. Nun muß er zusehen, daß er rasch ein neues Heim findet, sonst frißt ihn ein Dorsch. Er selbst lebt von organischen Schwebstoffen, also von kleinsten Speiseresten, die bei der Mahlzeit anderer abgefallen sind. Das größte Problem der Einsiedlerkrebse ist die Wohnungsnot. In jedem Gewässer können nur so viele Exemplare leben, wie es leere Schneckengehäuse gibt.

*Krake*

## Kraken lieben nur einmal

Der Krake ist der Inbegriff des Seeungeheuers: ein achtarmiges Monster mit etwa 500 Saugnäpfen, einem Papageienschnabel mit einer Raspelzunge, die aus Fleisch Hack macht und sogar dicke Muschel-, Schnecken- und Krebspanzer aufbohren kann:

– mit einem Verdauungssaft, der, in die Beuteschale eingespritzt, die weichen Innenteile verflüssigt (äußere Verdauung), so daß sie herausgelutscht werden können,

– mit raketenartiger Wasserdüsen-Rückstoß-Fortbewegungstechnik, sofern er nicht gemächlich mit seinen am Kopf haftenden Fangarmen (auch Füße genannt; daher die zoologische Bezeichnung „Kopffüßer"!) über den Meeresboden läuft,

– mit einem Beutel voller „Tinte", mit der er sich bei

Gefahr einnebeln und die Riechorgane von Feinden betäuben kann.

Dennoch sind die bis zu 90 Zentimeter großen Kraken in der Nordsee nur selten. Nicht weil es ihnen dort zu kalt wäre, sie leben gewöhnlich in wärmeren Gewässern, sondern weil sie zu ihrer Sicherheit Felsenhöhlen oder Wracks brauchen. Auf Sandboden sind sie, trotz ihrer Fangarme und der „Tinte", Haien und Rochen wehrlos ausgeliefert, weil die Feinde meist zu mehreren angreifen, der Krake aber ein Einzelgänger ist.

Aber er ist nicht nur Einzelgänger, sondern auch Kannibale. Als solcher hat er es mit der Liebe schwer. Das Weibchen paart sich nur einmal im Leben, aber nicht etwa in achtarmiger Innigkeit. Vielmehr hält das Männchen ein Samenpaket

*Einsiedlerkrebs*

(Spermatophore) an der Spitze eines zum Begattungsorgan umgebildeten Fangarmes und übergibt dieses möglichst ohne Berührung.

Nachdem das Weibchen an die 150 000 Eier gelegt hat, möglichst im „Tresor" einer leeren, großen Muschelschale, bleiben ihm noch 42 Tage zum Leben. Es nutzt diese zu fürsorglicher Brutpflege. Der Freßtrieb schwindet. Eine Sterbedrüse läßt das Tier rapide altern. Und kurz nach dem Schlüpfen der Jungen stirbt die Mutter.

## Die tintenspritzenden Verwandten

Wie der flach gebaute Taschenkrebs gegenüber dem massigen Hummer auf sandigem Meeresgrund entscheidende Vorteile besitzt, so ist auch gegenüber dem plumpen Kraken der flache Eingrabekünstler aus dessen Verwandschaft im Vorteil:

die Sepia, allgemein auch nur *Tintenfisch* genannt. Der Strandwanderer kennt von ihm nur den weißen Schulp, der oft in Massen am Spülsaum liegt und der auch als Kalknahrung für Stubenvögel dient. Er ist eine Art Rückgrat des bis zu 30 Zentimeter langen Tieres. Beim lebenden Tintenfisch ist der Schulp von einer Rückenhaut überzogen, die blitzschnell ihre Farbmuster wechseln und sich in idealer Tarnung an den jeweiligen Untergrund anpassen kann. Das Geheimnis des Farbwechsels: In der Haut sitzen viele Zellen, die mit Farbstoffen (Pigmenten) je einer Farbe angefüllt sind. Muskeln können jede einzelne Zelle bis zur unsichtbaren Winzigkeit zusammenziehen oder sie sich bei Erschlaffen

Nahe Verwandte sind jene sagenumwobenen Riesenkalmare (fälschlich „Riesenkraken" genannt). Sie leben nur in den großen Ozeanen in Tiefen um 1000 Meter. Ihr Rumpf mißt bis zu 7,50 Meter. Zwei ihrer zehn Fangarme sind zwölf Meter lang, die acht übrigen etwa drei Meter. Diese tragen Saugnäpfe von fünf Zentimeter Durchmesser. Ihre zwei Augen sind groß wie Pizzateller und sind die gewaltigsten der Tierwelt! Riesenkalmare fressen Haie und werden selber von den bis zu 18 Meter langen Pottwalen gefressen. Der Wal ergreift sie mit dem Maul und schleppt sie an die Oberfläche. Dabei wird der Krake ohnmächtig, kann überwältigt und verschlungen werden.

*Tintenfisch*

*Kalmar*

weit ausbreiten lassen. So entzieht sich der Tintenfisch Feinden, und so überrascht er auch seine Beute: Muscheln, kleinere Krebse und Fische.
Der *Kalmar* stellt eine dritte Spielart dar, nämlich die vollendete Anpassung an das Leben im freien Wasser der Hochsee (Pelagial): Ein torpedoschlanker Stromlinienkörper ermöglicht dem bis zu 20 Zentimeter langen Nordsee-Kalmar Höchstgeschwindigkeiten bis zu 33 km/h. Auf Wanderungen über Hunderte von Kilometern in zum Teil riesigen Schwärmen legen sie dann ein etwas langsameres Dauertempo vor. Sie folgen den Schwärmen junger Heringe, die sie in beträchtlichen Massen mit ihren jeweils zehn Fangarmen ergreifen, zum papageienähnlichen Schnabel in ihrer Mitte heranziehen und verspeisen.

*Seerose*

## Spezialisten des Meeresgrundes

Der *Seeigel* ist der „Staubsauger" härterer Meeresböden. Völlig blind und durch sein bis zu zwölf Zentimeter großes, mit Stacheln gespicktes Kalkgehäuse von der Außenwelt abgeschirmt, kriecht er auf Hunderten winziger, schlauchartiger Füßchen äußerst langsam umher. Dabei weidet er mit dem Maul im Zentrum der Unterseite den Algenbewuchs und festsitzende Kleinsttiere ab. Außerdem frißt er auch Aas.

Tritt man auf ihn, brechen die Stacheln ab, bleiben im Fleisch stecken und rufen Entzündungen hervor. Deshalb müssen Splitter sofort entfernt werden. Trotz seines stacheligen Gehäuses gibt es unter Fischen und Krebsen zahlreiche Feinde, die diese „Konservendose" knacken können.

Die *Seerose* ist keine Pflanze, sondern ein Tier. Sie kann sich mit einer Höchstgeschwindigkeit von zwei Zentimetern pro Stunde (!) fortbewegen. Mit ihren etwa 200 Fangarmen ergreift sie kleine Fische, Muscheln und Krabben. An den Fangarmen sitzen Nesselkapseln von ähnlicher Konstruktion wie bei den Quallen, die die einmal ergriffene Beute und auch Feinde lähmen. Nahrung wird durch das Schlundrohr in der Mitte zwischen den Fangarmen in die Leibeshöhle gezogen und dort verdaut.

Die *Wellhornschnecke* ist ein Fleischfresser, der sich aber meist an kleine Aasportionen hält, also dem

*Seeigel*

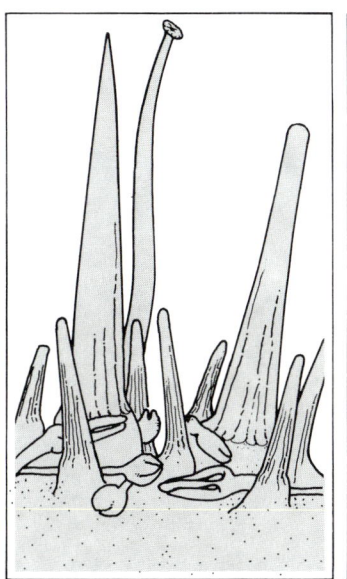

*Zwischen den Seeigelstacheln liegen Zangen zur Feindabwehr.*

*Wellhornschnecke*

Seeigel Konkurrenz macht. Ein hochempfindlicher Geruchssinn führt die Schnecke, deren Gehäuse bis zu zwölf Zentimeter groß werden kann, zum Mahl. Ein Tier legt bis zu 200 000 Eier. Je etwa 1 000 sind in einer grüngelben, wie Blasentang aussehenden Kapsel. Aber nur zehn davon sind befruchtet. Diese ernähren sich von den tauben Eiern, bis sie als fertige Schnecken mit drei Millimeter großem Gehäuse aus der Kapsel schlüpfen.

## Lummen-Küken stürzen sich vom Felsen

Eine der gefährlichsten Vogel-Kinderstuben liegt auf den nur fensterbankbreiten Simsen in der 50 Meter hohen Steilwand der roten Klippen Helgolands. Hier brüten im April und Mai 1 200 Paare der gar nicht trotteligen Trottel-Lummen. Die 110 Gramm schweren Eier werden ohne Nest einfach auf den nackten Fels gelegt. Fallen sie nicht herunter? Nur selten, denn sie haben die Form eines Kreisels. Aus Versehen angestoßen, rollen sie nur um die eigene Achse.

Verwechseln die 42 Zentimeter großen Eltern nach solchen Verschiebungen nicht die Eier? Niemals, denn jedes besitzt ein anderes „modernes Gemälde" von Schnörkel-Linien. Sobald die Jungen nach 30 bis 35 Bruttagen geschlüpft sind, lehnen sie sich mit dem Bauch an die Rückwand, so als wären sie schwindelig. Hat ein Elternpaar sein Küken durch Absturz im Sturm oder durch Raubmöwen verloren, hilft es den Nachbarn selbstlos beim Wärmen und Beschützen von deren Kindern. Nur Füttern wäre zuviel verlangt.

Wenn Ende Juni bis Anfang Juli die Jungen etwa drei Wochen alt sind und noch nicht fliegen können, geschieht etwas Außergewöhnliches. Sofern bei Einbruch der Abenddämmerung gerade Ebbe herrscht, schwirren die Eltern auf den tangbewachsenen Steingrund und locken mit „Örr-örr"-Rufen ihre Kinder zu sich. Über der ganzen Kolonie erhebt sich ein ohrenbetäubendes Geschrei. Dann stürzen sich die Küken todesmutig den Felsen hinab. Sie propellern mit ihren Flügelstummeln, obwohl das nicht die mindeste Tragwirkung erzielt. Aber ihr Leichtgewicht, der Federflausch, das Fettpolster und die noch knorpelig-elastischen Knochen sorgen dafür, daß die Kleinen nach dem 50-Meter-Sturz wohlbehalten unten ankommen.

Eltern und Kinder erkennen sich an der Stimme wieder und schwimmen hinaus aufs offene Meer. Die Kleinen schauen zunächst zu, wie ihre Eltern Nahrung beschaffen: Aus dem Schwimmen tauchen sie ab und schnappen kleine Sandaale, Sprotten, junge Heringe, auch Krabben und Würmer, zur Not sogar Quallen.

*Kabeljau*

*Rot- oder Goldbarsch*

*Schellfisch*

Der Kabeljau oder Dorsch (= Dörrfisch) *verfolgt in großen Gruppen die Schwärme der Heringe, Sprotten, Grenadiere und anderer Fische. Er wird bis zu 100 cm lang und 7 kg schwer.*
Der Schellfisch *sucht seine Nahrung meist am Meeresgrund: Heringslaich, Schnecken, Schlangensterne, Krebse, Würmer,* Jungfische. Er wird bis zu 80 cm lang und 4 kg schwer. Laichwanderung in Schwärmen.
Der Rot- oder Goldbarsch *ist ein Nahrungskonkurrent des Schellfisches. In der Nordsee bis 80 cm, in der Ostsee bis 50 cm lang. Die Weibchen bringen ihre Jungen lebend zur Welt.*

*Trottel-Lumme*

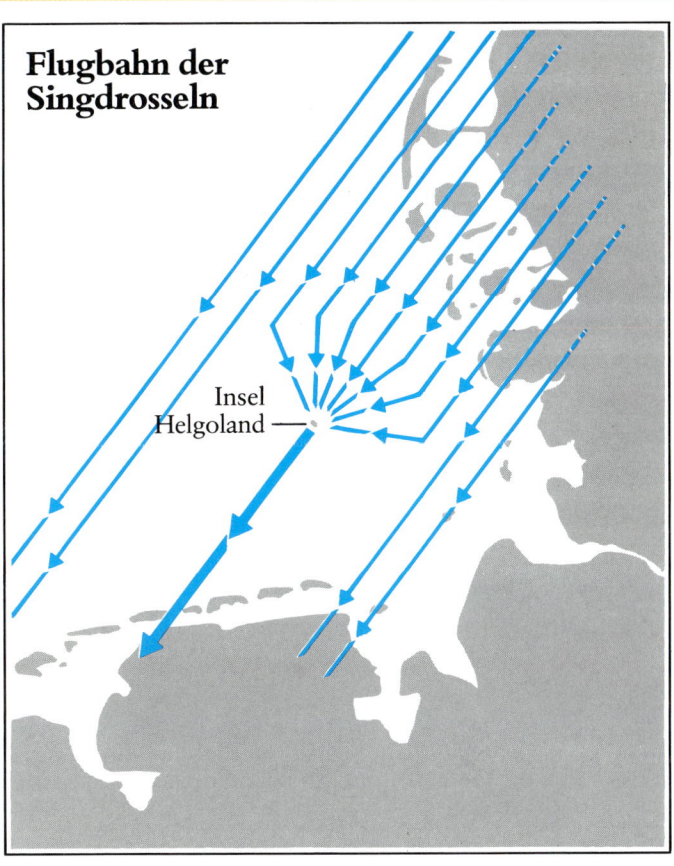

*Im Herbst überfliegen Singvögel die Nordsee nach Südwest.*

Trottel-Lummen sind echte Hochsee-Vögel. Sie leben nur auf dem Wasser und kehren erst zur nächsten Brutsaison auf festes Land zurück. Bei einer Ölpest sind sie mit ihrer schwimmenden Lebensweise besonders stark gefährdet.

## Vogelzug auf Helgoland

Eine warme Vollmondnacht Ende September auf Helgoland. Vom Vogelzug, der in vollem Gang ist, kann der Beobachter mehr ahnen als sehen: Feines Piepsen erfüllt ab und zu die Luft. Vor der Scheibe des Mondes huschen kleine Schattenrisse. Kein Vogel macht eine Zwischenlandung. Keiner steuert das Licht des Leuchtturmes an. Unbeirrt geht der Zug vonstatten. Die 80 Kilometer von der schleswig-holsteinischen Küste bis Helgoland legt eine Singdrossel mit Kurs Südwest in zwei Stunden zurück und die weiteren 80 Kilometer bis zur friesischen Küste in noch einmal zwei Stunden.

Wenn aber plötzlich Wolken aufziehen und ein Sturm den Vögeln entgegenweht, wird der Flug übers Meer für sie zum Kampf auf Leben und Tod.

Aus etwa 25 Kilometer Entfernung steuern sie alle das große Leuchtfeuer der Insel an. Den Leuchtturm umgibt ein Vogelgestöber wie Schneetreiben: ein gespenstisches Stimmengewirr durcheinander flötender, piepsender, krächzender, schreiender Vogelmassen, die alsbald überall auf dem Boden umherhüpfen.

Vor einigen Jahren schätzte ein Fachmann ihre Zahl auf über eine Million in einer Nacht: Angehörige von etwa 200 verschiedenen Vogelarten, vor allem Stare, Drosseln, Bachstelzen, Laubsänger, Rotkehlchen, Nachtigallen, Rohrsänger, Fliegenschnäpper, Schwalben, Ammern und viele andere.

Viele erreichen bei stürmisch-schlechtem Wetter die rettende Insel nicht und stürzen ins Meer. Einige erleiden kurz nach der Landung einen Herzmuskelriß. Ein Teil davon stirbt in den folgenden Tagen. Es gibt aber auch Singvögel, die eine Erholungspause von 13 bis 17 Tagen einlegen, bis ihr Herzschaden verheilt ist. Bei Vögeln geht die Gesundung schneller als beim Menschen. Dann setzen die Tiere ihre weite Reise fort.

# Im Moor

## Der Zweikampf der Kreuzottern

Gerade erst hatte das Kreuzottermännchen ein Weibchen aufgespürt und wollte mit dem anschmiegsamen Liebesspiel beginnen, da richtete sich ein Rivale auf und pendelte voll giftiger Drohung hin und her. Muß ein solcher Kampf um das Weibchen nicht mit dem Tode beider Rivalen enden, da ja jeder jeden beißen kann und diese Schlangen keineswegs gegen ihr eigenes Gift unempfindlich (immun) sind?

Zunächst umschlichen sich beide Ottern, umschlangen ihre Schwänze und richteten mit einem Ruck ihr vorderes Körperdrittel auf. Dann preßten sie Wange gegen Wange, bis sie abglitten, wie Stahlfedern auseinanderschnellten und auf den Boden aufschlugen.

Wer von den beiden jetzt am schnellsten war, konnte den Gegner in den „Schwitzkasten" nehmen und einige Sekunden zappeln lassen. Danach ließ er den Verlierer unverletzt entkommen. Also nicht ein einziger Biß! Statt dessen ein „sportlich-fairer" Ringkampf. Und das ausgerechnet bei jenen Tieren, die von uns Menschen als falsch und eklig beschimpft und verfolgt werden.

Je tödlicher die Waffen einer Tierart sind, um so sicherer setzen sie diese nicht gegen ihre Artgenossen ein. Sonst würden sie sich selbst ausrotten. Nach dem Gesetz der Erhaltung der Art tragen Rivalen statt dessen unblutige, sogenannte Turnierkämpfe aus.

Auch die Gefräßigkeit der Kreuzotter wird überschätzt. Der meist nur 60 Zentimeter langen Schlange genügen im Jahr zwölf Mäuse. Als wechselwarmer „Kaltblüter" muß sie ja nicht ständig einen „inneren Ofen" heizen und spart somit viel Energie.

Das Gift der Otter tötet eine Eidechse in 30 Sekunden. Ängstliche Menschen sollten aber folgendes wissen: Die Kreuzotter greift nie an, sondern beißt nur, wenn der Mensch so schnell in ihre Nähe kommt, daß sie nicht mehr fliehen kann. Ihr Tempo ist nie schneller als das eines Fußgängers. Man hat also immer die Chance zum Rückzug.

| | | |
|---|---|---|
| 1 Bekassine | 7 Kampfläufer | 15 Fleischrotes |
| 2 Birkhuhn | 8 Kranich | Knabenkraut |
| 3 Blaukehlchen | 9 Kiebitz | 16 Grauerle |
| 4 Blindschleiche | 10 Kreuzotter | 17 Rosmarinheide |
| 5 Großer | 11 Laufkäfer | 18 Schilf |
| Brachvogel | 12 Moorschnucke | 19 Sumpfwurz |
| 6 Hochmoor- | 13 Torf-Mosaikjungfer | 20 Torfmoos |
| Gelbling | 14 Weißstorch | 21 Wollgras |

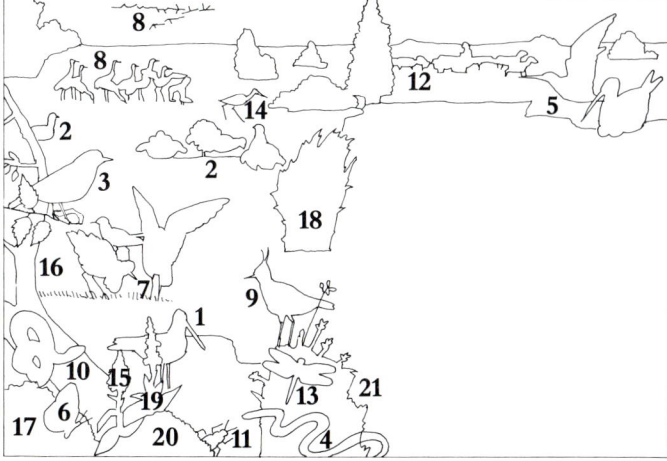

57

## Kreuzotter

| | |
|---|---|
| **Länge** | 60 cm, max. 80 cm |
| **Lebensraum** | Moor, Heide, Hochwald, Karst |
| **Kennzeichen** | Dunkles Zickzack-Band auf dem Rücken |
| **Giftigkeit** | Starkes Gift aus vorn im Maul liegenden, langen Giftzähnen zum Töten der Beute |
| **Beute** | Mäuse, Eidechsen, Maulwürfe |
| **Jagd** | Lauerjäger und Einbrecher in Bausysteme der Beutetiere |
| **Nachwuchs** | August bis September; 6 – 20 Eier, aus denen sofort die Jungen mit perfekten Giftzähnen schlüpfen |
| **Überwintern** | Zu mehreren in Erdlöchern und Felsspalten |

## Ringelnatter

| | |
|---|---|
| **Länge** | Männl. = 1 m, weibl. = 1,5 m |
| **Lebensraum** | In Wassernähe |
| **Kennzeichen** | 2 hellgelbe Halbmond-Flecken am Kopf |
| **Giftigkeit** | Schwaches Gift aus hinten im Maul liegenden, die menschl. Haut nicht durchdringenden Zähnen zum Verdauen der Beute |
| **Beute** | Frösche, Kröten, Molche |
| **Jagd** | Überfall als Schnellschwimmer |
| **Nachwuchs** | Juli bis August; 6 – 30 Eier im Moos, Laub und Kompost. Schlüpfen nach 2 Monaten |
| **Überwintern** | Zu mehreren in Erdlöchern und Felsspalten |

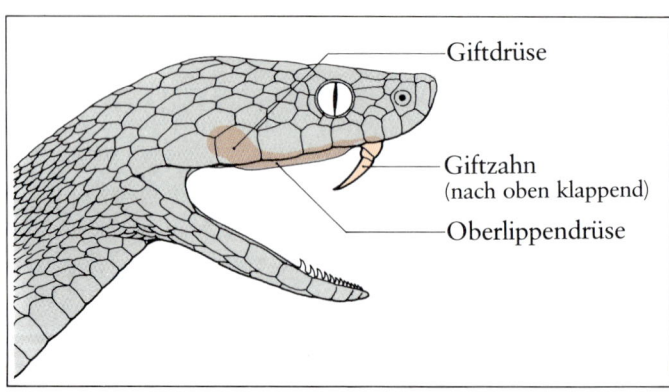

So funktioniert der Giftzahn bei Schlangen.

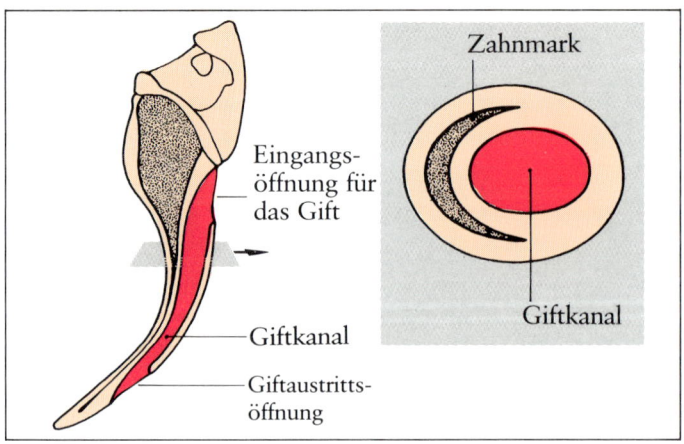

*Kreuzotter bei der Häutung.*

## Blindschleiche

| | |
|---|---|
| **Länge** | 50 cm (keine Schlange, sondern beinlose Eidechse!) |
| **Lebensraum** | Im feuchten Boden unter Laub und Steinen |
| **Kennzeichen** | Einfarbig mit dünnem Rückenstreifen |
| **Giftigkeit** | Nicht giftig |
| **Beute** | Nacktschnecken, Würmer, Insekten |
| **Jagd** | Die keineswegs blinde Schleiche jagt mit den Augen, vor allem aber mit dem Riechsinn |
| **Nachwuchs** | Im August; 5 – 26 Eier, aus denen sofort die Jungen schlüpfen |
| **Überwintern** | Zu mehreren in Erdlöchern und Felsspalten |

Beim Zubeißen schnellt der Kopf der Otter nie weiter als 20 Zentimeter nach vorn. Im Abstand von einem Meter ist man bereits in Sicherheit. Der Giftzahn ist nur vier Millimeter lang, kann also das dicke Leder von Wanderschuhen nicht durchdringen. Und schließlich: Von hundert gebissenen Menschen sind in den letzten Jahrzehnten nur drei gestorben. Gefährdet sind vor allem Kleinkinder und Kreislaufkranke. Alle anderen Menschen können gerettet werden, wenn man rasch einen Arzt aufsucht oder herbeiholt und keine Zeit mit dem Aufschneiden und Aussaugen der Wunde verliert.

Wir sollten uns also auch um den Schutz dieses „Ekeltieres" bemühen. Es hat sein Daseinsrecht wie alle anderen Lebewesen auch. Durch den starken Rückgang von Moorgebieten ist die Existenz der Kreuzotter ohnehin schon mehr als gefährdet.

## Ein kleiner Vogel wird mit einer großen Herde fertig

Wie kann ein 600 Gramm leichter *Brachvogel* verhindern, daß eine Schafherde seine Küken im Gras tottrampelt? Zunächst flattert er dem Leitschaf (also kein Leithammel!) mit seinen Flügeln, die immerhin einen Meter Spannweite haben, um die Ohren und lenkt es in eine andere Richtung. Dann fliegt er das Schaf von hinten an und sticht es mit seinem 15 Zentimeter langen Schnabel zielgenau ins Hinterteil. Daraufhin geht das Schaf ab wie eine Rakete, und die ganze Herde saust hinter ihm her. So besiegt ein kleiner, schlauer Vogel eine ganze Herde von „Riesen".

Diesen Kinderverteidigungstrick beherrscht übrigens nur der Vatervogel. Die Mutter hat indessen das Ideal der „Gleichberechtigung der Frau" verwirklicht: Sie trägt zwar die Last des „Kinderkriegens", also des Eierlegens, und hilft dem Männchen noch etwas beim Brüten. Aber zwei Tage, bevor die Jungen schlüpfen, bevor also die Schwerarbeit des Fütterns, Wärmens (Huderns), Führens und Verteidigens der Küken beginnt, fliegt sie schon wieder mit dem Schwarm der anderen Mütter nach Afrika und überläßt alle weitere Arbeit dem Vater. Im nächsten Frühjahr treffen beide Eltern aber wieder am gleichen Brutplatz zusam-

### Großer Brachvogel

| | |
|---|---|
| **Größe** | 58 cm |
| **Gewicht** | 600 g |
| **Lebensraum** | Moor, Feuchtgebiete, Heide |
| **Balz** | Im März Einzelbalz; Tanz am Boden |
| **Brut** | Ab April 4 Eier, 27 – 30 Tage bebrütet; Junge mit 5 Wochen flügge |
| **Nahrung** | Würmer, Insekten, Schnecken |
| **Zug** | Mittelmeer und Nordafrika |

men. Diese Ortstreue hat Vorteile. In jüngster Zeit bringt sie den Vögeln aber auch einen tödlichen Nachteil, und zwar durch den ungeheuren Landverbrauch des Menschen: In den Feuchtwiesen und Mooren des Emslandes zum Beispiel brüteten früher viele große Brachvögel. Durch Überschwemmungen waren sie geschützt vor Füchsen und Mardern. Dann wurden weite Flächen des Brachlandes (daher der Name Brachvogel!) entwässert, gedüngt und in Mähwiesen umgewandelt.

Die Folgen waren katastrophal: In dem nun trockenen, harten Boden konnten zwar noch die Eltern mit ihrem starken Schnabel nach Nahrung stochern, aber nicht mehr die Jungen mit ihren schwachen Schnäbelchen. Sie verhungerten. Auch blieben sie im nun viel üppiger sprießenden Grasdschungel stecken, piepten laut vor Angst und wurden dann von räuberischen Elstern, Krähen oder Greifvögeln gefressen. Nach Untersuchungen des Deutschen Bundes für Vogelschutz kommen im Emsland jährlich 1500 Brachvogel-Küken zur Welt. Bis zur Flugreife überleben davon nur 70.

Das Ausmaß des Unglücks ist deshalb so groß, weil die Elterntiere unbeirrt ihrer Heimat treu bleiben. Jahr für Jahr verhungern fast alle Kinder, aber Jahr für Jahr brüten alle Eltern, einem inneren Zwang gehorchend, wieder am gleichen Ort – bis mit ihnen im Greisenalter von 32 Jahren die gesamte Brachvogel-Bevölkerung ausgestorben ist.

Ähnlich ergeht es heutzutage vielen anderen Watvögeln (*Limikolen*), etwa den Uferschnepfen, Rotschenkeln, Bekassinen, Alpenstrandläufern, Säbelschnäblern und Regenpfeifern, um nur einige zu nennen. Sie können nur dort leben, wo ihre Lebensräume, die Feuchtgebiete, erhalten bleiben.

## Kampf mit dem „lieben Feind"

Dieses unvergleichliche Schauspiel ist nur noch ganz selten zu erleben: In der feuchtkühlen Morgenfrühe eines Apriltages haben sich noch vor Sonnenaufgang acht *Birkhähne* auf einem Hochmoor versammelt, um miteinander zu raufen und mit ihrer männlichen Schönheit gegeneinander anzuprahlen.

Jeder der sogenannten „Spielhähne" schießt mit grimmig vorgestrecktem Kopf auf einen Gegner zu und gleich darauf wieder zurück. Dabei stellt er sein

Unterschwanzgefieder, das er zu einem weißleuchtenden Rad aufgefächert hat, steil nach oben. Er spreizt die sichelförmig nach außen geschwungenen, äußeren Schwanzfedern und prahlt wie ein Kraftmeier mit den abgespreizten Flügeln. Dieses ständige Hin und Her erinnert an die etwas abgehackten Bewegungen einer Aufziehpuppe. Trotzdem scheint der Vogel vor Wut zu platzen.

Die Balzrosen über den Augen sind rot angeschwollen, und der Kehlsack wird zu einem mächtigen Schallverstärker aufgeblasen, der bei jedem Luftsprung ein johlendes „Tschchuii!" drei Kilometer weit hallen läßt. Dazu schlagen sich die Hähne mit den Flügeln laut klatschend gegen die eigenen

*männl.*

*weibl.*

| **Birkhuhn** | |
|---|---|
| **Größe** | 53 cm |
| **Gewicht** | 1300 g |
| **Lebensraum** | Moor, Heide, Buschland |
| **Balz** | März bis April (in den Bergen Mai bis Juni) Gemeinschaftsbalz von 50 – 55 Hähnen |
| **Brut** | Ab Ende April 7 – 10 Eier, 26 – 27 Tage bebrütet, Junge mit 4 Wochen flügge |
| **Nahrung** | Knospen, Triebe, Blätter, Nadeln, Insekten |
| **Zug** | Standvogel |

Beine, so wie Schuhplattler mit den Händen auf die Knie. Der Schuhplattler ist in der Tat ein Tanz, den die Bayern einst balzenden Birkhähnen abgeschaut haben. Und wie die nur vorgetäuschten Watschen (Ohrfeigen) sind auch die wütend erscheinenden Attacken der Birkhähne nichts weiter als Scheingefechte. Das Geschrei ist nicht ernster als ein Jodler auf der Alm.

Im selben Augenblick, da der feuerrote Ball der Sonne aufgeht, halten die Birkhähne schlagartig mit all ihren „Bocksprüngen" und Geräuschen inne. Sie halten das sogenannte Morgengebet. Kurz darauf aber fängt die Sonnenbalz mit um so größerer Leidenschaft wieder an.

Wenn mehrere Birkhahn-Männchen zu einem solchen Schönheitswettbewerb zusammenkommen, spricht man von einer Gemeinschafts- oder Kommunalbalz. Den Ort, an dem sie aufgeführt wird, nennt man „Arena". Nur selten und vereinzelt erscheint ein schlicht tarnfarbenes Weibchen, um in „Damenwahl" den schönsten Hahn für sich auszusuchen. Die Paarung ist eine Sache von wenigen Augenblicken. Dann trennen sich beide wieder: das Weibchen, um ein Bodennest zu bauen, das Männchen, um weiterzubalzen.

So erwählen fast alle Hennen denselben, nämlich den schönsten Hahn. Die anderen Hähne gehen leer aus. Arena-Verhalten zeigen in Mitteleuropa auch die Auer-, Hasel- und Alpenschneehähne sowie die Kampfläufer.

## Brautwerbung mit Balzgehilfen

Auf norddeutschen Marschwiesen vollführen die *Kampfläufer* in einer ähnlichen Arena ihren „Indianer-Kriegstanz". In hohen Sprüngen stürzen sie sich mit leuchtender Halskrause auf den Nachbarn und … tun ihm doch nichts zuleide. Alles nur zur Schau für die Weibchen! Die Balzarena liegt Jahr für Jahr am gleichen Ort. Steht da einmal eine Pfütze, wird im Wasser gebalzt, daß es platscht und spritzt. Wurde dort ein Weg asphaltiert, tanzen sie alle auf der Straße.

Doch so wild sie sich auch gebärden, in keinem Fall reichen die Schau und Pracht sogar des schönsten Hahns aus, um die Weibchen zu beeindrucken. Dazu braucht er noch Balzgehilfen, die mit ihm und für ihn tanzen. Selbst der prächtigste Hahn muß sich zusätzlich mit fremden Federn schmücken. Allein taugt er in den Augen der Weibchen nichts. Nur wer von Geburt an eine braun-rote Halskrause trägt, ist zum Herrscher über Balzgehilfen oder sogenannte Beimännchen vorbestimmt, die durch weiße Federkragen von vornherein dazu ausersehen sind, nur diese undankbare Liebesdienerrolle zu spielen.

So tritt auch das Arena-Balzverhalten in vielfachen Erscheinungsformen auf. In Deutschland sind diese Vögel nie gejagt worden. An den nur 130 bis 200 Gramm leichten Tieren ist ohnehin nicht viel Fleisch dran. Aber sie ziehen in kleinen Staffeln an den Küsten Italiens entlang. Und hier wird auf alles, was fliegt, geschossen. So erleiden viele von ihnen das gleiche Schicksal wie Jahr um Jahr 200 Millionen andere Zugvögel in Südeuropa. Deshalb werden auch die Kampfläufer bei uns immer seltener.

| Kampfläufer | |
|---|---|
| **Größe** | 31 cm |
| **Gewicht** | 200 g |
| **Lebensraum** | Feuchtwiesen, Marsch |
| **Balz** | Ab Mitte März Gemeinschaftsbalz |
| **Brut** | Ab Mai 4 Eier, 20 – 23 Tage bebrütet; Junge mit 3,5 Wochen flügge |
| **Nahrung** | Kleintiere des Seichtwassers und am Boden |
| **Zug** | Mittel- und Südafrika |

| Kiebitz | |
|---|---|
| **Größe** | 32 cm |
| **Gewicht** | 200 g |
| **Lebensraum** | Feuchtwiesen, Heide, Acker, Ödland |
| **Balz** | Ab März Einzelbalz mit Flugspielen |
| **Brut** | Ab Ende März 4 Eier, 26 – 29 Tage bebrütet, Junge mit 5 Wochen flügge |
| **Nahrung** | Im Boden lebende Würmer, Larven, Kleintiere |
| **Zug** | Mittelmeer oder Standvogel |

## Kann der Kiebitz kiebitzen?

Es sieht aus wie ein Zaubertrick: Auf der Feucht-wiese ist kein einziger Regenwurm zu entdecken. Dennoch trippelt ein Kiebitz im „Nähmaschinen-schritt" einen Meter vor, erstarrt aus vollem Lauf, schießt noch einmal ein paar Schritte vor, stößt mit dem Schnabel in die Erde und zieht wie der Zaube-rer aus dem Zylinder ... nein, kein Kaninchen, aber einen dicken Wurm hervor.

Hier hat der Vogel nicht nur gekiebitzt, also jeman-dem in die Karten geguckt. Bis zu 4,5 Zentimeter tief unter der Erdoberfläche kann er Würmer auf-spüren. Bei genauer Beobachtung kommen wir die-sem „Zauberer" auf die Schliche: Auf seiner meter-langen Schnelltrippelstrecke trampelt der Vogel wie ein Indianer beim Kriegstanz und versetzt alles unterirdische Kleingetier so in Angst und Schrek-ken, daß all diese Würmer mit hastigen Kriech- und Bohrbewegungen zu fliehen versuchen.

Dann erstarrt der Vogel, indem er auf einem Bein stehenbleibt und das andere, nach hinten gestreckt, auf die Zehenspitzen stützt. In der „Fußsohle" und den Zehen besitzt der Kiebitz etwas, das der Mensch in solch überempfindlicher Ausprägung nicht annähernd aufzuweisen hat: auf Schwingun-gen reagierende Sinneszellen, die schon die feinste Erschütterung des Erdbodens wahrnehmen. Der Vogel „hört" sozusagen mit den Füßen jenes „Erd-beben", das die Würmer verursachen, wenn sie im Fluchttempo durch das Erdreich kriechen. Und dabei faßt er sie.

Mit dieser Ortungstechnik ist dem Kiebitz in den letzten Jahren etwas gelungen, das dem Großen Brachvogel, dem Birkhuhn und dem Kampfläufer leider nicht geglückt ist: sich von den immer weni-ger und kleiner werdenden Feuchtgebieten umzu-gewöhnen an Weideland und Acker. Er wurde zum Kulturfolger des Menschen und vermehrt sich gegenwärtig in beachtlichem Maße, weil er sich an die veränderte Umwelt anpassen konnte.

## Was ist ein Moor?

Fahle Nebelstreifen über schwankendem Morast. Sagenumwobene Irrlichter, die den Wanderer vom sicheren Weg fort ins Bodenlose locken. Feuchtes Grab für zahllose, in alter Zeit umgebrachte arme Sünder. So spukte diese unheimliche Landschaft einst in den Köpfen unserer Vorfahren. Heute ist sie trockengelegt und die Torfschicht weitgehend abgetragen.

Ein Moor ist einst entstanden, wenn ein See verlan-dete. Dann wachsen an der Oberfläche Polster und Decken wurzelloser Torfmoose und anderer Pflan-zen in die Höhe. Deren untere Teile sterben ab und werden unter Wasser gedrückt. Weil sie dort von

*Torfmoos-Knabenkraut (Dactylorhiza sphagnicola), als ganze Pflanze und als Blütenstand.*

der Luft abgeschlossen sind, verwesen sie nicht vollständig, sondern werden zu Torf.

So wächst das Moor – genauer: das Verlandungs-, Flach- oder Niedermoor – immer mehr in die Höhe. Nach Jahrtausenden verliert es die Verbindung zum Grundwasser des früheren Sees. Wenn nun eine wasserundurchlässige Erdschicht den Abfluß ver-sperrt und viel Regen fällt, bleibt das Moor erhalten, wandelt sich aber um zum Hochmoor.

Wegen der unvollständigen Verwesung ist das Moor sehr arm an Nährstoffen. So können hier nur etwa dreißig Pflanzenarten leben, und zwar solche, die wahre Hungerkünstler sein müssen: Torf-moose, Moosbeeren, Wollgras, Glockenheide, Disteln, Schilf, Seggen- und Sauergräser, Erlen, Birken, Kiefern sowie Orchideen und fleischfres-sende Pflanzen.

## Die Tricks der Hungerkünstler

Vor einigen Jahren überquerten Millionen von Kohlweißlingen die Nordsee von Dänemark nach England. Als am frühen Morgen Land in Sicht kam, glitzerte es an der englischen Küste kilometerweit wie Tautropfen im ersten Sonnenstrahl. Dem Verdursten nahe, flatterten die Schmetterlinge nieder, um den Frühtau zu trinken.

Doch im gleichen Augenblick, als sich die Schmetterlinge auf den Blättern mit den glitzernden Tropfen niederließen, klebten sie dort fest. Je mehr sie flatterten, um wieder freizukommen, desto mehr blieben sie an Leimtropfen auf langen Stielen haften. Anschließend wurden die Tiere von den *Sonnentau*-Pflanzen verdaut.

Versuche haben gezeigt, daß fleischfressende Pflanzen verkümmern, wenn man ihnen ihre Insektenkost vorenthält. Sie können auf dem nährstoffarmen Moorboden nur gedeihen, wenn sie ihre Aufbaustoffe aus einer anderen Quelle beziehen – eben von Tieren.

Das Ernährungsproblem in der Ärmlichkeit der Moore haben Orchideen auf eine andere Weise gelöst: Sie wachsen nur dort, wo Pilzgeflechte (Myzelien) den Boden durchziehen. Denn ihre Nahrung sind verwesende Pflanzenreste, die sie nicht selbst verdauen können. Diese müssen erst von den Pilzen aufbereitet werden. Somit sind Orchideen keine Schmarotzer. Sie leben vielmehr zusammen mit den Pilzen in einer Gemeinschaft zu wechselseitigem Nutzen (Symbiose). Orchideen sind übrigens keineswegs nur Schönheiten tropischer Regenwälder. Nicht weniger als 60 Orchideenarten leben in Mitteleuropa auf den kargen Böden der Moore, Feucht- und Trockengebiete sowie im Wald und auf Almwiesen. Beispiele dafür sind Sumpf-, Torfmoos- und Fleischrotes Knabenkraut, Sumpfwurz und Weichorchis. Wegen ihrer Seltenheit stehen sie alle unter strengem Schutz.

## Eine lebende Kläranlage

Schilf säubert schmutziges Wasser besser als jede Kläranlage. Forscher haben bakterienverseuchtes Wasser in den Schilfgürtel eines Versuchssees geleitet. Schon nach zwei Stunden hatten die Pflanzen drei Viertel aller Krankheitserreger und fast die Hälfte aller Salmonellen vernichtet. Die Wurzeln des Schilfs produzieren Heilmittel, die Bakterien abtöten (Antibiotika). Damit halten sie nicht nur sich selbst, sondern auch ihren Lebensraum gesund. Aus Industrieabwässern entfernen sie sogar chemische Lösungsmittel und hochgiftiges Phenol. Auch bauen sie bis zu einem Gramm Öl je Liter Wasser ab. Sie sind die wirksamste Kraft bei der Selbstreinigung eines Gewässers.

*Schmetterling von Sonnentaupflanze gefangen.*

Auf einigen Campingplätzen haben sich „künstliche Moore" mit Schilf bereits als vollkommene und überdies kostenlose Kläranlage bewährt. Statt Moore zu vernichten, sollte der Mensch neue Moorgebiete schaffen und dadurch die Selbstreinigungskraft der Gewässer unterstützen. Schilfgebiete sind allerdings empfindlich: Surfer und Bootfahrer können den Schilfgürtel zerstören und dabei auch noch die Tierwelt im Schilf gefährden.

## Vögel zeigen den Tod eines Moores an

Ein sumpfiges, mit vielen Tümpeln durchsetztes Moor bietet Säugetieren keinen Lebensraum, von ein paar Mäusen abgesehen. Um so wohler fühlen sich hier Lurche, Kriechtiere, Insekten und vor allem Vögel.

Wenn ein Moor abzusterben beginnt, zeigen uns dies zuerst die Vögel an. In der Nähe von Diepholz in Niedersachsen steht das Große Renzeler Moor seit 1970 unter Naturschutz. Aber das umliegende Land wurde entwässert und wird noch ständig mit Jauche überdüngt. Dadurch ist auch im Moor der Grundwasserspiegel gesunken. Die oberen Schichten sind ausgetrocknet.

Als erste Vögel haben die Wiesenweihen dieses Gebiet verlassen. Ein Jahr darauf flüchteten die Weißstörche und Birkhühner. Wieder ein Jahr später verschwanden Rotschenkel, Uferschnepfen und Bekassinen. Die Menschen achteten nicht darauf, was ihnen diese Signale der Natur (Bio-Indikatoren) anzeigten: Heute ist dieses Moor tot.

## Die grauen Ritter der Moore

Die Radarstation des Bremer Flughafens gab Alarm: „Ein Flugkeil von 80 Kranichen nähert sich aus Richtung Münster. Alle Flugzeuge müssen diese Strecke weiträumig umfliegen, um Zusammenstöße zu vermeiden."

Alljährlich ziehen Anfang April etwa 30 000 *Kraniche* von Spanien über Norddeutschland nach Schweden und Sibirien. Am Ende der Reise versammeln sie sich auf einem Massentanzplatz.

Es sieht höchst kriegerisch aus: Das Männchen mit seinen riesigen Flügeln von 2,40 Meter Spannweite vollführt vor seiner Liebsten fast drei Meter hohe Luftsprünge, röhrt ihr schmetternde Trompetenstöße entgegen und zückt den dolchspitzen Schnabel, als wolle es sie erstechen. Dann aber dreht es sich plötzlich um und bedroht einen Nachbarn. Nobelpreisträger Konrad Lorenz übersetzt diese Gebärdensprache so: „Sieh her, meine Liebste. Ich bin groß und schrecklich – aber nicht gegen dich, sondern nur gegen Fremde!" Zur Paarung löst sich die wild tanzende Masse der grauen Moorritter allerdings auf. Dazu ziehen die Tiere paarweise in die Einsamkeit entlegener Moore. Ihr Nistplatz am Boden muß so sumpfig sein, daß weder Hund noch Fuchs, Marder oder Wildschwein an die „Kinderwiege" herankommen können. Die Küken schlüpfen im Abstand von zwei Tagen. Sie sind Nestflüchter und würden natürlich gern ausreißen. Aber die Eltern teilen die Kinder unter sich auf und halten so die Familie zusammen. Die Nistplatzwahl im Moor erklärt auch das Aussterben der Kraniche bei uns: Rings um die Brutgebiete wurden Ländereien

trockengelegt. Der Grundwasserspiegel im Moor sank. Dadurch konnten Wildschweine zu den Nestern der Kraniche vordringen und die Eier oder die Jungen fressen. Tierschützern ist es aber um

| Kranich | |
|---------|---|
| **Größe** | Bis 1,22 m |
| **Gewicht** | Bis 6 kg |
| **Alter** | Bis 55 Jahre |
| **Brut** | April/Mai 1–3 Eier, 28–31 Tage bebrütet; Junge mit 9 Wochen flügge |
| **Nahrung** | Hauptsächlich Beeren, Blätter, Kräuter, Kartoffeln; aber auch Mäuse, Raupen, Insekten, Würmer |
| **Zug** | Oktober bis März nach Spanien (Extremadura). Dortige Nahrung: Früchte der Steineichen |

1984 gelungen, im Osten von Niedersachsen und Schleswig-Holstein alte Moorgebiete wieder zu bewässern und 30 Kranichpaare mit Erfolg neu anzusiedeln.

# Im Gebirge

### Rauben Steinadler Menschenkinder?

Vor einigen Jahren sagte der fünfjährige Georg Jacobs vor der Polizei aus, er sei von einem Steinadler ergriffen worden, als er auf der Alm Kühe hütete. Der Adler habe ihn hoch durch die Lüfte über den Berg getragen und in seinem Horst abgesetzt. Von dort habe er schließlich fliehen können. Sogleich forderten Jäger, man müsse die letzten sieben Adlerpaare, die noch in den deutschen Alpen leben, als „Menschenfresser" abschießen. Sie wußten offenbar nicht, daß gleich drei Tatsachen die Geschichte von Georg Jacobs als Lügenmärchen erweisen:

Ein Adler trägt niemals Beute durch die Luft, solange sie noch lebt. Auch fliegt er mit einer schweren Last nie aufwärts. Gerade deshalb baut er seinen Horst in einer Steilwand ziemlich tief unterhalb der Baumgrenze. So kann er in höheren Regionen jagen und die Beute im Gleitflug abwärts (!) dorthin bringen.

Und schließlich: Ein Steinadler kann allenfalls knapp das Doppelte seines Eigengewichts im Flug mit sich schleppen, mit höchster Mühe gerade ein Murmeltier. Er selbst wiegt nie mehr als sechs Kilogramm. Ein fünfjähriger Junge ist jedoch mindestens 17 Kilogramm schwer und könnte von einem solchen Vogel niemals davongetragen werden. Allerdings kann der Steinadler auch sehr große Beute schlagen, etwa einen verwilderten Schäferhund.

1 Alpenapollo
2 Alpendohle
3 Alpenkrähe
4 Alpensalamander
5 Alpenschneehuhn
6 Alpensteinbock
7 Auerhahn
8 Bartgeier
9 Gänsegeier
10 Gemse
11 Hermelin
12 Kolkrabe
13 Mauerläufer
14 Mufflon
15 Murmeltier
16 Schneehase
17 Steinadler
18 Steinhuhn
19 Wasseramsel
20 Edelweiß
21 Latschenkiefer
22 Polster-Steinbrech
23 Stengelloser Enzian
24 Zirbelkiefer

# Im Gebirge

Mit einer Sturzgeschwindigkeit von 190 Kilometer pro Stunde greift der große Vogel an. Mit einem Krallenfuß umklammert er das Maul des Hundes, so daß dieser nicht beißen kann. Gleichzeitig erdolcht er die Beute mit den langen, spitzen Krallen des anderen Fußes im Genick.

*Steinadler*

*Gänsegeier*

*Bartgeier*

|  | **Steinadler** | **Gänsegeier** | **Bartgeier** |
|---|---|---|---|
| **Größe** | Bis 95 cm | Bis 104 cm | Bis 114 cm |
| **Spannweite** | 230 cm | 240 cm | 280 cm |
| **Gewicht** | 6 kg | 8,2 kg | 7,1 kg |
| **Horst** | Im steilen Fels in Krummholzzone. Früher auch in Bäumen der Ebene bis zur Nordsee. Dort ausgerottet | In Kolonien bis zu 60 Paaren, im steilen Fels auch niederer Gebirge | In Hochgebirgshöhlen bis 5 000 m Höhe. Nestmulde mit Knochen ausgelegt und mit Wolle gepolstert |
| **Revier** | 1 Paar verteidigt 1 – 3 Täler. Grenzmarkierung längs der Berggrate durch Girlandenflug. Jagd im Sturz- oder Tiefflug mit Ablenkung durch den Partner | Kein Revier. Aber jeder Vogel sucht ein Gebiet nach Aas ab. Landung von Nachbarn beobachtet, die nachfolgen | 3 – 5 Täler und von den Bergen bis weit in die Ebenen. Jeder sucht Aas nur für sich. Wirft Knochen auf Fels, bis sie splittern und verzehrt werden können |
| **Brut** | Februar – Mitte April, 2 – 3 Eier 43 – 45 Tage bebrütet, flügge mit 80 Tagen | Februar – März, 2 Eier 54 – 65 Tage bebrütet, flügge mit 75 Tagen | Dezember – März, 2 Eier 55 – 58 Tage bebrütet, flügge mit 110 Tagen |
| **Bestand** | Deutschland: Erholung von 7 auf 25 Paare (1985). Gesamtes Alpengebiet: ca. 270 Paare | Als Brutvogel ausgerottet. Aber vereinzelte Sommergäste aus Spanien | 1855 ausgerottet. Jetzt Wiederansiedlung in Österreich |

Der „König der Lüfte" vermag auch einen Steinbock oder eine Gemse zu töten. Wenn diese in einer Steilwand klettert, reißt er sie im Vorbeifliegen an einem Bein zu Boden, so daß sie sich zu Tode stürzt. Anschließend verzehrt er die schwere Beute an Ort und Stelle.

So ist der stolze Steinadler zwar ein Jäger, dessen Kühnheit wir nur bewundern können. Aber all die Schauermärchen von Steinadlern, die Menschenkinder rauben, sind erlogen.

Wir müssen ihn schützen, und zwar nicht nur um seiner selbst willen, sondern weil er ganz wesentlich dazu beiträgt, das Gleichgewicht der Natur in den Alpen zu erhalten. Würde man ihn ausrotten, dann wäre einer der Folgen, daß viele Dörfer in den Tälern von Lawinen verschüttet würden. Um diese Zusammenhänge zu verstehen, wollen wir zuvor einen Blick auf andere Tiere in den Bergen werfen.

## Leben am Rande des Abgrunds

Auf einer Hochalpe des Gran-Paradiso-Nationalparks in den italienischen Alpen veranstalteten 17 Steingeißen gerade einen Kletterkurs mit ihren Jungen. Plötzlich schrillte der nasale Alarmpfiff eines Wachtpostens: „Steinadler greifen an!" Blitzschnell preschte die ganze Gruppe aus der Steilwand heraus und drängte sich auf der Almwiese zusammen. Die Muttertiere bildeten einen Ring um ihre Kinder, stiegen hoch auf die Hinterbeine und stießen mit den Hörnern nach dem großen Vogel. Dieser drehte bei so starker Gegenwehr ab, um woanders Murmeltiere zu jagen.

Vor vierbeinigen Feinden, also vor Wölfen, Bären und Luchsen, und ebenso vor Menschen suchen *Steinböcke* jedoch in der Steilwand Schutz. Eine Strecke, durch die sich geübte Bergsteiger in einer halben Stunde mühsam hindurch-„klempnern", durcheilen sie in wenigen Sekunden.

Durch dieses perfekte Fluchtverhalten wurden sie jedoch fast ausgerottet, als der Mensch mit Schußwaffen in die Berge stieg. Während die Gemsen, die nicht ganz so geschickt klettern können, schon in weiter Entfernung vor Menschen fliehen (Fluchtdistanz), springt der Steinbock in der Steilwand lässig 30 Meter über den Verfolger und scheint von dort oben hämisch zu sagen: „Fang mich doch, wenn du kannst!" Aber selbst für ganz schlechte

Schützen ist es ein leichtes, das Tier zu erlegen. So waren bereits um 1800 fast alle Steinböcke ausgerottet. Nur um den 4000 Meter hohen Gran Paradiso hielten sich die letzten 50 Tiere. Für sie wurde der erste europäische Nationalpark geschaffen. Sie vermehrten sich schnell wieder. Heute leben in den schweizerischen, französischen, österreichischen und deutschen Alpen zusammen wieder 21 000 Tiere in 112 Kolonien.

In einigen Regionen haben sie sogar schon so stark überhandgenommen, daß sie aus Hunger die Latschenkieferbestände dcs Bannwalds verbeißen und vernichten, also jenen natürlichen Schutzgürtel, der aufgeforstet wurde, um das Abrutschen von Lawinen zu verhindern.

Dies macht einmal mehr deutlich: Eine Tierart, die kurz vor der Ausrottung stand, weil sie rücksichtslos bejagt wurde, erholte sich nach dem Schießverbot innerhalb von 180 Jahren wieder. Sie zeigt jetzt bereits Ansätze zur Übervölkerung, weil viele ihrer einstigen Feinde auch nicht mehr leben. Der einzige, der sie wenigstens halbwegs noch unter Kontrolle halten kann, ist der Steinadler. Deshalb muß er geschützt werden.

## Heiße Liebe im kalten Schnee

Wenn bei den *Gemsen* Ende Dezember, Anfang Januar, in der kältesten Jahreszeit, die heiße Liebe ausbricht, erwählen die Geißen nicht etwa den schönsten Bock, sondern jenen, der dort steht, wo es im Winter die beste Äsung (Nahrung) gibt. Für sie gilt offenbar das Sprichwort: Liebe geht durch den Magen. Die beliebtesten Plätze liegen knapp oberhalb der Latschenkieferbestände, die Schutz vor Jägern bieten. Auch muß der Berghang dort so steil sein, daß der Schnee wegrutscht und darunter trockene Gräser als Nahrung zum Vorschein kommen.

Weil hier natürlich alle Böcke stehen wollen, fechten sie kurz vor dem Erscheinen der Geißenrudel harte Zweikämpfe aus. Etwa so: Nach einem Drohzeremoniell als Einleitung traben die beiden Rivalen Sepp und Alois nebeneinander steil bergan. Dabei versucht jeder, mehr Höhe zu gewinnen als der andere. Kaum hat Sepp das geschafft, stößt er von oben auf seinen Gegner herab. Dem bleibt nun nur die Flucht talabwärts mit Höchstgeschwindigkeit.

Gemse

Alpensteinbock

Mufflon

| | **Alpensteinbock** | **Gemse** | **Mufflon** |
|---|---|---|---|
| **Länge** | 1,70 m | 1,30 m | 1,30 |
| **Gewicht** | 150 kg | 62 kg | 50 kg |
| **Lebensraum** | Höchste Alpenregion, wärmeunverträglich und guter Kletterer. Lernt im Revier jeden Schritt auswendig, daher reviergebunden | Mittelhohe Alpenregion. Guter Kletterer. Durchquert bei Störung rudelweise die Täler auf Suche nach neuem Lebensraum | In mittleren Gebirgslagen unter 2 000 m und in Mittelgebirgen. Aus Korsika und Sardinien vielerorts wieder eingebürgert |
| **Brunft** | Ende Dez. – Jan.: Bock sammelt Harem; bei Überbevölkerung mehr Geißen, als er beschlagen kann = Bevölkerungsregulator | Oktober – Januar: Bock verteidigt Revier, in das Geißenrudel zum Äsen kommen. Schwer zur Flucht zu bewegen | Oktober – Anfang Dezember: Widder suchen Schafrudel und trennen die brünstigen Weibchen heraus |
| **Setzzeit** | Ende Mai – Anfang Juni | Mai und Juni | Ende April – Ende Mai |

Doch dabei steuert Alois einen Felsvorsprung an, umrundet ihn, zieht dahinter scharf nach oben und kann nun seinerseits von oben auf Sepp herabstoßen, wenn dieser um die Ecke kommt. So wogt das Gefecht mit ständig wechselndem Erfolg hin und her. Taktische Raffinesse, Geschicklichkeit ohne Rücksicht auf Geländeschwierigkeiten und bergsteigerische Kondition sind entscheidend.

Wer wird Sieger? Derjenige, dem es gelingt, dem Verfolgten so nahe zu kommen, daß er dessen

## Das „Skihäschen" unter den Hasen

In der Gipfelregion der Alpen kann nur überleben, wer im Sommer einen graubraunen und im Winter einen fleckenlos weißen Tarnanzug besitzt. Doch was ist, wenn im Herbst der Schnee ungewöhnlich spät fällt oder wenn er im Frühjahr vorzeitig wegtaut? Sitzt dann ein blütenweißer *Schneehase* auf dunklem Gestein, für alle seine Feinde wie Fuchs, Hermelin, Marder und Steinadler ein weithin sichtbares Ziel?

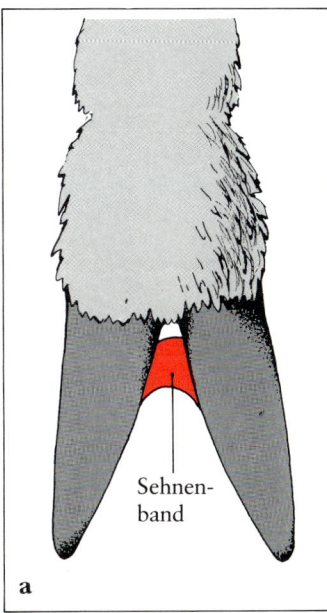 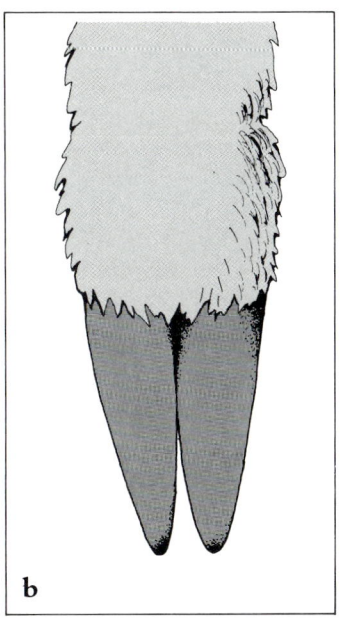

*Die beiden Zehen des Gemsenhufes (a) sind mit einem Sehnenband verbunden. Es vergrößert die Auflagefläche, so daß die Hufe im Schnee nicht so tief einsinken.*
*Beim Huf des Steinbocks (b) fehlt das Sehnenband. Deshalb meiden diese Tiere im Gegensatz zu den Gemsen Schneefelder.*

 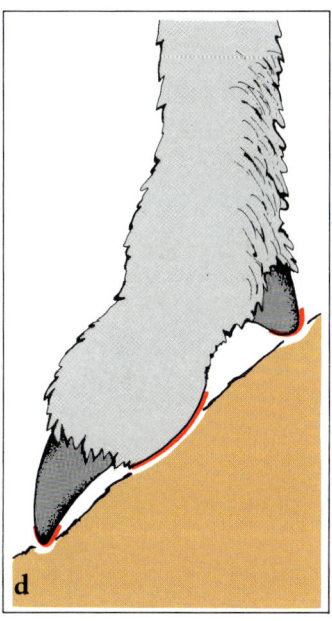

*Beim Steinbock sorgt ein dickes, gummiartiges Fußpolster (c) für Rutschfestigkeit auf abschüssigem Fels.*
*Aber mit den frei beweglichen Zehen können die Steinböcke Halt an winzigen Vorsprüngen finden (d), was Gemsen nicht gelingt.*

Hinterbein mit dem Haken seiner Krucke (Gehörn) fassen und den Gegner zu Fall bringen kann. Das ist übrigens der Grund, weshalb die Hörner bei den alten Böcken stärker gebogen sind als bei den Geißen. Die Böcke brauchen sie zum „Hakeln", die Geißen brauchen sie dagegen nur als Werkzeug zur Kinderbetreuung. Damit kann die Mutter ihr Junges wieder aufrichten, wenn es gefallen ist, oder sie verteidigt es damit gegen angreifende Steinadler. Überdies hat es die Natur so eingerichtet, daß Gemsen nur aus einer Hetzjagd heraus dazu fähig sind, mit dem Horn zuzustoßen; sie tun es niemals ohne Vorwarnung und im Stand. So gesehen sind unsere Gemsen, die noch nicht von der Ausrottung bedroht sind, wahre Friedensengel.

Keineswegs! Denn die Umfärbung wird von der Lufttemperatur gesteuert. In der ewigen Schneelandschaft der Arktis bleibt das Fell des Schneehasen das ganze Jahr über weiß. In Irland, das vom Golfstrom erwärmt wird, ist es auch im Winter rotbraun. Und in den Alpen, einem abgeschlossenen Verbreitungsgebiet, in dem er seit der letzten Eiszeit isoliert ist, wechselt das Fell des Schneehasen erst dann von Braun nach Weiß, wenn das Thermometer unter null Grad sinkt.

Bei einem plötzlichen Temperatursturz vollzieht sich die Umfärbung aber sehr schnell, weil sie ohne Haarwechsel vor sich geht. Im Herbst wachsen die weißen Haare zwischen den braunen heran, ohne zunächst hervorzuschauen. Setzt aber Frost ein, wachsen sie plötzlich ein paar Millimeter über die braunen Haare hinaus und färben das Tier fast schlagartig weiß.

Im Frühjahr fallen auch nur die weißen Haare aus, so daß die braune Tarnfarbe wieder durchschlägt. Schwankt die Temperatur dann aber längere Zeit um null Grad, bekommt das Fell eine schmutzig aussehende Zwischenfärbung – genau wie der Schneematsch!

Was macht der Schneehase aber, wenn mitten im Winter Föhn mit Tauwetter einsetzt? Dann hilft dem Tier nur das instinktive Wissen um seine Tarnfarbe weiter. Mit weißem Kleid hält es sich nur auf weißen Flächen auf, mit braunem nur auf dunklen. Ist die Schneedecke ganz weggeschmolzen, bleibt ihm nichts anderes übrig, als im Versteck – meist einer kleinen Felsgrotte – zu bleiben, auch wenn der Hunger noch so groß ist.

Im Winter sind auch die vier Pfoten des Schneehasen so dick und breit behaart, daß sie ihn fast wie Schneeschuhe tragen. Sein Verwandter, der Feldhase, hat diese „Schneeschuhe" nicht. Er sinkt in gleicher Lage tief in den Schnee ein. Aber der Schneehase läuft dann leichtfüßig über die Oberfläche hinweg und entkommt so auch seinen Feinden.

## Der Räuber in der Königsrobe

Zu den schlimmsten Feinden des Schneehasen gehört das *Hermelin*. Es legt sich im Winter in gleicher Weise einen Tarnanzug zu. So schleicht sich dieser größere Verwandte des Wiesels ungesehen an Beutetiere heran, und so macht er sich auch vor Greifvögeln unsichtbar.

Auf die schneegleiche Tarnfärbung setzt die allzeit schwarze Schwanzspitze gleichsam den I-Punkt. Diese Zier, die seit alters kostspielige Königs-, Bischofs- und Ritterroben schmückte, hat für das lebendige Tier einen besonderen Zweck: Hat zum Beispiel ein Steinadler doch einmal ein unvorsichtiges Hermelin gesichtet, so faßt er beim Angriffsflug nur die schwarze Schwanzspitze ins Auge, weil sie am besten zu sehen ist.

Darauf gründet das Hermelin seinen Trick, mit dem es den Feind nasführt. Es rennt im Zickzack. Unmittelbar bevor der Vogel zustößt, schwenkt es den ausgestreckten Schwanz quer zur Seite. So täuscht

die schwarze Spitze eine falsche Fluchtrichtung vor. Der Feind stößt knapp, aber klar neben das Hermelin in den Schnee.

| Schneehase | |
|---|---|
| **Länge** | 60 cm |
| **Gewicht** | 3,4 kg |
| **Lebensraum** | Alpen zwischen Wald- und Schneegrenze, 1 300 – 3 600 m Höhe, unter Latschenkiefern und Steinen sowie im Alpenrosengebüsch. Im Alpenrandgebiet vom etwas größeren Feldhasen verdrängt, der aber in höheren Lagen nicht überleben kann |
| **Wohnung** | Im Sommer offene Mulde (Sasse), im Winter leerer Murmeltierbau oder Schneehöhle |
| **Paarung** | Im März und Juni |
| **Geburten** | Im Mai und August je 1 Wurf mit 2 – 5 Jungen in Sasse |
| **Nahrung** | Schafgarbe, Krokus, Klee, Gräser, Blätter der Sträucher, im Winter auch Baumrinde und Heu im Stadel. Freßzeit: Morgen- und Abenddämmerung |
| **Zusammenleben** | Einzelgänger, aber sehr verträglich. Daher große Gruppen an Stellen reichlicher Nahrung (z. B. im Stadel) |
| | (Vergleiche auch mit Feldhasen und Wildkaninchen) |

Im extrem rauhen Alpenklima hilft noch ein zweiter Trick zum Überleben. Mitunter trifft das Hermelin in tieferen Lagen auf den Erdbau von Wildkanin-

## Hermelin

| | |
|---|---|
| **Länge** | 29 cm + 12 cm Schwanz |
| **Gewicht** | 450 g |
| **Lebensraum** | Ebenen Eurasiens und Alpen bis 3 000 m Höhe |
| **Wohnung** | In Erdlöchern und kleinen Höhlen, unter Stallfußboden, in Dachkammern |
| **Paarung** | Juli und August, Keimruhe bis Spätwinter, an die sich erst die Embryonalentwicklung anschließt |
| **Geburten** | Im Mai 1 Wurf mit 4–5 Jungen in Höhle. Nur von Mutter 3–4 Monate betreut |
| **Nahrung** | Säugetiere bis Hasengröße, vor allem Wildkaninchen und Wühl-mäuse, auch Vögel. Kaninchen schreien vor Angst, wenn sie ein Hermelin sehen und lassen sich in Schreckstarre erbeuten |
| **Alter** | Bis 10 Jahre |
| **Zusammen-leben** | Unverträglicher Einzelgänger im 28–40 Hektar großen Revier |
| | (Vergleiche auch mit Stein- und Baummarder, Iltis und Maus-wiesel) |

chen. Dann tötet es die ganze, bis zu zwölf Tiere umfassende Sippschaft. Es macht also viel mehr Beute, als es auf einmal verzehren kann. Nun müssen die Vorräte „eingelagert" werden, damit das Tier in Notzeiten nicht verhungert.

Als „Kühlschrank" bietet sich ein Versteck in einer Schneeverwehung an. Aber das genügt noch nicht, um das Fleisch mehrere Wochen frisch zu halten. Es ist außerdem eine Konservierungsflüssigkeit nötig, mit der das Fleisch als „Dauerware" haltbar ge-macht werden kann.

Dazu bohrt sich das Hermelin durch den Schnee zu einem Ameisenhaufen durch, den es kennt. Dort gräbt es sich weiter bis zur Überwinterungskammer vor und frißt eine Handvoll dieser in Kältestarre wie tot daliegenden Insekten. Die Ameisensäure ver-wandelt den Urin des Hermelins in die erwünschte Konservierungsflüssigkeit, mit der es nun seine Vorräte haltbar macht.

## Sechs Monate im Winterschlaf

Um einen Alpenwinter zu überleben, legen sich kleinere Tiere ein weißes Tarnkleid zu, oder sie trei-ben Vorratswirtschaft, oder sie verschlafen einfach den Winter. So macht es zum Beispiel das *Murmel-tier*.

Wenn es sich Anfang November in seinem Erdbau familienweise zum sechs Monate dauernden Win-terschlaf legt, sinkt seine Körpertemperatur auf 4,6 Grad ab. Es erstarrt im Zustand tiefer Bewußtlosig-keit. Das Leben dämmert auf kleinstmöglicher Sparflamme dahin: mit nur drei Herzschlägen und zwei kaum wahrnehmbaren Atemzügen in der Minute. Der Sauerstoffverbrauch ist auf ein Zwan-zigstel des Normalen vermindert. Der Sinn dieses Scheintodes liegt darin, daß die Murmeltiere mit dem Fettpolster, das sie sich im Herbst angemästet haben, ganz besonders energiesparend umgehen müssen. Denn in ihrem knapp 1 000 Quadratmeter großen Bergrevier finden sie im Winter keine Nahrung.

Das angefutterte Fett, das „Heizöl", ist ein ganz besonderer Saft und mit Schweinespeck nicht zu vergleichen. Während das Tier steif ist, bleibt das Fett flüssig. Nur so kann es den Körper ernähren. Das Wiedererwecken besorgt der innere „Jahres-kalender". Ende April beginnt das Herz plötzlich wie rasend zu schlagen. Dennoch dauert es drei bis vier Stunden, ehe das Murmeltier ganz bei Bewußtsein und bewegungsfähig ist. Mit der Rückkehr ins volle Leben ist unvermittelt ein enormer Energieverbrauch verbunden. Damit dabei der „Heizöltank" nicht plötzlich leer wird und das Tier sterben muß, besitzt es zwei Formen von Fettreserven: ein heller gefärbtes Öl für die „Sparflamme" und ein dunkelbraunes Fett, die „eiserne Reserve", die bis

## Murmeltier

| | |
|---|---|
| **Länge** | 73 cm + 16 cm Schwanz |
| **Gewicht** | 4 kg, im Herbst 8 kg (Winterfett) |
| **Lebensraum** | Felsige Südhänge bis 2 200 m Höhe |
| **Paarung** | Noch im Winterbau |
| **Tragzeit** | Etwa 5 Wochen |
| **Geburten** | Anfang Juni 2 – 7 Junge im separaten Wurfbau |
| **Reife** | Mit 2 Jahren |
| **Alter** | In Menschenobhut bis 18 Jahre, in Freiheit im Durchschnitt 3 Jahre |
| **Nahrung** | Gräser, Wurzeln, Kräuter |
| **Feinde** | Steinadler, Fuchs, Marder, Uhu, Kolkrabe. Jede Kolonie stellt ein älteres Weibchen als Wachtposten auf, das mit Pfiffen alarmiert |
| **Zusammen-leben** | Großfamilie, ohne feste Paarbindung |

zum Wiedererwachen zurückgehalten und erst dann eingesetzt wird. In jüngster Zeit bedroht eine Gefahr die Murmeltiere: Vielerorts werden sie zahm und naschen den Touristen Schokolade und Pralinen aus der Hand. Tiere, die aber schon im Sommer verfettet sind, versäumen es, sich im Herbst genug Winterfett anzumästen und ihren Bau mit Heu zu polstern. Damit wächst die Gefahr, daß sie im Winter erfrieren oder verhungern, und das gerade deshalb, weil es die Touristen so „gut" mit ihnen gemeint hatten.

Weitere Winterschläfer Mitteleuropas sind: Igel, Feldhamster, Ziesel, Sieben-, Garten- und Baumschläfer sowie Hasel- und Fledermaus.

## Wie sind die Alpen entstanden?

Vor 225 Millionen Jahren erstreckte sich dort, wo heute die Alpen in den Himmel ragen, ein riesiger Ozean, das Tethysmeer. Davon ist heute nur noch ein kümmerlicher Rest geblieben: das Mittelmeer. Das Klima war tropisch warm. Korallen bauten im Wasser riesige Kalkberge. Auch die Schalen abgestorbener Ammonshörner, Kalkalgen und anderer Meerestiere lagerten sich über Jahrmillionen in dicken Schichten am Meeresgrund ab: Das ist der Grundbaustoff, aus dem die Kalkalpen heute bestehen.

Vor 70 Millionen Jahren, am Ende der Kreidezeit, kam Bewegung in diese Ablagerungen. Der afrikanische Erdteil schob sich von Süden auf Europa zu: Die sogenannte Kontinentalverschiebung begann. Der italienische Stiefel wurde aus dem Wasser herausgehoben und drückte nach Norden. Die abgelagerten Schichten wölbten sich hoch, falteten sich wie eine zerstrampelte Bettdecke, schoben sich übereinander und wuchsen zum Gebirge empor.

Das alles ging in einem Super-Zeitlupentempo vor sich. Angenommen, ein Berg wüchse im Jahr 0,2 Millimeter, dann wäre er nach 60 Millionen Jahren 12 000 Meter hoch. Die Alpen sind jedoch viel niedriger, weil gleichzeitig mit dem Wachsen schon die Abtragung beginnt. Der Frost sprengt Gestein ab, Gletscher, Lawinen und Regen tragen und schwemmen Geröll abwärts, Bäche und Flüsse waschen Täler aus.

So sind die heute sichtbaren Berge nur Trümmer und Überreste einstiger Größe. Aber mit ihrem rauhen Klima fordern sie, ähnlich wie die Subarktis, der Tier- und Pflanzenwelt besondere Leistungen ab. Ein solches arktisch-alpines Geschöpf ist der Schneehase, ein anderes das Schneehuhn.

## Überwinterungskünstler in der Gletscherregion

Tief an den Boden geschmiegt und mit schlangenhaften Bewegungen pirschte das Hermelin durch das Geröllfeld einer Seitenmoräne des Morteratsch-Gletschers im Schweizer Bernina-Massiv. Eine Kette von acht *Alpenschneehühnern* hatte den Feind schon längst erspäht und drückte sich lautlos zwischen den Steinen nieder, so daß die Tiere in ihrer perfekten Tarnfärbung mit dem Untergrund verschmolzen.

Doch ebenso zufällig wie ahnungslos wieselte das Hermelin direkt auf die Schneehühner zu. Plötzlich, als es nur noch sechs Meter von ihnen entfernt war, knatterten die Vögel alle gleichzeitig mit so lautem Flügelschlag (Alarmstart) in die Luft, daß der Räuber für eine Sekunde vor Schreck erstarrte – unfähig, im Hochsprung vielleicht doch noch eine Beute zu erwischen. Aber kaum waren die Schneehühner ein paar hundert Meter weit geflogen, da griff sie ein Steinadler aus der Luft an. Sogleich stürzten sich die Vögel wie fallende Steine auf die dicke Neuschneedecke des Gletschers und gruben sich blitzschnell in den Pulverschnee ein. Gerettet! Ihre großartigsten „Erfindungen" setzen die Schneehühner jedoch gegen ihren Hauptfeind ein: den Frost. Während des Winters, wenn viele andere Vögel ins warme Afrika ziehen, bleiben sie in den höchsten Gipfelregionen der Alpen. Ein außerordentlich dichtes Wintergefieder hält sie bei Kälte bis zu minus 30 Grad mollig warm. „Pelzstiefel" an den Beinen dienen ihnen auch als Skier, ähnlich wie beim Schneehasen.

Wie bei diesem Säugetier, so wechseln auch die Vögel stets ins perfekte Tarnkleid: Im Winter sind sie weiß wie ein Schneeball, im Herbst und im Frühjahr graubraun gescheckt wie die Felsen, im Sommer grauweißschwarz bis rostbraun wie die Alpenrosenfelder. So zwingt die gleiche Umwelt ganz verschiedene Tiere zu den gleichen Anpassungen. Bei Schneesturm versammelt der Hahn mit rauhem Schrei seine Hennen und Jungen um sich. Sich

gegenseitig wärmend, lassen sie sich einschneien und warten im „Iglu" das Unwetter ab. Im Kropf speichern die Schneehühner Nahrung als „eiserne Reserve", um einige Tage ohne Nahrungssuche überleben zu können.

Wütet der Schneesturm noch länger, graben sich die Hühner maulwurfsgleich durch den Schnee bis auf den Erdboden hinunter, wo sie ihre Notnahrung finden: vertrocknete Fichtennadeln.

## Wahnsinnig vor Einsamkeit

Als zwei Jungen im Bergwald des Hochkönigs in den Salzburger Alpen auf einer Wanderung waren, sprang plötzlich ein „Ungeheuer" von einem Baum auf ihre Köpfe herunter und schlug auf sie ein. Auch der Förster, der den „Tatort" besichtigen wollte, wurde angegriffen: von einem „irrsinnigen" *Auerhahn*!

So etwas geschieht in letzter Zeit immer häufiger. Verhaltensforscher erklären dieses merkwürdige Verhalten der Tiere aus der Vereinsamung bei der Balz. Diese geht nämlich so vor sich: Bereits anderthalb Stunden vor Sonnenaufgang beginnt der Hahn, seinen Schwanz zu fächern. Dabei bläht er Luftsäcke im Hals auf, die als Schallverstärker dienen. Trotzdem ist sein sogenanntes „Knappen, Trällern und Schleifen" höchstens 200 Meter weit zu hören. Andererseits lockt dieser Gesang Weibchen aus kilometerweiter Entfernung an.

Forscher haben jetzt herausgefunden: Der Vogel singt nur für Menschenohren so leise. Die lautesten Töne gibt er in einem für uns unhörbar tiefen „Kontrabaß" ab, also im Infraschallbereich. So können ihn Luchse und Wölfe nicht hören, wohl aber die Weibchen.

Sobald eine „Braut" erscheint, führt der Schönling einen Kriegstanz auf, ja, ihn plagt das Verlangen, mit fremden Hähnen zu raufen. Aber heute, da es in Deutschland nur noch etwa 6 000 Auerhühner gibt, findet sich so gut wie nie mehr ein Rivale. Auch die Hennen sind rar geworden. Oft balzt der Hahn an die 20 Tage lang vergeblich.

So treibt ihn die Einsamkeit langsam in den Wahnsinn. Voll unausgelebter Angriffslust fällt er Rehe, Hirsche, Kühe und Pferde an, und scheut schließlich nicht einmal mehr vor Menschen zurück, die arglos in „sein" Revier eindringen.

Das Schlimmste aber ist, daß noch kein Vogelforscher sagen kann, aus welchem Grund die Auerhähne aussterben. Sind die vielen Skipisten daran schuld, die dem Vogel die Winterruhe rauben? Vielleicht. Aber an ungestörten Berghängen gehen die Bestände ebenfalls stark zurück. Oder sind es dort die in immer größeren Scharen auftretenden Pilz- und Heidelbeersammler, die den Vogel ver-

*Alpenschneehuhn in Sommer*

*männl.*

*weibl.*

*Steinhuhn*

*männl.*

*Alpenschneehuhn im Winter*

| Alpenschneehuhn | |
| --- | --- |
| **Länge** | 36 cm |
| **Gewicht** | 450 g |
| **Lebensraum** | Oberhalb Krummholzzone zwischen 2 200 – 3 000 m Höhe im Geröll nahe Gletscher oder Schneefeld. Hier Übernachtungshöhlen |
| **Paarung** | Ende Mai nach stundenlangem Hochzeitstanz. Nach Damenwahl bleibt Männchen als Wache bei seinem Weibchen und den Jungen |
| **Brut** | Im Juni 6 – 8 Eier im Bodennest zwischen Alpenrosen, 21 – 24 Tage nur vom Weibchen bebrütet. Nestflüchter von beiden Eltern geführt |

| Steinhuhn | |
| --- | --- |
| **Länge** | 35 cm |
| **Gewicht** | 420 g |
| **Lebensraum** | Zwischen Wald- und Schneegrenze, 1900 – 2700 m Höhe im Krummholz und Alpenrosengebüsch. Zieht im Winter in die Täler |
| **Paarung** | Ende April, führt zu strenger Einehe. Vergleiche mit nah verwandtem Rebhuhn |
| **Brut** | Ende Mai scharrt Weibchen 2 Bodennester in 100 m Abstand, legt in jedes 9 – 15 Eier. Jedes Gelege von je einem Elternteil 24 Tage bebrütet |

grämen, oder die seit 1980 immer kälteren und regnerischen Frühjahre, in denen die Jungen sterben? Andererseits zeigen Versuche, im Schwarzwald und im Harz wieder Auerhähne anzusiedeln, erste Erfolge. Das läßt uns wenigstens hoffen.

*männl.*

*weibl.*

## Die Alpenspezialisten

Die *Wasseramsel* baut ihr backofenförmiges, überdachtes Nest in unmittelbarer Nähe eines Baches, mitunter sogar hinter einem Wasserfall. Die Vogeleltern können dann ihre Brut nur erreichen, wenn sie das tun, was ihren Feinden als Selbstmord erscheinen würde: Im Sturzflug und mit Höchstgeschwindigkeit rasen sie auf die „Wand" des herabstürzenden Wassers zu, durchbrechen sie und landen mit akrobatischer Geschicklichkeit am

*Wasseramsel*

| Auerhuhn | |
|---|---|
| Länge | 86 cm |
| Gewicht | 6 000 g |
| Lebensraum | Zwischen 1 000 – 1 900 m Höhe in großen, weitgehend ursprünglichen Wäldern mit Verstecken und breiter Kostpalette |
| Paarung | Ab Ende März nach langer Solobalz Damenwahl, aber keine längere Paarbindung |
| Brut | Ab Mitte April 5 – 12 Eier in gut verstecktem Bodennest, nur vom Weibchen 25 – 27 Tage bebrütet |

Nest. Beute holen Wasseramseln mit Vorliebe vom Grund schnell fließender Bäche. Sie tauchen fünf bis zehn Sekunden lang bis zu anderthalb Meter tief, laufen am Grund mit schnellen Trippelschritten gegen den Strom und picken Insektenlarven und Schnecken auf. Durch die Verschmutzung der Bäche sind sie allerdings sehr gefährdet.

Der *Mauerläufer* hat sein Reich dort, wo sich Bergsteiger nur mit Mauerhaken mühsam hinaufarbeiten können: in der Steilwand. Mit seinen scharfen Krallen hält er sich an kleinsten Unebenheiten senkrechter Felswände fest und greift mit seinem langen, dünnen Schnabel wie mit einer Pinzette Käfer, Fliegen und Spinnen aus den Gesteinsritzen. Sein Nest liegt in unzugänglichen Spalten hoch in der Steilwand und ist aus Moos, Samenwolle und Haaren geflochten. Der Mauerläufer ist fast stumm und gibt Nachrichten an Artgenossen durch Flügelzucken weiter, wobei rote und weiße Flügelmuster aufblitzen. Wird er durch kletternde Alpinisten wiederholt beunruhigt, so ist sein Bestand gefährdet.

Während Kleinvögel des Flachlandes, die ihr Gelege oder ihre Jungen verloren haben, sogleich eine Ersatzbrut aufziehen und nach einer ersten erfolgreichen Brut noch eine Zweit- oder gar Dritt-

*Hochalpen-Apollofalter*

*Mauerläufer*

*Alpensalamander*

brut großfüttern können, ist dem Hochgebirgsbewohner beides unmöglich. Die warme Jahreszeit ist dort so kurz, daß nur die erste Brut Überlebenschancen hat.

Der *Alpensalamander* konnte im Gegensatz zum Feuersalamander Berghöhen über der Baumgrenze bis zu 3 000 Meter nur deshalb besiedeln, weil er seine Jungen nicht wie andere Amphibien ins Wasser setzt. Sie würden im kalten Bergbach beim ersten Frost sterben. Statt dessen wachsen die Jungen im „Gewässer" der Eihülle im Mutterleib auf. Zwei, in großen Höhen sogar drei Jahre lang trägt das Weibchen auf diese Weise seine Jungen – nur zwei an der Zahl – mit sich herum. Bei der Geburt setzt es sie gleich aufs trockene Land: Alpensalamander sind die einzigen Amphibien, die

sich vom Gewässer vollständig unabhängig gemacht haben.

Der *Hochalpen-Apollofalter* besiedelt die Berge oberhalb 1 500 Meter bis in die höchsten schneefreien Gipfelregionen. Im Himalaya fliegt er sogar bis in Höhen um 6 000 Meter, also bis zur obersten Grenze, an der Insekten noch leben können. Schon im ersten Sonnenstrahl breitet er seine 6,5 Zentimeter weit spannenden Flügel aus, um Wärme zu tanken und beweglich zu werden. Frostnächte überlebt er mit einem „Gefrierschutzmittel" in den Körpersäften. Seine Raupen fressen am Rande von Bergbächen nur am Steinbrech und an der Berg-Hauswurz. Die standorttreuen Falter verlassen ihr Tal nicht. So bildeten sich durch Isolation viele örtliche Rassen und Spielarten mit verschiedenen

Flügelmustern. Weil sie von Sammlern eifrig gejagt werden, sind diese Falter vielerorts schon ausgestorben.

Der *Gletscherfloh* vermag nur auf dem Eis zu leben. Hier versammeln sich diese Insekten oft zu Millionen und färben die Gletscherspalten dunkel. Sie hüpfen mit Hilfe ihres Sprungschwanzes ständig umher. Bei Gefahr, etwa wenn Schneehühner nach ihnen picken, springen die 2,5 Millimeter winzigen Wesen 100 Millimeter hoch – also vierzigmal so hoch, wie sie selbst groß sind. Das schaffen sie sogar noch bei minus drei Grad mit Hilfe von Gefrierschutzmitteln im Körper. Bereits bei plus zehn Grad stellt sich bei ihnen der Hitzetod durch Atembeschwerden ein.

Was suchen diese Tierchen auf dem Eis? Ihre Nahrung, nämlich Pollenstaub, den der Wind von den Nadelhölzern heraufgeweht hat und der auf

*Gletscherfloh*

dem Eis haften bleibt. Nur zur Eiablage wandern die Gletscherflöhe in Massen zu den Seitenmoränen der Gletscher.

## Rettet die Alpen!

Vor einigen Jahren wurde am Hörnle bei Bad Kohlgrub in den Bayerischen Alpen ein Sessellift mit Skipiste gebaut und dabei die Pflanzendecke zerstört. Bei Regen verwandelte sich die Piste in einen Sturzbach. Bodenauswaschung (Erosion) setzte ein. Schließlich kam es zu einer Mure, also zu einem Erdrutsch. Sie begrub die Talstation unter sich. Zahlreiche Liftmasten wurden mit zu Tal gerissen. So zerstören gegenwärtig die Einrichtungen des Massentourismus die Natur der Alpen und damit die Lebensgrundlage der Menschen.

Bei Bischofswiesen im südöstlichen Oberbayern wurde eine Skipiste als Schneise durch den Bergwald geschlagen. Der Sturm fand dort eine gute Angriffsfläche. Windbruch legte große Teile des Bergwaldes nieder, den man auch als Bannwald bezeichnet, weil er die Lawinengefahr für die darunter liegenden Ortschaften bannt. Jetzt schwebt das Dorf während des Winters in ständiger Bedrohung durch Lawinen. Auch dies ist ein Zeichen dafür, wie sich die Zerstörung der Natur aus Gewinnsucht am Menschen rächt.

Nicht alle Bergbahnen sind so laienhaft angelegt, daß die Katastrophe schon innerhalb weniger Jahre eintritt. Es dauert nur länger. Bereits 1984 baggerten 12 144 Seilbahnen und Lifte im gesamten Alpengebiet jährlich 414,8 Millionen Menschen auf die Gipfel.

Sind es Naturfreunde, die zu faul zum Bergsteigen sind? Oder ist es die Schuld der Sportartikel-Großindustrie, die Skier herstellt, mit denen man nur noch den Hang abwärts rutschen kann? Oder sind es die „Erfolge" der Überschwemmung der Natur mit Menschenlawinen, sprich der Massentourismus? Oder alles zusammengenommen?

Von Jahr zu Jahr werden die angeblichen Naturkatastrophen in den Alpen immer schlimmer. Im Sommer 1987 ging ein Wolkenbruch über das vom Tourismus voll erschlossene Veltlintal in den italienischen Alpen nieder.

Früher wäre dies ein ganz normales Unwetter gewesen. Nun aber war der Bergwald, der das Regenwasser speichert, von Skipisten und Sesselliften weitgehend verdrängt worden. Die Wassermassen stürzten sintflutartig zu Tal, überschwemmten es und weichten einen nur aus Geröll bestehenden Steilhang auf. Dieser stürzte zu Tal. 20 000 Menschen mußten evakuiert werden. Die meisten „Natur"-Katastrophen werden heute also vom Menschen verursacht. Wenn das so weiter geht, gibt es hier in hundert Jahren keine Menschen mehr. Wenn wir fordern, das Edelweiß zu schützen und den Auerhahn, den Steinbrech und den Steinadler, den Enzian und das Murmeltier, die Alpenrose und die Wasseramsel, dann tun wir es ebenso aus Liebe zu diesen Geschöpfen wie auch um die Lebensgrundlage des Menschen in den Bergen zu retten und zu erhalten.

# Im Wald

## Der Kampf der Rothirsche

Als der Junghirsch ruhelos durch dichtes Unterholz streifte, traf er plötzlich auf einen großen Achtzehnender. Vor Schreck floh er ein paar Sprünge und stieß zufällig auf einen Haufen vertrockneter Tannenäste, die entfernte Ähnlichkeit mit Hirschgeweihen hatten. Mit voller Wucht forkelte er das Holz vor sich her. Abreagieren von Minderwertigkeitskomplexen am Ersatzobjekt!

Doch der Große war ihm gefolgt. Der Junge riß seinen Kopf hoch. Zwei große Äste blieben in seinem Geweih hängen, so daß es aussah, als hätte er übergewaltige Stirnwaffen. Jetzt war es der Große, der vor diesem „Supergeweih" floh.

Ist das Geweih also ein Rangabzeichen? Das Leittier eines Männchenrudels trägt immer die größten Stangen. Bei allen anderen Hirschen können wir den Rang aber nicht daran ablesen. Bricht dem Rudelführer ein „Zacken aus der Krone", bleibt er dennoch „König des Waldes". Die anderen kennen ja seine Kraft.

Alljährlich im März werfen die Hirsche ihre Stangen ab, die Großen zuerst, die Jungen erst Wochen später. Sobald die hohen Tiere entwaffnet sind, werden die „Kahlköpfe" von den rangniederen schikaniert und durch den Wald gehetzt. Eine Zeit des Umbruchs der Gesellschaftsordnung.

Solang das neue Geweih wächst, ist es als Waffe nicht zu gebrauchen. Es ist von einer stark durchbluteten Haut, dem „Bast", umwachsen, die schon bei leichter Berührung schmerzt. Zweikämpfe werden in dieser Zeit wie bei Boxern ausgefochten: nur auf den Hinterbeinen stehend, mit den Vorderhufen die Brust des Gegners betrommelnd.

| 1 Baummarder | 10 Rote |
| 2 Buntspecht | Waldameise |
| 3 Damhirsch | 11 Rothirsch |
| 4 Eichelhäher | 12 Schwarzspecht |
| 5 Grünspecht | 13 Sperlingskauz |
| 6 Hirschkäfer | 14 Uhu |
| 7 Iltis | 15 Waldkauz |
| 8 Mauswiesel | 16 Waschbär |
| 9 Rötelmaus | 17 Wildkatze |
| | 18 Wildschwein |
| | 19 Eiche |
| | 20 Gemeine Fichte |
| | 21 Walderdbeere |
| | 22 Weißtanne |
| | 23 Buche |

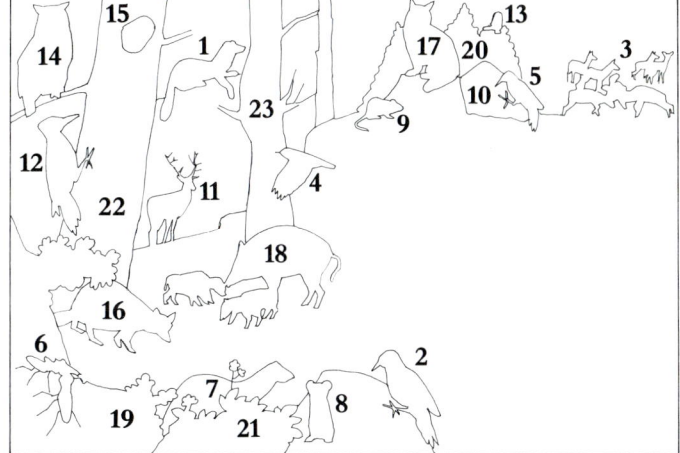

# Im Wald

Kurz vor der Brunft bricht das Rudel der Männchen im Streit auseinander. Bis zu 40 Kilometer weit zieht jeder Hirsch allein auf der Suche nach Weibchen durch den Wald.

Diese versammeln sich nun auf einer Waldlichtung, dem Brunftplatz. Jeder herbeikommende Hirsch versucht, alle Weibchen für sich allein zu bekommen, alle männlichen Rivalen zu vertreiben und damit zum „Platzhirsch" zu werden.

Bei diesen Brunftkämpfen einander fremder Hirsche ist die Geweihgröße ohne Bedeutung. Nur die Kampfkraft entscheidet. Meist beginnt es mit einem stundenlangen Drohzeremoniell und lautem Röhren zum Einschüchtern des Gegners. Kommen sie sich zu nahe, prallen sie laut krachend mit den Geweihen ineinander, schieben aus Leibeskräften und drehen sich im Kreise. So geht das in mehreren Runden, bis der Schwächere flieht.

Nur im Alter zwischen sieben und neun Jahren haben Hirsche Chancen zur Fortpflanzung. Vor dieser Zeit sind sie einflußlose Jungmännchen, danach abgewrackte Greise.

| **Rothirsch** | |
| --- | --- |
| **Länge** | 2,50 m |
| **Gewicht** | 350 kg |
| **Geweih** | Stangen mit max. 22 Enden |
| **Lebensraum** | Früher Steppe, jetzt Wald |
| **Stellung zum Menschen** | Scheuer Waldbewohner |
| **Gruppen der Weibchen** | 2 – 12 Tiere |
| **Brunft** | Ende September / Mitte Oktober. Hirsch erobert 1 Weibchenrudel |
| **Laute der Männchen** | Lautes Röhren |
| **Setzzeit** | Mai / Juni, 1 Junges |
| **Alter** | Bis 20 Jahre |

| **Damhirsch** | |
| --- | --- |
| **Länge** | 1,65 m |
| **Gewicht** | 125 kg |
| **Geweih** | Kleinere „Schaufel" |
| **Lebensraum** | Parkartige Landschaften |
| **Stellung zum Menschen** | Auch schon Gehegehaltung als Schlachtvieh |
| **Gruppen der Weibchen** | Bis 170 Tiere |
| **Brunft** | Mitte Oktober / Anfang November. Hirsche splittern Rudel auf |
| **Laute der Männchen** | Rülpsendes Röhren |
| **Setzzeit** | Juni / Juli, 1 Junges |
| **Alter** | Bis 20 Jahre |

## Die Geweihentwicklung des Rothirsches

Geweihabwurf: *Ende Februar bis Ende März.*
Schiebezeit: *100tägiges Wachstum des neuen Geweihes unter stark durchbluteter Haut (Bast). Jägersprache: „Kolbenhirsch".*
Fege- oder Bastzeit: *Entfernen jetzt trockenen, juckenden Bastes durch Fegen = Reiben an Ästen im Juli und August.*
Das Geweih: *besteht aus Knochen.*
Die Geweihbildung: *erfordert viel Kalk. Zu dessen Beschaffung wird ein Teil der inneren Knochensubstanz abgebaut.*
Die Geweihgröße: *(bis zu 16 kg) ist abhängig vom Alter (Spitze mit 10 bis 14 Jahren), von der Erbveranlagung und von Umwelteinflüssen. Nahrungsmangel, Überbevölkerung und Rivalität beeinträchtigen das Wachstum sowie Streß durch häufige Störungen.*
Nur die Männchen tragen Geweihe.

## So jagt der Luchs

Tief geduckt pirschte Ludwik Kunc durch den Wald. Er verfolgte einen Luchs in 20 Meter Abstand. Der Oberforstmeister hatte die Raubkatze von Kind an aufgezogen und war der erste Mensch, dem je ein Luchs erlaubte, an seinen Jagdausflügen teilzunehmen.

Plötzlich warf sich der Förster auf den Bauch. Der Luchs hatte nur einmal mit dem Stummelschwanz gezuckt: das Zeichen, daß er Beute erspäht hatte. Nun beobachtete der Mensch durch das Fernglas, was weiter geschah:

Anderthalb Stunden lang robbte sich der Luchs an die Beute an, offenbar an drei junge Wildkaninchen, die auf einer Lichtung hoppelten. Noch betrug der Abstand 40 Meter, da ging der Schwanz hoch. Wollte er aus hoffnungslosem Abstand losspurten? Meist entkommt nämlich die Beute, wenn der Angriff aus mehr als 20 Meter Ferne erfolgt.
Im Drei-Meter-Sprung schnellte der Luchs hoch,

| Elch | |
|------|------|
| **Länge** | 2,90 m |
| **Gewicht** | 530 kg |
| **Geweih** | „Schaufel" bis 3 m Spannweite |
| **Lebensraum** | Tundra und Sümpfe in Skandinavien, Polen und Nordasien |
| **Stellung zum Menschen** | Dringt, wo er geschützt ist, in Dörfer und Städte ein |
| **Gruppen der Weibchen** | Einzeln oder kleine Gruppen |
| **Brunft** | Ende August / Oktober. Nach Kämpfen bilden sich Paare |
| **Laute der Männchen** | Dumpfes Brüllen |
| **Setzzeit** | April / Mai 1 – 2 Junge |
| **Alter** | Bis 25 Jahre |

# Im Wald

erreichte im Blitzstart 80 Stundenkilometer – und stürzte sich auf etwas, das viel näher war. Ein Todesschrei. Dann war alles still. Als Opfer hatte er sich nicht die Karnickel ausgewählt, sondern einen Rotfuchs, der sich auch an die Hoppelhänse anschlich! Dies ist das Geheimnis, weshalb sich unter den vom Luchs erbeuteten Tieren so viele Jagdkonkurrenten wie Rotfüchse, Baummarder, Iltisse, verwilderte Hauskatzen und streunende Hunde befinden: Der Wind trägt allen gleichermaßen die Witterung eines gemeinsamen Opfers zu. Alle greifen von derselben Seite an. Aber der Luchs schleicht sich schon aus größerer Entfernung an, trifft dann auf einen der anderen Räuber und wechselt das Ziel. Im Grunde dürften deshalb unsere Jäger gar nicht so böse auf den „europäischen Tiger" sein. Dennoch wurde er schon im vorigen Jahrhundert als Jagdkonkurrent bei uns ausgerottet. Gegenwärtig versuchen Artenschützer, den Luchs wieder im Bayerischen Wald, in Kärnten und in der Schweiz anzusiedeln. Der Erfolg wird allein davon abhängen, ob die Jäger wieder zur Schußwaffe greifen werden oder nicht.

| Luchs | |
|---|---|
| Länge | 110 cm |
| Gewicht | 26 kg |
| Lebensraum | Große, dichte Wälder der Mittelgebirge und Alpen |
| Beute | 12 % Mäuse aller Art 18 % Vögel bis krähengroß 39 % Kaninchen und Hasen 7 % Rehe, auch große 16 % junge Wildschweine 8 % Eichhörnchen, Marder, Füchse, Waschbären und Wildkatzen |
| Feinde | Früher nur der Wolf |
| Ursache des Aussterbens | Einzig nur der Ausrottungsabschuß |
| Wiederansiedlung | Bayerischer Wald, Schweiz, Österreich, Vogesen. Starke Zunahme in Schweden und Osteuropa |
| Ranz | Februar / März |
| Wurf | Nach 67 – 74 Tagen Tragzeit 2 – 3 Junge |
| Alter | Bis 20 Jahre |

| Wildkatze | |
|---|---|
| Länge | 80 cm, größer als Hauskatze |
| Gewicht | 5 kg |
| Lebensraum | Große, dichte Wälder der Mittelgebirge und Alpen |
| Beute | 75 % Mäuse aller Art 12 % nur Kleinvögel 6 % Kaninchen 1 % Rehkitze und Junghasen 4 % Eidechsen und Frösche 2 % Insekten |
| Feinde | Luchs (Fuchs flieht vor ihr) |
| Ursache des Aussterbens | Einzig nur der Ausrottungsabschuß |
| Wiederansiedlung | Seit 1934 unter Schutz. Sternförmige Ausbreitung von Harz, Eifel, Hunsrück, Pfälzer Wald ausgehend |
| Ranz | Mitte Februar / Ende März |
| Wurf | Nach 63 Tagen Tragzeit 3 – 4 Junge |
| Alter | Bis 12 Jahre |

## Ist Jagd Naturschutz?

Jäger schießen in der Bundesrepublik Deutschland pro Jahr etwa 33 000 Rothirsche, 11 000 Damhirsche, 717 000 Rehe, 44 000 Wildschweine, 1,1 Millionen Wildkaninchen. Dennoch leben heute viel mehr dieser Wildtiere als je zuvor. Die Jäger schießen weniger, als früher von Wolfsrudeln, Luchsen, Braunbären, Adlern und Uhus erbeutet wurde. Außerdem hegen Jäger das Wild. Sie füttern es in harten Wintern und schießen nach amtlich kontrolliertem Plan nur so viele Tiere, daß der Bestand voll erhalten bleibt.

Viele Waldschützer sind der Meinung, daß sie noch zu wenig schießen. Sie sprechen von einer Übervölkerung bei den Wildtieren. Sie beklagen, daß Hirsche und Rehe die Bäume entrinden, die dadurch absterben, und daß sie Schonungen und junge Triebe abäsen, die nicht mehr nachwachsen. Artenschützer kritisieren, daß Jäger nur sogenanntes jagdbares Wild hegen, Raubtiere, Greifvögel und andere „Schädlinge" aber als Jagdkonkurrenten ohne arterhaltende Rücksicht abschießen. Total oder fast ausgerottet wurden auf diese Weise Wolf, Braunbär, Luchs, Fischotter, Biber, See-, Fisch- und Steinadler, Wanderfalke und Uhu sowie Gänse- und Bartgeier. Stark gefährdet sind Dachs, Seehund, Graureiher, Habicht, Kolkrabe und Saatkrähe. Schutzbemühungen kämpfen mit immer wieder vorgetragenen Abschußersuchen.

Die Jäger müssen sich, wenn sie als Naturschützer ernst genommen werden wollen, vom alten Schema, hie jagdbares und schützenswertes Wild, hie zu bekämpfendes „Raubzeug" plus Schädlinge, lösen. Viele einsichtige Jäger zeigen bereits Verantwortung für alles Lebendige. Aber diese Einstellung muß noch von allen übernommen werden.

Es gibt allerdings auch Tiere, die für die Jäger offenkundig zu schlau sind und allen ihren Nachstellern ein Schnippchen schlagen. Das ist beim Rotfuchs und beim Wildschwein der Fall.

## Wer hat das Wildschwein zur Sau gemacht?

In Berlin dringen Wildschwein-Rotten aus nahen Wäldern neuerdings in die Vorstadtgärten und Friedhöfe vor und zerwühlen die Beete und Gräber. Um diese „Sauerei" zu beenden, legte sich ein Jäger

auf die Lauer bei Tage, bei Nacht, bei strömendem Regen, bei Neumond. Nie rührte sich etwas. Doch sobald er durchgefroren und übermüdet abzog, fiel die schwarze Rotte grunzend über den Friedhof her. Einerseits jagen die Borstentiere immer häufiger unbewaffnete Pilzsammler auf die Bäume und belagern sie dort stundenlang, andererseits passen sie sich an die modernen, sehr lichtstarken Zielfernrohre an und kommen nicht einmal mehr bei Mondschein aus dem Versteck, sondern nur noch, wie der Name ganz richtig sagt, bei „Sauwetter".

### Wildschwein

| Länge | Bis 1,55 m |
|---|---|
| Gewicht | 190 kg (Eber = Keiler) 160 kg (Sau = Bache) |
| Gruppen-leben | 1 Rotte = mehrere Sauen mit je 2 Jahrgängen von Jungen (= Frischlingen) Keiler ist Einzelgänger |
| Rausch-(= Paarungs-) Zeit | November und Dezember |
| Tragzeit | 133 – 140 Tage |
| Wurfzeit | Ende März/Anfang April. Im Wurfnest aus Heu 5 – 6 Junge |
| Nahrung | Wurzeln, Pilze, Farn, Gras, Eicheln, Eckern, Aas, Würmer, junge Mäuse, Eier, Schlangen |
| Alter | Bis 15 Jahre |

Sehen Kundschafter-Schweine abends Autoscheinwerfer auf einem einsamen Feldweg, schließen sie auf das Nahen eines Jägers und pflügen in dieser Nacht ganz am anderen Ende des Waldes mit dem „Spaten" ihrer Nasenscheibe eine Wiese zum Acker um – oder sie verwandeln dort auf der Suche nach unterirdischen Delikatessen mit ihrer Schnüffelnase ein Gerstenfeld zum Schlammbad.

Ein Bauer wollte seine Felder mit einem Elektrozaun schützen. Die Frischlinge, also die Jungen, schlüpften unten durch. Der Bache, so nennt man die Mutter, blieb nichts anderes übrig, als darüber zu springen. Seither kennen wir den Schweinerekord im Hochsprung: 1,10 Meter aus dem vierbeinigen Stand, und das bei einem Gewicht von drei Zentnern!

Neben diesen erstaunlichen Anpassungen an die Zivilisation verdankt das Schwarzwild sein derzeitiges Bevölkerungswachstum der Ausdehnung des Maisanbaus. Im Frühjahr frißt es die Saat und die jungen Triebe, im Sommer die Halme, die ihm zudem gute Deckung bieten, im Herbst die Kolben und im Winter die (umgepflügten!) Wurzeln nebst Neuansaat.

Wo Jäger ohne durchgreifenden Erfolg bleiben, versuchen jetzt Bauern, die Wildschweine mit laut scheppernden Transistorradios und wechselnden Programmen zu vertreiben: Südwestfunk III, Radio Luxemburg und Europawelle Saar.

Übrigens, auch Wildschweine haben Federn. „Saufeder" nennt man die Nackenhaare. Sie sind ein begehrter Hutschmuck.

## Die Zimmerleute des Waldes

Das Ausmeißeln einer Höhle im Inneren eines Baumstammes bringt den *Spechten* Vor-, aber auch Nachteile. Während die meisten anderen Vögel Sturm und Regen schutzlos ausgeliefert sind, sitzt die Spechtfamilie immer im Trockenen.

Deshalb benutzen sie ihre Höhle auch außerhalb der Brutzeit als „Schlafzimmer", während fast alle anderen Vögel ihr Nest nur als Babywiege verwenden und sonst auf irgendeinem Ast schlafen. In ihrer Höhle sterben alte Spechte mit etwa acht Jahren auch einen geruhsamen Alterstod. Die meisten anderen Tiere werden hingegen schon lange vor ihrem Greisentod von einem Feind gefressen.

Der Nachteil des eigenen Holzhäuschens liegt in einer ungeheuren Wohnungsnot. Von zwölf Jungen müssen zehn im ersten Lebensjahr sterben, weil sie keinen zum Ausmeißeln geeigneten Baum finden.

Bei gesundem Hartholz ist das Einschnitzen einer Höhle eine kaum zu bewältigende Arbeit.

Deshalb bevorzugen Spechte Stämme, die vom Schwamm befallen sind. Diese Baumkrankheit dringt über einen abgestorbenen Ast in den Stamm ein und weicht dessen Kern auf, während das Schalholz ringsum hart bleibt und einen idealen Schutz

| Grünspecht | |
|---|---|
| Länge | Bis 32 cm |
| Gewicht | Bis 330 g |
| Lebensraum | Rand von Laub- und Mischwald. Lebt auf Waldboden |
| Höhle | Bezug fremder Höhle, zur Not Selbstbau in morschem Holz 1 – 2 m über Erdboden (getarnt) |
| Liebeslied | Gelächter, kaum Trommeln |
| Brut | Mai und Juni 5 – 8 Eier, 14 – 15 Tage bebrütet, flügge nach 23 – 27 Tagen |
| Nahrung | Hauptsächlich Ameisen, beschädigt Ameisenhaufen, zerfleddert morsche Baumstümpfen. Winter: Bis 30 cm tief unter Schnee graben |

für die Nisthöhle bietet. So meißelt sich der Vogel durch das kranke Astloch ins weiche Innere vor. Trotzdem dauert der Höhlenbau zum Beispiel in Buchen beim Schwarzspecht bis zu 28 Tagen. Etwa 10 000 Späne, jeder bis zu 11 Zentimeter lang, müs-

| Schwarzspecht | |
|---|---|
| **Länge** | Bis 46 cm |
| **Gewicht** | Bis 570 g |
| **Lebensraum** | Altholz im Inneren großer Wälder. Flieht den Menschen |
| **Höhle** | Selbstbau armtiefer Höhle in besonders dickem Stamm, 8 – 20 m über Erdboden |
| **Liebeslied** | 16 Trommelschläge / Sek. |
| **Brut** | Mitte April / Mitte Mai 3 – 5 Eier, 12 – 14 Tage bebrütet, flügge nach 27 – 28 Tagen |
| **Nahrung** | Ausmeißeln holzbewohnender Insekten und Hervorholen mit langer Harpunenzunge. Dazu Insekten aller Art und Ameisen |

| Buntspecht | |
|---|---|
| **Länge** | Bis 23 cm |
| **Gewicht** | Bis 95 g |
| **Lebensraum** | Alle Laub- und Nadelwälder, verstädtert |
| **Höhle** | Selbstbau kleiner Höhle in krankem Weichholz, 2 – 5 m über Erdboden |
| **Liebeslied** | 12 – 18 Trommelschläge / Sek. |
| **Brut** | Ab Ende April 5 – 7 Eier, 10 – 12 Tage bebrütet, flügge nach 20 – 23 Tagen |
| **Nahrung** | Ausmeißeln wie Schwarzspecht, nur nicht so tief. Winter: Zapfensamen (Spechtschmiede); Frühjahr: auch Blutungssaft der Bäume |

sen dabei fliegen. Pro Span braucht er 17 Schnabelhiebe, die in ratternder Serie getrommelt werden. Herr Buntspecht signalisiert die Bezugsfertigkeit seiner Wohnung mit Trommelwirbeln laut hallend durch den Wald. Damit es besonders weit dröhnt

und Weibchen angelockt werden, benutzt er als Liebeslieder-Schlagzeug einen hohlen Signalbaum. In Dörfern und Städten bearbeitet er neuerdings Verkehrsschilder, Dachrinnen und Fernsehantennen, bis das Blech scheppert.

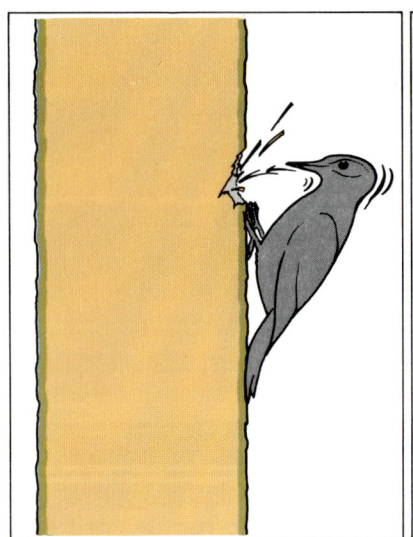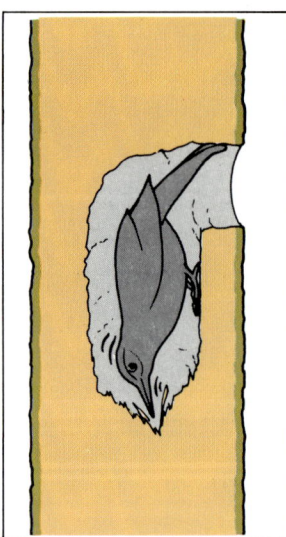

*So meißelt sich der Specht seine Baumhöhle.*

## Mit dem Wald
## sterben Tiere und Menschen

Ein gar nicht so unmöglicher Zukunftsroman: Im Jahre 2050 sind die letzten Wälder gestorben, oder man hat sie gerodet, um Platz für immer mehr Menschen zu schaffen. Die letzten Wiesen wurden bebaut, die letzten Felder asphaltiert. Nichts Grünes mehr auf Erden!

Von da an dauert es nur noch fünf bis sechs Jahre, bis aller Sauerstoff in der Lufthülle des Planeten „Erde" aufgebraucht ist. Und nun müssen auch alle Menschen und Tiere sterben, langsam ersticken.

Warum? Aller Sauerstoff, den wir beim Atmen der Luft entziehen, um damit unsere Lebensenergie zu gewinnen, und den wir, in Kohlendioxid umgewandelt, wieder ausatmen, stammt von grünen Blättern, Tannennadeln und Gräsern und wird von dort immer neu nachgeliefert.

Umgekehrt brauchen die Pflanzen zum Leben das Kohlendioxid, das wir und alle Tiere ständig ausatmen. Im Blattgrün (Chlorophyll) besitzen sie „chemische Fabriken", die aus dem Kohlendioxid der Luft und dem Wasser des Erdbodens mit dem Licht der Sonne als Energiequelle alle Substanzen zum Aufbau ihres Körpers gewinnen (Photosynthese). Dabei entsteht wieder Sauerstoff, der in die Luft abgegeben wird. Der große Kreis schließt sich. Die Sauerstoffgewinnung der Pflanzen und die Kohlendioxiderzeugung der Menschen und Tiere muß also ständig im großen Gleichgewicht bleiben.

Dieses Gleichgewicht ist heute gestört. Durch unmäßige Verbrennung von Kohle, Erdöl, Benzin und Holz wird zu viel Sauerstoff verbraucht und zu viel Kohlendioxid erzeugt. Und durch die Vernichtung der Wälder in unserem Land, aber auch in Brasilien, Afrika, Indien und Malaysia, werden die Bäume als Kohlendioxid-Verbraucher und Sauerstoff-Hersteller beseitigt.

Schon 1986 ist der Kohlendioxidgehalt der Lufthülle meßbar gestiegen. Dadurch entsteht eine Art Treibhausglocke um die Erdkugel. Wenn das so weitergeht, werden die Temperaturen ansteigen. Die bis zu 3 300 Meter dicken Eiskappen der Nord- und Südpolargebiete schmelzen langsam ab. Der Meeresspiegel steigt bis zu 30 Meter an. In diesem Fall würde unter anderem ein Drittel Deutschlands überschwemmt werden.

Dies ist eine der größten Gefahren der Menschheit, wenn die Waldvernichtung weiter so fortschreitet wie bisher und wenn das Waldsterben, vom sauren Regen verursacht, so weitergeht.

## Im Nest der 1000 Königinnen

Ein Nadelhaufen der *Kleinen Roten Waldameise* kann bis zu 1,50 Meter hoch sein und ist doch nur das Dach für ein unterirdisches Labyrinth, in dem ein bis drei Millionen Arbeiterinnen und bis zu 5 000 Königinnen, also fortpflanzungsfähige Weibchen, leben. Eine gewaltige Insektenvernichtungs-Großmacht im Wald. Das Volk der Arbeiterinnen, also der unfruchtbaren Weibchen, spezialisiert sich in viele Berufsgruppen. Wenn ein Volk aus einer Million Tieren besteht, sind etwa 300 000 davon sogenannte Baumkletterer, die zur Nahrungssuche in die Bäume steigen.

Unter ihnen gibt es Honigtau-Sammlerinnen, die Blattläuse melken und täglich etwa ein Kilogramm Zuckersaft ernten und als Kraftnahrung für ihre Nestgenossinnen heimtragen. Die anderen sind Jäger. Sie töten am Tag etwa 60 000 Insekten, vom Borkenkäfer über Raupen bis zur Fliegenmade. So versorgen sie ihr Volk mit Eiweiß.

Weitere 300 000 Arbeiterinnen sind „Bodentruppen" und haben sich auf die Insekten- und Spinnenjagd am Waldboden spezialisiert. Ihnen fallen noch einmal rund 60 000 Insekten täglich zum Opfer, die sie aus Entfernungen bis zu 200 Metern in Teamarbeit heimwärts schleppen. Etwa 100 000 Tiere sammeln nur Nestbaumaterial am Waldboden, also Tannen-, Fichten- und Kiefernnadeln.

Abermals 300 000 Arbeiterinnen sind mit Hausarbeit beschäftigt, also mit dem Zerkleinern eingetragener Beuteinsekten und dem Weiterverfüttern an Nestgenossinnen.

Wer Hunger hat, betrillert einen Satten mit den Antennen und erhält sogleich Nahrung. Ein perfekter Futtersozialismus sorgt dafür, daß alle Millionen Tiere gleich viel zu fressen bekommen oder in Notzeiten gleich hungrig sind.

Andere Heimarbeiterinnen pflegen und füttern die Königinnen und umhegen die Brut. Sie tragen die Eier in tiefe Kammern, schichten sie auf und belecken sie, um Krankheitskeime fernzuhalten. Aus den Eiern geschlüpfte Maden werden gefüttert, an die Sonne getragen und wieder in Sicherheit gebracht. Wenn sich die Maden verpuppen, werden sie in die Klimakammer gebracht, in der stets eine Wärme von 25 Grad aufrechterhalten wird. Dies vollbringen andere Arbeiterinnen durch Regulieren der Luftzirkulation, indem sie Lüftungsschächte verengen oder erweitern. Nach der Umwandlung von der Made zum Vollinsekt (Metamorphose) in der Gespinsthülle der Puppe signalisiert der Insasse durch Sich-Umherwälzen, daß er schlüpfen will. Dann schneiden Hebammen die Puppenhülle mit ihren Kieferzangen auf, heben den Neuling heraus, lecken ihn sauber und geben ihm Futter.

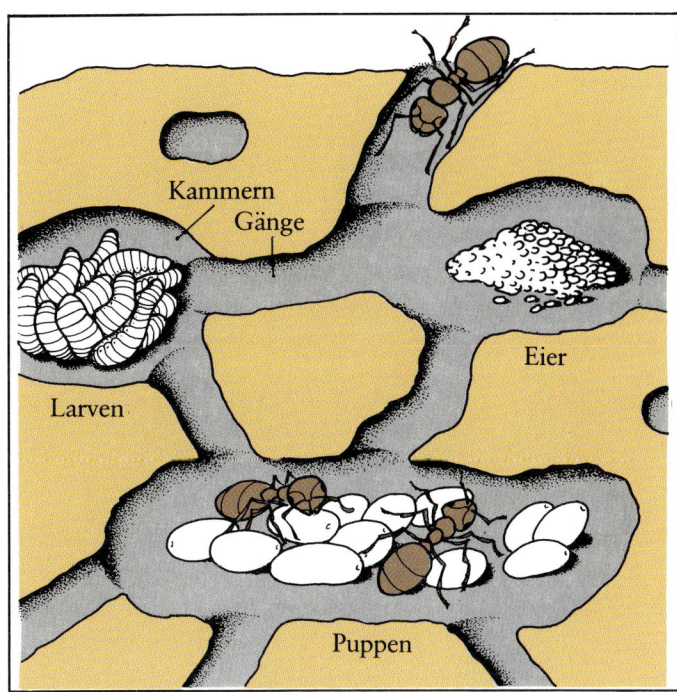

*Querschnitt durch einen Teil des Ameisenhaufens.*

In guten Zeiten schlüpfen täglich 50 000 Arbeiterinnen aus den Kokons. Überschreitet die Bevölkerung die Drei-Millionen-Grenze, zieht ein Heerwurm von einigen hunderttausend Tieren aus und gründet 50 Meter weiter ein neues Volk. Bis zu 100 benachbarte Völker bilden in friedlichem Zusammenleben einen Staatenbund.

In einem Wald ohne Ameisen fällt jedes zehnte Blatt oder jede zehnte Nadel Schädlingen zum Opfer. Dadurch sinkt die Holzproduktion um ein Drittel im Vergleich zu von Ameisen geschützten Wäldern. Deshalb müssen wir die Ameisen schützen. Gegenwärtig werden sie sogar in Zuchtanstalten künstlich erbrütet und im Wald ausgesetzt. Die entstehenden Ameisenhaufen schützen die Förster mit Drahtnetzen, um Spechte und Spaziergänger daran zu hindern, diese Bauwerke zu zerstören.

## Die Beutetiere der Ameisen

Die *Nonne*, ein Schmetterling und Nachtfalter, hat trotz ihres frommen Namens schon ganze Fichtenwälder vernichtet – allerdings erst seit der Mensch diesen Baum in Monokulturen angepflanzt hat. Ein Weibchen legt bis zu 300 Eier in Rindenritzen des Stammes. Die schlüpfenden Raupen klettern gleich in die Baumkrone. Jede frißt oder vernichtet etwa

*Ein Nonnenweibchen am Fichtenstamm.*

*Der Buchdrucker und sein Fraßbild.*

2 000 Fichtennadeln. In Jahren der Massenvermehrung wurden pro Stamm bis zu 140 000 Eier gezählt. Sobald der Baum sieben von zehn Nadeln verloren hat, stirbt er. Dann spinnen jüngere Raupen einen Faden, seilen sich ab und segeln mit dem Wind zum nächsten Baum.

*Der Kiefern-Prozessions-Spinner.*

Der *Kiefern-Prozessions-Spinner* verursacht in Kiefernwäldern Kahlfraß. Die Raupen schützen sich mit einem giftigen Pelz vor Feinden. Bei Berührung brechen die Haare ab, stechen in die Haut des Feindes und spritzen Gift in die Wunde. Es juckt und brennt und verursacht auch beim Menschen schmerzhafte Hautausschläge. Der Kuckuck, ein Raupenfresser, ist hiergegen jedoch unempfindlich.

Den Tag verbringen die Raupen zu Hunderten in einem fußballgroßen Gespinstnest, in das sie ihre Gifthaare einweben. Abends ziehen sie im Gänsemarsch, Kopf am Hinterende des Vorgängers, in langer Prozession zum Freßplatz, und am frühen Morgen kehren sie in gleicher Marschformation wieder zum Schlafnest zurück.

Der *Buchdrucker* ist ein Borkenkäfer, der ebenfalls ganze Wälder vernichten kann. Das Weibchen legt 20 bis 100 Eier in einen senkrechten Gang unter die Rinde von Fichten (Muttergang). Von hier aus nagt sich jede Larve einen Gang nach der Seite. So entsteht das Fraßbild, das dem Tier den Namen gab. In einem vom Waldsterben kranken Baum graben bis zu 15 000 Larven. Sie zerstören die Schicht zwischen Borke und Holzkörper. So kann diese keinen Saft mehr von den Wurzeln nach oben transportieren. Der Baum stirbt. Ein Buchdrucker, der einen kranken Baum gefunden hat, lockt mit einem Duftstoff zahlreiche Artgenossen zum gleichen Baum. Er wurde früher eine Zeitlang als „Fangbaum" liegengelassen, bevor nach der Massenvermehrung die Tiere auch gesunde Bäume befielen. Heute stellt der Mensch diesen Lockduft künstlich her und kann die Käfer damit in Fallen fangen und töten.

Der *Hirschkäfer* wird bis zu zehn Zentimeter lang. Mit seinem „Geweih" (stark verlängerte Oberkiefer) bekämpft das Männchen artgleiche Rivalen, um die Gunst der Weibchen zu erlangen. Seine Größe hängt nicht vom Erbgut ab, sondern von der

*Zwei Hirschkäfermännchen miteinander kämpfend.*

„Babynahrung", ob also seine Mutter ihre 30 bis 70 Eier in eine morsche Eiche mit nahrhaftem Holzmehl gelegt hat oder in frisches Holz, das längst nicht so bekömmlich ist. Bis zu acht Jahre muß die Larve von „Sägemehl" zehren, ehe sie sich verpuppt, um danach als herrlicher Käfer nur wenige

*Zecken: Vollgesogenes Weibchen und ein Männchen.*

Wochen lang von Baumsäften zu leben. Heute ist der Hirschkäfer vom Aussterben bedroht, weil in unseren Wäldern jede morsche Eiche entfernt wird. Die *Zecke*, auch Holzbock genannt, ist ein Blutsauger. Nur vier Millimeter klein, wartet die achtbeinige Milbe auf einem Ast. Zwei Jahre kann sie dort hungern ohne zu sterben. Bei der kleinsten, nicht vom Wind verursachten Erschütterung läßt sie sich fallen. Trifft sie auf etwas Warmes, bohrt sie ihren Kopf hinein. Riecht es nach Buttersäure, also nach Ausdünstungen von Mensch, Säugetier oder Vogel, sticht sie zu und beginnt Blut zu saugen. Bei anderen Sinneseindrücken klettert sie wieder auf ihren Busch oder Baum.

Das Weibchen saugt 7 bis 13 Tage lang Blut, wird riesig wie eine Bohne und ist dann paarungsbereit. Das Männchen muß sich auf dem gleichen Wirt einfinden. Hernach verstreut das Weibchen 4 000 bis 8 000 Eier auf dem Boden und stirbt.

Zecken können tödliche Krankheiten wie die Hirnhautentzündung übertragen. Deshalb empfiehlt es sich für einen „Zeckenbesitzer", sofort zum Arzt zu gehen. Herausreißen kann man das Tier nicht. Der Kopf bleibt im Fleisch. Aber man kann die Zecke in Salbe oder Leim ersticken. Dann läßt sie nach einiger Zeit wieder los. Wer sich gern im Wald aufhält, sollte sich vorsichtshalber gegen Zecken schutzimpfen lassen.

## Wie fangen Ameisen Großinsekten?

Eine Nonne, aber auch die meisten anderen Schmetterlinge sind viel größer als eine Kleine Rote Waldameise. Die Nonne ist im Vergleich zu ihr ein Riesenbrocken. Trotzdem wird der kleine Räuber mit der gewaltigen Beute fertig. Aus einem Versteck springt die Ameise die Nonne an und klammert sich mit den Kieferzangen am Flügel fest.

Dabei sendet sie einen Alarmduft aus. Alle in der Nähe befindlichen Mitglieder des Ameisenstaates eilen daraufhin herbei. Einige zwicken dem Opfer die Beine ab, andere spritzen ihre Ameisensäure in den Kopf des Schmetterlings, lähmen und töten ihn. Dann werden die Flügel amputiert. Als Nahrung dient nur der Körper. Nun muß die Beute nur noch abtransportiert werden.

Zwar kann eine Ameise das Zehnfache ihres eigenen Gewichts tragen, aber manche Tiere sind ihr doch zu schwer. Dann übernehmen mehrere Tiere gemeinsam den Heimtransport. Da jede Ameise die Richtung zum Bau kennt, ziehen sie alle am gleichen „Strang".

## Überfall auf schlafende Vögel

Wieso kann ein *Baummarder* in stockfinsterer Nacht auf die Jagd gehen? Einmal hat er sich in seinem Waldrevier von etwa fünf Kilometer Durchmesser Pirschwege angelegt, auf denen er jeden Schritt kennt. Ob aber links oder rechts davon Beute sitzt, sagt ihm nur die Schnüffelnase. Ist dort ein Fuchs oder Waschbär, mit denen er sich lieber nicht einläßt, oder ein Kaninchen oder Fasan für sei-

## Baummarder

| | |
|---|---|
| **Länge** | 53 cm + 28 cm Schwanz |
| **Gewicht** | 1 800 g |
| **Lebensraum** | Große, zusammenhängende Wälder, meidet Menschennähe |
| **Wohnung** | Baumhöhlen, Vogel- und Eichhörnchennest |
| **Nahrung** | Eichhörnchen, Vögel, Bauminsekten, guter Kletterer |
| **Paarung (Ranz)** | Juli bis August, Keimruhe über Winter |
| **Geburt (Wurf)** | März bis April 2 bis 5 Junge |
| **Alter** | Freileben = 10 Jahre, im Zoo bis 17 Jahre |
| **Zusammenleben** | Unverträglicher Einzelgänger in duftmarkierten, verteidigten Revieren |

## Steinmarder

| | |
|---|---|
| **Länge** | 48 cm + 26 cm Schwanz |
| **Gewicht** | 2 000 g |
| **Lebensraum** | Felsen sowie Bauten des Menschen, vom Baummarder an Dörfer verdrängt |
| **Wohnung** | Felshöhlen, Scheunen, Dachböden, Holzstapel |
| **Nahrung** | Mäuse und Kleintiere bis Kaninchengröße; guter Jäger am Erdboden |
| **Paarung (Ranz)** | Juli bis August, Keimruhe über Winter |
| **Geburt (Wurf)** | März bis April 2 bis 5 Junge |
| **Alter** | Freileben = 10 Jahre, im Zoo bis 17 Jahre |
| **Zusammenleben** | Unverträglicher Einzelgänger in duftmarkierten, verteidigten Revieren |

nen Magen? Er riecht sogar die Entfernung, so daß er sich exakt anschleichen und im richtigen Moment zielgenau zuspringen kann, ohne sein Opfer gesehen zu haben. Der Baummarder erschnüffelt sogar, ob das Kaninchen Angst hat oder nicht, ob es ihn also schon wahrgenommen hat und fluchtbereit ist. Nachts beschleicht er oft

Vögel, die auf einem Ast schlafen. Aber diese verfügen über ein wunderbares Gegenmittel: In ihren Beinen liegen Sinneszellen, die winzige Erschütterungen wahrnehmen. Da kann der Wind an den Zweigen rütteln, den Vogel stört es nicht. Aber sobald er das viel feinere, aber typische Vibrieren spürt, das ein kletternder Marder verursacht, wacht er fix auf und fliegt davon. In seinem Nervensystem besitzt der Vogel gleichsam einen Filter, der unwichtige Sinneseindrücke vom schlafenden Tier fernhält und nur jene Signale durchläßt, die lebens-

## Gruseln vor einem Nachtgespenst: Der Uhu

Im Laub raschelnd und Zweige knackend streifte ein doggengroßer verwilderter Hund durch den nächtlichen Wald. Gerade verharrte er, um zu wittern, als ihn ein Nachtgespenst überfiel. Ohne das geringste Flattergeräusch oder Flügelrauschen strich ein Uhu von hinten an den völlig überrasch-

### Iltis

| Länge | 42 cm + 14 cm Schwanz |
|---|---|
| Gewicht | 980 g |
| Lebensraum | Wälder und Felder am Wasser, auch in Menschennähe |
| Wohnung | Kaninchenbauten, Röhren, Höhlen aller Art |
| Nahrung | Mäuse, Ratten, Frösche, Wassertiere, tote Fische; guter Schwimmer |
| Paarung (Ranz) | Februar bis April, keine Keimruhe |
| Geburt (Wurf) | April bis Juni 3 bis 8 Junge |
| Alter | Bis 15 Jahre |
| Zusammenleben | Unverträglicher Einzelgänger in duftmarkierten, verteidigten Revieren |

### Mauswiesel

| Länge | 23 cm + 7 cm Schwanz |
|---|---|
| Gewicht | 200 g |
| Lebensraum | Wälder und Buschwerk, Parks und Gärten in Menschennähe |
| Wohnung | Bodennahe Höhlen aller Art und Schuppen |
| Nahrung | Feldmäuse, in deren Gänge es eindringt; Ratten, Kaninchen |
| Paarung (Ranz) | 1. März und 2. August, keine Keimruhe |
| Geburt (Wurf) | April und September 2mal je 3 bis 9 Junge |
| Alter | Bis 8 Jahre |
| Zusammenleben | Unverträglicher Einzelgänger in duftmarkierten, verteidigten Revieren |

bedrohende Gefahren melden. So erwischt der Räuber meist nur kranke oder altersschwache Vögel, die nicht mehr so empfindlich reagieren können. Verhaltensforscher haben es nachgezählt: Von 20 Angriffen eines Baummarders schlagen 19 fehl. Es ist also gar nicht so einfach, als Raubtier zu überleben.

ten Hund heran, packte ihn am Genick und stach mit den Dolchen seiner acht 4 Zentimeter langen Krallen zu. Sekunden später war der Hund tot. Der 73 Zentimeter große Uhu kann einen das Gruseln lehren, nicht nur wegen seines gespenstischen Rufes. Menschen hat er allerdings noch nie getötet. Wir sind zu groß, um in sein Beutebild zu passen.

# Im Wald

Aber als „Wilderer" wurde der Uhu von Jägern bis 1934 nahezu ausgerottet. Nur in Bayern überlebten 35 Paare und im Harz ein Männchen. Seit 1964 versuchen aber Vogelschützer, diesen gewaltigen Nachtjäger wieder in unseren Wäldern heimisch zu machen.

Zunächst züchten sie Junguhus in Volieren. Dann setzen sie die Tiere in Freiheit. Die ersten in Freiheit gesetzten Vögel verhungerten jedoch alle. Seither erhalten sie vor der Freilassung in großen Flugkäfigen Jagdunterricht. Es dauert vier Wochen, bis der Uhu gelernt hat, eine lebende Maus gleich bei der

Uhu

Sperlingskauz

Waldohreule

|  | **Uhu** | **Sperlingskauz** | **Waldohreule** |
|---|---|---|---|
| **Größe** | 73 cm | 16 cm | 36 cm |
| **Gewicht** | 3 200 g | 60 g | 300 g |
| **Lebensraum** | Dichte Wälder mit Felsen und Gewässern | Wälder der Alpen und hohen Mittelgebirge | Waldrand, kleine Baumgruppen, Parks |
| **Nest** | In Felsnische oder Greifvogelhorst. Kein Nestbau oder Polstern | In Spechthöhlen | Enteignet Nester von Krähen, Elstern, Tauben und Eichhörnchen |
| **Brut** | Im April 2 – 3 Eier, 35 Tage bebrütet, flügge mit 9 Wochen | April bis Anfang Mai 3 – 7 Eier, 28 – 29 Tage bebrütet, flügge mit 5 Wochen | Im April 5 – 6 Eier, 27 – 28 Tage bebrütet, flügge mit 5 Wochen |
| **Nahrung** | Säuger bis Jungrehgröße, Vögel bis Bussardgröße | Nachts Mäuse, tags Kleinvögel bis Amselgröße | Fast nur Mäuse |

Landung aus dem Sturzflug voll zu treffen. Verfehlt er sie nur um einen Zentimeter, entwischt die Beute im Pflanzendickicht am Erdboden.

Mit dieser Überlebenshilfe ist es den Vogelschützern gelungen, wieder mehrere hundert Vögel in unseren Wäldern anzusiedeln.

## Die Waldspezialisten

Der *Kleiber*, eine Spechtmeise, der mit dem Mauerläufer verwandt ist, besitzt in seinen Fußkrallen perfekte Steigeisen. Mit ihnen kann er am Baumstamm ebenso flink kopfüber abwärts klettern wie nach oben. In Rindenritzen sucht er nach Insekten, Spinnen, Milben und vielen anderen Baumschädlingen sowie nach Sämereien.

Etwas meißeln kann der sperlingsgroße Vogel auch. Als Wintervorrat versteckt der Kleiber Sämereien in Rindenritzen seiner Vorratsbäume. Frißt er nicht alles auf, sprießen im Frühjahr Gräser und Buschtriebe aus Baumspalten. Als Bruthöhle bezieht er eine verlassene Spechthöhle oder einen Nistkasten. Das Schlupfloch verengt er so sehr, daß kein Tier, das größer als er ist, eindringen kann. Hierzu verklebt er ein Gemisch aus Speichel und Kot von

*Kleiber*

Waldtieren oder Lehm zu einem „Beton". Er ist also ein richtiger Kleber oder Kleiber.

Der *Fichtenkreuzschnabel* besitzt ein Spezialwerkzeug zum Öffnen der Schuppen der Fichtenzapfen. Die Spitze des Oberschnabels greift über Kreuz an

| Waldkauz | |
|---|---|
| **Größe** | 41 cm |
| **Gewicht** | 500 g |
| **Lebensraum** | Wälder mit Lichtungen, Parks, verstädtert |
| **Nest** | In Baum-, Fels- und Mauerlöchern sowie auf Dachböden |
| **Brut** | Im März 3 – 5 Eier, 30 Tage bebrütet, flügge mit 7 Wochen |
| **Nahrung** | Meist Mäuse, weniger Ratten, Eichhörnchen, Vögel bis taubengroß |

*Fichtenkreuzschnabel*

der des Unterschnabels vorbei nach unten und umgekehrt. Er setzt beide Spitzen an einem Schuppenrand an und drückt durch Schließen des Schnabels die Schuppe auf. Dann ergreift er mit der Zunge den Samen. Der Nährwert ist gering. So muß er im Höchsttempo, wie ein Papagei am Zapfen hängend und turnend, täglich viele Tausende von Schuppen abhebeln und entkernen. Faule Vögel verhungern. Da die Fichten einer Gegend nicht jedes Jahr reichlich Zapfen bilden, vagabundieren die Kreuzschnäbel so lange umher, bis sie einen Wald mit vielen Fichtenzapfen gefunden haben.

Eichelhäher

Der *Eichelhäher* ist aus zwei Gründen auf den Wald angewiesen. Einmal ist er ein ungeschickter Flieger und fällt über freiem Feld jedem Habicht oder Sperber leicht zum Opfer. Im Wald kann er sich hingegen im dichten Unterholz verbergen, sofern er wachsam ist. Bei der geringsten Störung gibt er durch Krächzen Alarm und warnt auch alle anderen Tiere des Waldes. Ein Jäger, der den Ruf des Eichelhähers hört, kann gleich wieder nach Hause gehen. Zum anderen findet dieser Vogel nur im Wald sein Winterfutter: Eicheln. An die 10 000 Stück sammelt er im Herbst und versteckt sie im Erdboden. Im Winter findet er sie unter dem Schnee wieder. Nicht benötigte Eicheln quellen und keimen im Frühling: ideales Futter für die Jungen. Andere Eicheln wachsen zu Bäumen heran. So pflanzt der Vogel also

Bäume, von denen seine Kindeskinder dereinst ernten werden.

Die *Rötelmaus*, auch Waldwühlmaus genannt, sammelt in Jahren mit überreichem Bucheckernsegen riesige Wintervorräte in Kugelnestern und laubgetarnten Verstecken. Bei vollen Speisekammern geht das Kinderkriegen in den unterirdischen Bauen auch den ganzen Winter hindurch lustig weiter. Die Jungen werden schon nach fünf Wochen reif und zeugen nun selbst Nachwuchs. Im Frühling zählt die Familie in solchen Jahren statt 22 Häupter deren 2 000.

Die Lagerhallen leeren sich schnell. Der Überfluß führt in die Hungersnot. Nun entrinden die Tierchen junge Buchen und bringen ganze Schonungen zum Absterben – weil es zuvor zu viele Bucheckern gab!

Rötelmaus

Der *Waschbär*, ein echter Kleinbär übrigens, wurde erst 1935 aus Nordamerika bei uns eingebürgert. 1986 durchstreiften schon viele Hunderttausende deutsche Wälder.

Sie sind nur nachts unterwegs, wenn Jäger kein Büchsenlicht haben, und wechseln ständig ihre Schlafquartiere, sind also nicht zu fassen. Feinde in der Tierwelt haben sie bei uns nicht.

Ihr pflanzlicher und fleischlicher Speisezettel ist riesengroß. Dreckige Nahrung wäscht der 68 Zentimeter lange und 15 Kilogramm schwere Bär mit beiden Vorderpfoten am Bach- oder Seeufer. 50 Meter bis dorthin können ihm aber schon zu unbequem sein. Einen Regenwurm quirlt er so lange im Wasser, bis er doppelte Länge erreicht hat. Ein Stück Würfelzucker, auf dem Campingplatz geräubert,

*Waschbär*

Die *Haselmaus* wendet zahlreiche Tricks an, um Feinden wie Waschbär, Marderhund und Kauz zu entkommen. Im Sommer baut sich dieser kleinste, nur hausmausgroße Bilch sein Bett in einem Kugelnest aus Heu, gut versteckt in ein bis zwei Meter Höhe in dichten Büschen unterholzreicher Wälder. Es müssen nicht unbedingt Haselsträucher sein. Nur wenn der Förster in seinem Wald „Ordnung" schafft und das Unterholz rodet, findet die kleine Schlafmaus keine Nahrung mehr. Dafür finden sie die Feinde umso besser, und sie stirbt aus.

Für den Winterschlaf baut sie sich ein besonders dick gepolstertes Kugelnest in einem Dornbusch direkt auf dem Erdboden. Manchmal überwintert sie auch in einem Nistkasten. Aber dann wird sie meist schon im März von den Vögeln gestört, die hier brüten wollen. Normalerweise erwacht sie erst im April aus dem Winterschlaf. Und so baut die Haselmaus dann im nächsten Jahr wieder ihr eigenes Nest.

Der *Rotmilan* horstet im Schutz des Waldes oder kleinerer Gehölze auf besonders hohen Bäumen. Von hier aus unternimmt er mit pfeifendem Ruf seine weiten Suchflüge. Seine bevorzugten Ziele sind kranke Tiere bis Hühner- und Hasengröße. Gern nimmt er auch Aas, etwa auf Straßen überfahrene Tiere.

Die Bauern nennen ihn „Müllschlucker", weil er die Angewohnheit hat, seinen Horst mit Abfällen zu „verzieren". Dazu sammelt er Stoffetzen, Zeitungspapier und Plastiktüten aus Mülltonnen, entkleidet sogar Vogelscheuchen und stiehlt der Bäuerin Wäsche und Nylonstrümpfe von der Leine.

Finden wir auf dem Waldboden einen kleinen Müllplatz, so stammt der Unrat entweder von nicht umweltbewußten Menschen, die hier Picknick gemacht haben, oder aber vom Rotmilan und dessen Horst über diesem Platz.

Dieser Müll kann aber auch vom großen Bruder des Rotmilans stammen: vom *Schwarzmilan*. Auch er ist in seinem Freßverhalten eine Mischung aus Geier und Raubvogel: Kleine Tiere wie Mäuse fängt er lebend, größere wie Hasen nur, wenn sie krank sind, und noch größere nimmt er nur als Aas. Dabei bevorzugt er tote Fische, die auf dem Wasser treiben oder am Ufer liegen.

wird ebenfalls gewaschen – bis nichts mehr davon übrig ist.

Bei seinem Vordringen von Mitteldeutschland nach Osten trifft der Waschbär seit 1965 auf eine ebenbürtige Konkurrenz, die aus dem Osten zu uns kommt: auf den *Marderhund*. Seine eigentliche Heimat ist der Norden Chinas. Aber 1928 wurden bei Moskau und Leningrad 7000 Farmtiere freigelassen: „Zur Bereicherung der Jagd auf wertvolle Pelzträger". Zwar erwiesen sich die Felle der in Europa eingebürgerten Ostasiaten als minderwertig, aber dafür nahm und nimmt die Anzahl der Marderhunde, die echte Wildhunde sind, explosionsartig zu.

Das Schicksal von Tieren, die in fremde Länder einwandern, ist immer voller Probleme. Entweder sie hungern und werden von Feinden gefressen und sterben bald aus, oder sie blühen erst richtig auf, hausen fürchterlich unter der einheimischen Tierwelt und bringen bei ihren Gastgebern alles durcheinander.

Ebenso verhält es sich auch bei Waschbär und Marderhund. Obwohl der eine ein Bär, der andere aber ein Hund ist, haben beide in vielen Dingen große Ähnlichkeiten, nur daß der Marderhund keine Nahrung wäscht und nicht auf Bäume klettern kann wie der Waschbär. Letzteres ist auch der Grund dafür, daß der Waschbär der Sieger sein wird, falls es zwischen beiden Arten zum Verdrängungskampf kommen sollte.

# Am Waldrand

## „Bambis" wirkliches Schicksal

Um den 25. Juli beginnt an den Waldrändern eine Zeit höchster Erregung: die Brunft der *Rehe*. Bis dahin leben die Böcke als Einsiedler. Jeder beansprucht ein eigenes Revier. Er setzt Duftmarken aus Drüsen unter den Stirnlocken und an den Hinterbeinen und grenzt es damit gegen Nachbarn ab. Jede Mißachtung dieser Grenzen führt zu erbitterten Horn-Gefechten.

Da der Duft allmählich verfliegt, muß der Rehbock seine Grenzen täglich dreimal nachmarkieren. Das ist eine strapaziöse Arbeit, wenn der „Zaun" durch dichtes Buschwerk führt, denn dort muß alle fünf Meter ein „Grenzstein" gesetzt werden. Deshalb führt das Tier seine Gemarkung nach Möglichkeit an einer Schneise oder an einem Weg entlang. Dann beduftet er nur alle 30 Meter einen Stein oder auffälligen Busch und schafft eine Strecke von 100 Metern in ein bis zwei Minuten.

Ein Rehrevier ist mehrere Hektar groß und muß folgendes umfassen:

1. Eine Schonung oder ein Dickicht, wo das Tier Zuflucht finden, wiederkäuen, ruhen und schlafen kann. Es schläft während 24 Stunden nur 40 Minuten, und dies auch noch auf zwei bis vier „Raten" über Tag und Nacht aufgeteilt.
2. Eine Tränke und eine Suhle zum Staub-, Sand- oder Schlammbad für die Körperpflege.
3. Ausreichend Äsung auf Feldern, Wiesen und Lichtungen.

Da dies alles gleichzeitig vorhanden sein muß, ist das Reh kein Wald-, sondern ein Waldrandtier. Zwischen den obengenannten Orten läuft es auf ausgetretenen Wegen, den Wildwechseln. Kreuzen diese die Straßen, werden die Autofahrer meist durch Schilder gewarnt. Trotzdem kommt es häufig

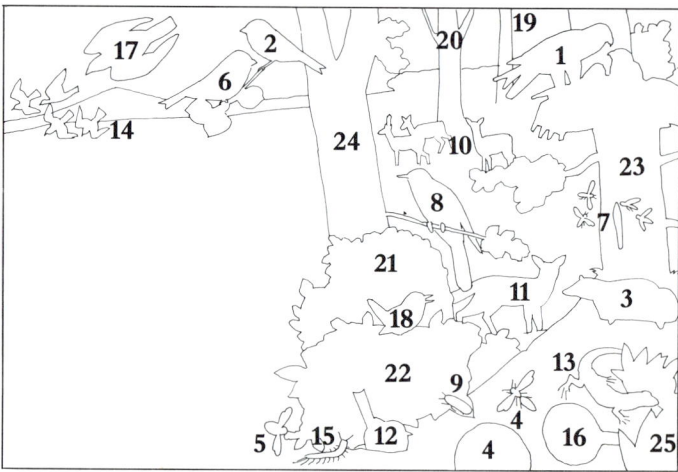

| | | | |
|---|---|---|---|
| 1 | Baumfalke | 14 | Taube |
| 2 | Buchfink | 15 | Tausendfüßler |
| 3 | Dachs | 16 | Totengräber |
| 4 | Deutsche Wespe | 17 | Wanderfalke |
| 5 | Feldhummel | 18 | Zaunkönig |
| 6 | Dompfaff | 19 | Birke |
| 7 | Hornisse | 20 | Buche |
| 8 | Kuckuck | 21 | Hasel |
| 9 | Leuchtkäfer | 22 | Himbeere |
| 10 | Reh | 23 | Kiefer |
| 11 | Rotfuchs | 24 | Linde |
| 12 | Rotkehlchen | 25 | Mai- |
| 13 | Smaragdeidechse | | glöckchen |

zu tödlichen Zusammenstößen, vor allem in der Abenddämmerung. Zäunt man die Straßen ein, müssen die Rehe auswandern und kommen meist um.

## Reh

| Länge | 1,40 m |
|---|---|
| Gewicht | 50 kg |
| Gehörn-abwurf | November und Dezember |
| Setzzeit | Nach 4 Monaten Keimruhe von Mai bis Anfang Juni meist 2 Kitze, die 20 Monate bei der Mutter bleiben und mit 2 Jahren reif werden |
| Alter | Bis 15 Jahre. Stärkstes Gehörn mit 4 – 6 Jahren |
| Feinde | Wolf, Bär, Luchs, Uhu. Nur für Kitze: Fuchs, Waschbär und Greife |
| Bestand in Bundes-republik Deutschland | Etwa 2,2 Millionen bei jährlichem Abschuß von etwa 600000 Tieren |

Je mehr Rehe es gibt, desto häufiger müssen sie um ihre Reviere kämpfen, desto kleiner werden die einzelnen Reviere und desto höher ist die Streß-belastung. Die Rehe können sich nicht mehr voll entwickeln. Es entstehen Kümmerlinge mit klei-nem, mißgebildeten Gehörn.

In den letzten Jahrzehnten ließen sich viele Rehe aus dem Wald heraus auf die Wiesen und Felder ver-drängen, und zwar gerade dorthin, wo Flur-„Berei-nigung" und Monokultur zu weiten, übersichtli-chen Flächen führten. Hier ist nicht das Dickicht, sondern die weite Sicht ihr bester Schutz. Da viele mehr sehen als einer, schließen sich hier die Einzel-gänger zu Rudeln zusammen. Die Art des Lebens-raumes verändert bei diesen Tieren also die soziale Ordnung.

Zu Brunftbeginn folgt der Bock der Fährte eines Weibchens, einer Ricke. Im Liebesspiel flüchtet sie zum Schein und rennt im Kreise, er hinterher. So entstehen durch das Niedertrampeln des Grases die „Hexenringe".

Beide bleiben nur drei Tage beisammen. Dann folgt er anderen Spuren und dringt weit in fremde Reviere ein. Es kommt zu vielen heftigen Kämpfen mit den Revierbesitzern. Die von den Böcken nicht gefundenen Ricken fiepen laut. Den Fiepton kann der Jäger durch Anblasen eines zwischen den Fin-gern gespannten Buchenblattes imitieren, um den Bock vor die Büchse zu locken. („Blattzeit" = 25. Juli bis 4. August). Nach der Brunftzeit treten wieder Ruhe und Frieden am Waldrand ein.

## Der Fuchs ist zu schlau für den Jäger

Noch nie ist ein Tier von so vielen Jägern so lang und so verbissen mit dem Ziel der Ausrottung gejagt worden wie der Rotfuchs. Fast jede andere Tierart wäre unter dieser Verfolgung schon längst von der Erde verschwunden. Aber auch noch nie hat ein Tier solch ausdauernden Nachstellungen so wacker standgehalten wie Meister Reineke.

Die alles entscheidende Überlebensstrategie des im Daseinskampf so erfolgreichen Rotfuchses liegt in seinem einzigartigen Gesellschaftssystem. Fol-gende Szene zeigt das sehr deutlich: Schon vor Wochen haben die fünf Jungfüchse ihr Elternpaar verlassen und schnüren auf der Suche nach neuem Lebensraum weit umher. Aber überall treffen sie auf Artgenossen, die ihr Familienrevier von 5 bis 12 Quadratkilometer Größe erbittert gegen Neusied-ler verteidigen.

Da kehrt eine „verlorene Tochter" zu ihren Eltern zurück. Bald erscheinen auch noch ihre beiden Schwestern. Alle drei werden liebevoll aufgenom-men. Denn im kommenden März oder April, wenn die Eltern einem neuen Jahrgang das Leben schenken, können sie ihre älteren Töchter als „Helfer", so der Fachausdruck, gut gebrauchen: Sie beschaffen Nahrung und beschützen als „Babysitter" den Nachwuchs. Dadurch können mehr Kinder am Leben bleiben.

Das Faszinierendste aber kommt noch: In Jahren der Übervölkerung bringt in jeder Fuchsfamilie nur die Mutter Junge zur Welt. Die Helferinnen, obgleich geschlechtsreif, enthalten sich sexuell. Geburtenbeschränkung statt Massenelend!

Aber wenn in einem Gebiet durch großflächige Bejagung zahlreiche Füchse erlegt wurden, bekom-

### Rotfuchs

| | |
|---|---|
| **Länge** | 90 cm + 40 cm Schwanz |
| **Gewicht** | 7 kg |
| **Zool. Familie** | Hundeartige |
| **Alter** | Bis 10 Jahre |
| **Lebensraum** | Jedes deckungsreiche Gelände |
| **Revierdurchmesser** | 1,2 – 2,0 km |
| **Erdbau** | Gangdurchmesser 10 cm, 1 – 3 Ausweichbauten für Gefahrenfälle |
| **Ranz** | Januar und Februar |
| **Wurfzeit** | März oder April 3 – 5 Welpen im Erdbau |

men in den überlebenden Familien auch alle Helferinnen volle Würfe bis zu fünf Stück. Statt der fünf Welpen der Familienmutter werden in der Großfamilie nun bis zu 20 Jungtiere aufgezogen. Sie sind es, die die hohen Verluste durch Abschüsse, Vergasung oder Aufgraben der Fuchsbaue, Fallenstellen oder Auslegen von Gift binnen eines Jahres wieder voll ausgleichen. Aber warum verfolgt der Mensch überhaupt mit allen Mitteln „Meister Rei-

neke"? Es muß das Problem der Tollwut gelöst werden! Diese tödliche Krankheit wird durch Füchse übertragen. Doch deshalb muß man sie nicht ausrotten. Es gibt eine viel humanere Methode. Seit 1983 führen Jäger und Naturschützer die Schluckimpfung bei Füchsen durch. Damit wurde endlich auf die sanfte Tour erreicht, was 30 Jahre lang vergeblich mit brutalen Methoden versucht wurde: die Beseitigung dieser schlimmen Krankheit.

### Der unschuldige Dachs hat viel zu leiden

Als ein Steinmarder in den Bau eindrang, bezog Vater Dachs seine Wachstube. Sie liegt dicht vor dem „Kinderzimmer". Jeder, der die Jungen fressen will, muß hier vorbei und kann vom Vater, der selbst unangreifbar bleibt, mit dem gewaltigen Gebiß geschnappt werden.

Wenn ein Dachs zubeißt, läßt er erst wieder los, wenn er die Knochen krachen hört. Früher zogen sich deshalb Jäger auf der Dachsjagd Stiefel mit doppelten Schäften an, zwischen die sie Holzkohle füllten. Diese knackte so ähnlich wie Knochen, wenn das Tier in den Schuh biß. Und der Dachs ließ wieder los.

Heute wird „Meister Grimbart", wie er auch heißt, nicht mehr gejagt. Trotzdem stand er 1980 auf der Roten Liste der vom Aussterben bedrohten Tiere. Er war schwer in Mitleidenschaft gezogen von dem Giftgaskrieg der Jäger gegen den Fuchs. Oft wohnen Dachs und Fuchs im gleichen Bau. Das Giftgas tötete dann beide.

Grimbart stirbt auch durch Insektengifte. Ein Dachs vernichtet im Jahr so viele Schädlinge wie zehn Zentner Insektengift. Wenn er aber vergiftete Beutetiere frißt, muß auch er sterben. Sieben von zehn Dachsen verenden auf diese Weise. Für jeden Dachs, der so stirbt, müssen jährlich weitere zehn Zentner Gift gespritzt werden. Damit schließt sich der Teufelskreis menschlicher Unvernunft gegen die Kräfte der Natur, bis sich der Mensch schließlich selber vergiftet.

Seit die mörderische Fuchsbaubegasung eingestellt wurde, geht es Meister Grimbart schon wieder etwas besser. Die Zahl der Dachse in unseren Wäldern nimmt gegenwärtig zum Glück wieder zu.

Zu sehen bekommen wir den Dachs kaum, da er ein

Nachtschwärmer ist. Zwar muß er sich nicht vor Feinden verbergen, weil er keine hat (vom Dachshund = Dackel abgesehen), aber er sieht sehr schlecht. Dafür erlebt er die Welt mit höchstempfindlichen Riech- und Tastsinnen. Nachts schleicht er nicht etwa heimlich umher. Er raschelt und poltert durchs Gebüsch, keucht laut, wenn er einen

## Dachs

| | |
|---|---|
| **Länge** | 85 cm + 20 cm Schwanz |
| **Gewicht:** | 15 kg |
| **Zool. Familie** | Marderartige |
| **Alter** | Bis 15 Jahre |
| **Lebensraum** | Waldränder mit angrenzenden Wiesen und Weiden |
| **Revier- durchmesser** | 4 km |
| **Erdbau** | Gangdurchmesser 25 cm, Eingang als Rutsche |
| **Ranz** | Juli und August |
| **Wurfzeit** | Nach Keimruhe im Februar oder März 2 – 5 Junge |

schweren Ast beiseite räumt, der sich über einen seiner ausgetretenen Paßwege im drei Quadratkilometer großen Revier gelegt hat. Er schnieft und schnüffelt vernehmlich, wenn er die Erdnester von Kaninchen, Mäusen, Hummeln oder Wespen ausgräbt, um die Brut zu verspeisen, und schmatzt genüßlich beim Verzehr von Rüben, Äpfeln oder Weintrauben.

## Kuckuckskinder bei fremden Eltern

Ein Kuckucksweibchen legt seine Eier, je eines, in Nester artfremder Vögel, um sie von diesen ausbrüten und großfüttern zu lassen. Es ist ein Brutschmarotzer. Doch aus den 20 Eiern, die ein Weibchen in der Saison legt, werden nur drei Junge flügge. Die anderen müssen sterben.

*Kuckucksweibchen*

Das Kuckucksei muß im Nest liegen, bevor die Wirtin mit dem Brüten beginnt. Dazu beobachtet Frau Kuckuck mehrere Nester, weiß exakt sechs Tage vorher Bescheid und beginnt in ihrem Leib mit der Eibildung. Bis zu drei Eier reifen in ihr gleichzeitig. Also überwacht sie ständig drei Nester.

Wenn ein solches Nest einmal kurz verlassen ist, kommt Frau Kuckuck aus dem Versteck, legt in zwei Sekunden ihr Ei hinein und frißt ein fremdes. Schon nach elf Tagen schlüpft das Junge. Kaum ist es zehn Stunden alt, beginnt es, die anderen Eier oder Nestgeschwister über Bord zu werfen. Und oft läßt die brütende Wirtin das Unheil geschehen.

Viele Vögel aber wittern den Betrug. Es gibt zwar einige, die nicht einmal Eier von Steinen unterscheiden können, aber andere wie die Amsel erkennen das Kuckucksei und werfen es hinaus. Der Schnabel der Heckenbraunelle ist zu klein zum Eitransport. Aber sie baut ihr neues Nest eine Etage höher, hebelt die eigenen Eier nach oben und läßt die Kuckucksbrut unten im Kalten sterben. Hänflinge wiederum bemerken das fremde Ei nicht, aber sie sind Vegetarier. Sie füttern deshalb den jungen Kuckuck, der Fleisch braucht, nur mit Körnern. So stirbt er. Ähnliche Todesarten im fremden Nest gibt es noch mehr. Wo ist er denn halbwegs sicher? Im Nest jener Vogelart, bei der Frau Kuckuck einst selber aufgewachsen ist. Sie kennt ihre Wirtsart genau und versucht ihr Glück nach Möglichkeit dort. „Bewährte" Wirte sind: Sumpf- und Teichrohrsänger, Bachstelze, Rotkehlchen, Hausrotschwanz, Neuntöter, Grasmücke, Wiesenpieper.

Ein Kuckucksweibchen benötigt ein Umfeld von 80 bis 100 Singvogelnestern für drei überlebende Kinder. Meist sind nämlich „bewährte" Wirte nicht in genügender Zahl vorhanden. Dann versucht sie es bei anderen Arten, und das geht dann meist schief.

## Das Schicksal unseres Waldes

Als vor 10 000 Jahren die letzte Eiszeit zu Ende ging, begannen auf dem leeren Land Birken und Kiefern zu wachsen. 1000 Jahre später überwucherten Haselsträucher weite Teile Norddeutschlands für einen Zeitraum von etwa 1300 Jahren. Dann breiteten sich gewaltige Eichenwälder aus, die mit Linden und Ulmen durchmischt waren, zu denen sich schließlich noch Buchen und Fichten, zuletzt auch Tannen hinzugesellten. Vor etwa 2500 Jahren, also in der Eisenzeit, waren die Buchen die vorherrschende Baumart.

In Nordeuropa und an den Hängen der Alpen wachsen Nadelbäume bis zur Kältegrenze, wo an weniger als 60 Tagen im Jahr eine mittlere Tagestemperatur von 10 Wärmegraden herrscht. Laubbäume vertragen Kälte noch weniger. Deshalb finden wir in den Grenzzonen von Natur aus nur reine Nadelwälder. In den gemäßigten Zonen aber sind reine Nadelwälder unnatürlich. Dort sind sie aus der Monokultur der Forstwirtschaft entstanden.

Noch zur Zeit der Römer war fast ganz Mitteleuropa von Urwäldern bedeckt. Im 8. Jahrhundert aber begannen die Menschen, immer größere Waldgebiete mit Feuer und Axt zu roden, um Platz für Dörfer, Äcker und Weiden zu schaffen. Vom 17.

Jahrhundert an griff die Waldvernichtung immer schneller um sich. Heute ist kaum noch ein Drittel unseres Landes von Wald bedeckt.

Vor 300 Jahren setzte aber auch die planende Forstwirtschaft ein. Sie sorgte dafür, daß nur noch so viel Holz aus dem Wald geschlagen wurde, wie wieder neu angepflanzt werden konnte. Urwälder gibt es seither (außer zu Demonstrationszwecken) nicht mehr. Der Wald wird als Holzproduktionsbetrieb geführt. Seine ursprünglichen Aufgaben, das Speichern und Reinigen des Wassers, das Filtern und Verbessern der Luft durch Erzeugung von Sauerstoff, als Sturmbremse sowie als Lebensraum für viele Tiere und Pflanzen, erfüllt er dennoch.

Die größte Sorge bereitet gegenwärtig das Waldsterben. Es wird durch die Luftverschmutzung und den damit verbundenen sauren Regen verursacht. Wenn der Vergiftung der großen Pflanzen nicht Einhalt geboten wird, ist die Zeit nicht mehr fern, in der sich die Menschheit selbst vergiftet.

## So jagt der Wanderfalke

In großen Schleifen zog das Wanderfalkenweibchen über die Felsen und Schluchten der Schwäbischen Alb. Da bemerkte es in 2500 Meter Entfernung einen Schwarm verwilderter Haustauben. Sein sprichwörtlich scharfes Falkenauge hatte die Beute erspäht. Um genauso scharf sehen zu können wie ein Falke, bräuchten wir Menschen ein Fernglas mit achtfacher Vergrößerung.

Mit einer Sturzgeschwindigkeit von 320 Stundenkilometer raste der Falke auf sein Opfer zu. Plötzlich sah man ein Wölkchen stiebender Federn. Im vollen Aufprall hatte der Falke seine Beute gegriffen. Das Weibchen entschied, daß mit der toten Taube Jagdunterricht für eines der drei flüggen Kinder durchgeführt werden sollte.

Beide Elternvögel trennten sich. Die Mutter stieg mit der Taube 20 Meter über den Jagdschüler, während der Vater im gleichen Abstand unter ihm flog. Plötzlich ließ die Mutter die Beute fallen. Das Junge wollte sie fangen, griff aber daneben. Eine Sekunde später hatte der Vater die Taube in seinen Fängen und stieg damit hoch, während die Mutter nun die Auffangposition bezog. So ging das mehrmals hin und her, bis der Schüler Erfolg hatte. Zur Belohnung durfte er die Beute verzehren.

# Am Waldrand

Obwohl die Falkeneltern ihre Kinder zur Lebenstüchtigkeit erziehen, wären die Wanderfalken in Deutschland beinahe ausgestorben. 1975 gab es bei uns nur noch 55 Paare. Die Hauptursache der Ausrottung: „Liebhaber" rauben die Eier und Nestlinge aus den Horsten. Sie richten die Jungvögel zur Beiz-

*Wanderfalke*

*Baumfalke*

*Turmfalke*

| | **Wanderfalke** | **Baumfalke** | **Turmfalke** |
|---|---|---|---|
| **Länge** | 48 cm | 36 cm | 34 cm |
| **Gewicht** | 900 g | 300 g | 290 g |
| **Lebensraum** | Offene Wälder mit steilen Felswänden und freien Flächen zum Jagen | Waldränder oder Feldgehölze mit freien Flächen und Gewässern zum Jagen | Überall, wo es noch Wiesen gibt. Meidet das Innere großer Wälder, verstädtert |
| **Horst** | In steilen Felswänden, selten Baumbrüter | Erobert Baumhorste von Rabenkrähe oder Elster | Ursprünglich Felsenbrüter, Krähennester und Kirchtürme |
| **Brut** | Ende März bis Anfang Mai 3–4 Eier 28–29 Tage brütet, flügge mit 35–40 Tagen | Ab Anfang Juni 2–4 Eier 28 Tage brütet, flügge mit 28–32 Tagen | April bis Mai 4–6 Eier 27–29 Tage brütet, flügge mit 28–32 Tagen |
| **Nahrung** | Tauben, Rabenvögel, Möwen, Stare, Drosseln | Libellen, Kleinvögel, auch Schwalben und Segler | Mäuse, Eidechsen, Insekten; in Ortschaften Kleinvögel |
| **Jagdtaktik** | Sturz mit max. 320 km/h aus hohem Suchflug heraus | Wilde Verfolgungsjagd mit max. 200 km/h | Sturz auf Erdboden aus Rüttelflug auf der Stelle |
| **Vogelzug** | Stand- oder Strichvogel (= streicht nur über kurze Entfernungen umher) | Nur Zugvogel. Anfang Oktober bis Anfang Mai nach Ost- und Südafrika | Je nach Wetter und Futterlage Stand-, Strich- oder Zugvogel (Mittelmeer und Nordafrika) |

jagd ab und verkaufen sie für 25 000 Mark pro Stück an arabische Ölscheichs. Seit 1965 bewachen aber freiwillige Helfer vom Deutschen Bund für Vogelschutz jeden Wanderfalkenhorst in der Bundesrepublik. Während der Brutzeit sind sie Tag und Nacht in der Nähe des Nestes und lassen keinen Dieb mehr heran. Seither hat sich die Zahl dieser stolzen Vögel erfreulicherweise wieder erhöht.

## Wespen als Lieblingsspeise

An unseren Waldrändern lebt ein Greifvogel, der mit seinen Füßen kein Kaninchen greifen, sondern

*Wespenbussard*

nur graben kann. Er ist groß und schwer wie ein Mäusebussard, hat aber einen so zierlichen Schnabel, daß er damit kein Fleisch vom Knochen reißen, sondern nur Maden aus Wespenwaben pinzettieren kann. Es ist der *Wespenbussard*.

Am Waldrand, wo besonders viele Wespen ihre Erdnester haben, hört der Wanderer oft zorniges Summen. An die tausend Stachelträger umsummen den Vogel, der gerade dabei ist, das Nest bis auf eine Tiefe von 40 Zentimetern auszugraben. Er plustert dabei sein Gefieder auf, damit die Stiche nicht bis zur Haut vordringen. Am Kopf schützen ihn schuppenförmige Panzerfedern. Die Augen hält er meist geschlossen. Der Wanderer kann so dicht herangehen, wie die Wespen es erlauben.

Für seine Jungen im Horst auf einem hohen Waldrandbaum holt der Wespenbussard die Maden

einzeln aus den Waben. Für sich selbst bricht er Brocken aus den Waben und verzehrt sie in einer Deckung. Er plündert auch Hummelnester. In Bienenstöcke kann er nicht eindringen. Zu seiner Nahrung gehören auch Heuschrecken, Eidechsen, Frösche sowie Heidel- und Preiselbeeren.

Da die Eltern mit ihrem zierlichen Schnabel gegen Baummarder machtlos sind, dürfen die Jungen den Horst nicht durch Kot verraten, der über Bord gefallen ist. Sie sind im Gegensatz zu den meisten anderen Vögeln daher Nestbeschmutzer. Aber die Eltern flechten täglich neue Blätter von Heilpflanzen in den Horst ein, die Krankheitserreger abtöten. Weil die Wespen- und Hummelnester erst ab Juni zu volkreichen Staaten heranwachsen, beginnen die Wespenbussarde erst Mitte Juni mit der Brut. Und deshalb kehren sie auch erst im Mai aus ihrem Winterquartier im tropischen Afrika wieder zurück.

So erfordert für einen Greifvogel die Umstellung der Nahrung auf Wespennester eine Fülle von speziellen Anpassungen im Körperbau und Verhalten.

## Die eigenen Kinder als Vorratslager

*Wespen* leben in Staaten mit bis zu 5000 Mitgliedern. Aber in jedem Herbst gehen alle Staaten durch Hunger und Kälte zugrunde. Nur einige besonders große Weibchen suchen sich einen frostgeschützten Unterschlupf zum Überwintern. Im Frühjahr erkunden die Königinnen einen Ort, an dem sie einen neuen Staat gründen können: die Deutsche Wespe in einem Mauseloch im Erdboden, die Sächsische Wespe in Baumhöhlen oder im Dachgebälk, die Französische Feldwespe in Mauernischen, Vogelkästen oder unter Dachziegeln.

Da sich die Königin schon im Herbst mit einem (inzwischen längst verstorbenen!) Männchen gepaart hat, kann sie nach Errichten eines kleinen Nestes gleich ans Eierlegen gehen. Es schlüpfen nur Töchter, die ausschließlich als Dienstpersonal für ihre Mutter tätig sind, die selbst nur noch Eier legt. Ende Juli zählt der Staat schon einige hundert Stachelträger. Mitte September sind es nach einem warmen Sommerwetter 5000.

Das Nest wird nicht wie bei den Bienen aus Wachs gebaut, sondern aus Papier. Dazu vermengen die Arbeiterinnen abgeschabtes totes Holz mit ihrem Speichel, der die Funktion von Leim hat. Die

# Am Waldrand

*Feldhummel*

Wabenzellen dienen nur als Betten für die Brut (Eier, Larven und Puppen). Honig, Blütenstaub oder sonstige Vorräte sammeln, wie die Bienen, Wespen nicht.

Sie lecken Obstsäfte und jagen andere Gliedertiere, zerkauen diese zu Kügelchen und verfüttern sie an die Königin, die Innendienstlerinnen und die Larven. Bei Regen gibt es keine jagdbaren Insekten. Meldet sich der Hunger, betteln die Großen die Larven durch Betrillern mit den Antennen an und werden von den „Kindern" gefüttert. Bleibt es mehrere

*Deutsche Wespe*

*Hornisse*

|  | Deutsche Wespe | Hornisse | Feldhummel |
|---|---|---|---|
| **Länge** | 2,0 cm | 3,5 cm | 2,2 cm, |
| **Nest** | Aus Papier: Schutzhülle bis Fußballgröße, nur für Brut | Aus Papier: Hülle bis dreifache Fußballgröße, nur für Brut | Kokosnußgroß, mit Wachs abgedichtetes Moosgeflecht |
| **Staatsgröße** | Bis zu 5 000 Tiere | Bis zu 5 000 Tiere | Bis zu 300 Tiere |
| **Vorräte** | Eigene Larven | Eigene Larven | Honig und Pollen in Töpfen |
| **Nahrung** | Insekten bis Bienengröße, als Kügelchen eingetragen | Insekten bis Wespengröße, Auslecken der Körpersäfte | Nektar und Blütenstaub, vor allem Klee |
| **Angriffslust** | Leicht erregbar, sticht fern vom Nest nur, wenn sie berührt wird. Verstädtert | Sehr friedlich, sticht nur bei Angriff aufs Nest. Meidet Menschennähe | Extrem friedlich, sticht nur, wenn sie zwischen zwei Fingern gedrückt wird |

Tage naßkalt, verhungern die Larven als erste und werden dann gefressen. Baby-Kannibalismus anstatt Vorräte zu sammeln!

Erst im Spätsommer „vergißt" die Königin, einige Eier zu befruchten. Aus ihnen wachsen Männchen (= Drohnen) heran. Sie werden niemals gefüttert,

und sie jagen auch nicht. Sie können nur die Larven melken. Ihre einzige Aufgabe ist es, die jungen, großen Weibchen, die im nächsten Jahr Königinnen werden sollen, zu befruchten. Das geschieht erst im eigenen Stock, dann fliegen sie aus, suchen fremde Wespennester und sterben.

## Die Zwerge des Waldrandes

So webt die *Kreuzspinne* ihr Radnetz: Erst spannt sie drei bis vier Rahmenfäden von Zweig zu Zweig. Sie können vier Meter lang sein. Der Faden wird aus 50 000 Spinndüsen schlaufenartig zusammengezwirbelt und erhält so eine von der Menschentechnik unerreichte Festigkeit und Elastizität, um dem

Die *Wolfsspinne* webt keine Netze. Sie pirscht tagsüber auf dem Waldboden umher, lauert Beutetieren auf oder beschleicht sie, um sie mit einem weiten Sprung wie ein Wolf zu überfallen. Sie käfigt die Beute unter ihren acht Beinen, tötet sie mit der Giftspritze und saugt sie aus. Einige Wolfsspinnenarten jagen im Wald, andere auf Wiesen oder im Fels.

*Gartenkreuzspinne*

*Netz der Gartenkreuzspinne*

Wind standzuhalten. Am Rahmen befestigt das Tier je nach Alter bis zu 39 Speichen (Radien), an denen es die klebrige Fangspirale von 30 Zentimeter Durchmesser mit 35 Umgängen und 1 225 „Knoten" anbringt. Beim Darüberlaufen berühren die Spinnenfüße nur die nicht klebenden Speichen. Die Netzmitte (Nabe) ist Lauersitz der Spinne. Schwingungen des Netzes verraten ihr, wo sich Beute verfangen hat. Gefährliche Tiere fesselt sie zunächst und tötet sie, sobald sie sich nicht mehr bewegen können, mit den Giftspritzen ihrer Kieferzangen. Das Gift verflüssigt die inneren Organe der Beute, die von der Spinne ausgesaugt wird.

Nach der Paarung, bei der das Weibchen sein kleineres Männchen meist am Leben läßt, versteckt es im Herbst bis zu 800 Eier in einem Kokon unter Laub. Die Jungen schlüpfen erst im nächsten Juni, spinnen sich bei frischem Wind einen Faden und fliegen mit ihm davon („Altweibersommer").

Die *Hausspinne* geht ähnlich auf die Jagd wie die Wolfsspinne. Dennoch stellt sie ein Gespinst her: eine trichterförmige Wohnröhre in einem Mauerwinkel, die dem eigenen Schutz dient. Feinde, die ihr in den Trichter folgen, werden mit diesem Bauwerk gefangen und dann getötet.

*Wolfsspinne käfigt Zweipunkt-Marienkäfer*

Nördlich der Alpen lebt keine einzige Spinne, die mit ihren Giftklauen die Haut des Menschen durchdringen kann. Hier sind diese Tiere alle völlig harmlos und für die Natur nützlich. Nur in den Mittelmeerländern ist vor der Tarantel und der Schwarzen Witwe Vorsicht geboten.

schuß geschaffen werden: Nach der Paarung stirbt das Männchen nicht, sondern verjüngt sich wieder zu einem „Knaben", um ein Jahr später nach einer Häutung wieder „erwachsen" zu werden. Auf diese Art und Weise kann es ohne weiteres bis zu acht Jahre alt werden.

*Totengräber*

*Hausspinne*

Der *Hundertfüßler* besitzt, je nach Artzugehörigkeit, 15 bis 171 Beine. Am Tag verbirgt er sich unter Steinen und geht nachts auf Raub aus. Er orientiert sich mit dem Tastsinn und räumt gewaltig unter Insekten und Spinnen auf. Vor Ameisen muß er sich allerdings in acht nehmen. Sie zwicken ihm schnell alle Beine ab und töten ihn dann. Deshalb verfügt er über zweierlei Giftwaffen: Zum Angriff hat er Giftklauen, ähnlich wie die Spinnen, zur Abwehr Blausäure, die er bei Gefahr aus Poren der Bauchplatten austreten läßt.

Der *Tausendfüßler* besitzt, je nach Artzugehörigkeit, 8 bis 520 Beine, die fadendünn sind. Er ist ein friedlicher Pflanzenfresser und ernährt sich von moderndem Laub und anderen abgestorbenen Pflanzenteilen. Er ist der „Müllverwerter" des Waldes. Gegen Ameisen und räuberische Laufkäfer schützt er sich wie der Hundertfüßler durch Absondern der hochgiftigen Blausäure. Da Weibchen im Moder schwer zu finden sind, muß Männchenüber-

*Hundertfüßler*

*Tausendfüßler*

Der *Totengräber* ist ein Käfer, der tote Mäuse, Kleinvögel, Eidechsen oder Lurche bis zu 60 Zentimeter tief in einer Gruft „begräbt", um sie als Nahrung für seine Jungen vor anderen Aasfressern zu schützen. Jede Leiche wird zur Kugel zusammengequetscht. Das Weibchen legt seine Eier in einen Sei-

*Kleiner Leuchtkäfer männl.*

tengang der Grabkammer. Wenn die geschlüpften Larven Hunger haben, kriechen sie zur Mutter, die aus dem Aas einen Saft herstellt und damit ihren Nachwuchs füttert. Der Käfer schützt sich vor Feinden durch ein Farbmuster des Körpers, das der Hummel ähnelt. Wenn er angegriffen wird, gibt er hummelähnliche Summtöne von sich (Mimikry).
Der *Leuchtkäfer*, auch Johanniskäfer oder Glühwürmchen genannt, schaltet in der Abenddämmerung um die Sommersonnenwende (Johannisnacht) an feuchten Waldrändern ein Lämpchen mit selbsterzeugtem gelbgrünen, kalten Licht ein. Das Weibchen sitzt im Gras, biegt sein Leuchtorgan am Unterleib über den Kopf, so daß es von oben gesehen werden kann, und „schaltet" das Licht an. Das Männchen fliegt, ebenfalls mit einer Laterne ausgerüstet, in ein bis zwei Meter Höhe Suchschleifen. Über dem „Landefeuer" des Weibchens bleibt es im Hubflug stehen, zielt und läßt sich fallen. Sechs von zehn Tieren erzielen Volltreffer und paaren sich. Leuchtkäfer und deren Larven fressen Schnecken. In Mitteleuropa leben zwei Arten, der Kleine und der Große Leuchtkäfer. Beide unterscheiden sich auch in Form und Farbe ihrer „Leuchtplakette".

## Lebensrettung durch Selbstverstümmelung

Auf einem Stein am Kaiserstuhl sonnte sich ein „süddeutscher Drache", eine *Smaragdeidechse*, die größte Echse Mitteleuropas. Plötzlich flatterte eine Elster heran. Aber noch ehe sie das Reptil gepackt

*Von oben:*
*Smaragdeidechse*
*Mauereidechse*
*Zauneidechse*

hatte, stieß dieses ein etwa zwei Zentimeter langes Stückchen seines Schwanzes ab. Der Vogel pickte nach dem „Würstchen", und die Eidechse konnte fliehen. Eine „Futterspende" an den Todfeind hatte ihr das Leben gerettet.
Das ist von der Natur vorausgeplant. Jeder der sechs hintersten Schwanzwirbelknochen besitzt eine Brechnut zum Nachbarglied, vergleichbar der Rille zwischen zwei Stückchen Schokolade. Um diese Einschnürung liegt ein Ringmuskel. Zieht ihn die Eidechse kräftig zusammen, springt das dahinterliegende Schwanzstückchen ab. Das ist so, als

könnten wir durch Anspannen des Bizeps unseren Unterarm abtrennen. Der verlorene Schwanzteil wächst zwar langsam wieder nach, doch statt des Wirbelknochens bekommt das Tier einen Knorpelstab, der künftig nur mit dem nächsten Wirbelknochen zusammen abgetrennt werden kann. Die Smaragdeidechse tut also gut daran, ihren Schwanz in möglichst kleinen Portionen herzugeben, um ihre „sechs Leben", die sie auf diese Weise besitzt, nicht leichtfertig oder vorzeitig zu verspielen. Genau den gleichen Überlebenstrick praktizieren bei uns übrigens auch die *Zaun-* und die *Mauereidechse*.

## Kleine Wunder-Riesen

Am *Rotkehlchen* wurde der innere „Magnetkompaß" der Vögel entdeckt. Im Herbst zieht es nur nachts und einzeln nach Südwesten ins südfranzösisch-spanische Winterquartier. Um die Reiserichtung zu finden, besitzen Vögel drei eigenständige Orientierungssinne: 1. den Sonnenkompaß (siehe Brieftaube), 2. den Sternkompaß (siehe Mönchsgrasmücke) und 3. den Magnetkompaß. Mit einem uns noch rätselhaften Sinnesorgan nehmen sie die Richtung der erdmagnetischen Feldlinien wahr. Der Kurs, den sie danach steuern, ist ihnen angeboren. Die Elternvögel können ihren Jungen den Weg in der Nacht nicht zeigen, aber die Jungen finden ihn auf diese Weise von selber.

Der kleine Sänger baut sein Nest in kleinen Höhlen zwischen Wurzeln, im „Erdgeschoß" unter Gestrüpp am Boden, in Hecken und dichtem Unterholz und tarnt es so gut, daß Fuchs, Marder, Igel und andere Feinde es (meist!) nicht finden. Einige Rotkehlchen überwintern auch bei uns.

An der *Mönchsgrasmücke* wurde der innere „Sternkompaß" der Vögel entdeckt. Im Bremer Planetarium steuerten sie stets in die Richtung, die nach dem Stand der künstlichen Sterne die richtige war, auch wenn das künstliche Himmelszelt gegenüber dem natürlichen total verdreht wurde. Sind Sterne zu sehen, schaltet der Vogel seinen Magnetkompaß aus. Ist ihm die Kenntnis der Sternbilder angeboren? Nein! Sie sind in ihrer Anordnung zu kompliziert für ein instinktives Erkennen. Aber der Vogel beobachtet den Wanderweg der Sterne über das Firmament, also die Kreisbogen, die sie beschreiben. Schon nach wenigen Minuten erkennt er, wo diese

Kreisbahnen ihren gemeinsamen Gipfelpunkt haben, wo also Süden liegt. Und hiernach findet er die Südwest- (Spanienzieher) oder Südost-Richtung (Türkeizieher) instinktiv. Die Mönchsgrasmücke baut ihr Napfnest im „1. Stock", also bis zu einen Meter hoch über dem Boden in Büschen oder Unterholz. Sie lebt im Wald, am Waldrand, in Schonungen, Parks und Gärten. Wie alle kleinen Zugvögel ist sie von Insektennahrung abhängig, die es bei uns im Winter nicht gibt. Sie kann sich nicht wie die Amsel auf rein pflanzliche Kost umstellen. Daher muß sie auf die Reise gehen. Am *Dompfaff*, auch

*Rotkehlchen*

*Dompfaff*

Gimpel genannt, wurde ein besonders interessantes Beispiel für das Erlernen von Vogelliedern entdeckt. Nestlinge pfeifen immer nur das nach, was ihnen ihr Vater vorträllert. Aber ein soeben aus dem Ei geschlüpftes Küken hält das erste sich bewegende Wesen, das es erblickt, für seinen Vater – auch wenn es ein Kanarienvogel oder ein Mensch ist (Elternprägung). Dann singt das Junge künftig nur wie ein Kanari oder pfeift das Lied des Menschen (Gesangsprägung) und bringt dies später auch seinen Kindern bei und diese wiederum ihren Kindern (Traditionsbildung).

Der Dompfaff versammelt sich im Frühjahr in Schwärmen zur Brautwerbung. Die Paare bauen

Parks. Schon Anfang März, wenn der Schnee schmilzt, baut das Männchen mehrere „Spielnester" halb fertig. Das Weibchen sucht sich eines aus und baut es zu Ende. In nahrungsreichen Jahren, wenn ihm die Futtersuche genug Zeit läßt, umwirbt das Männchen noch ein zweites Weibchen und betreibt Bigamie. Die meisten Zaunkönige überwintern bei uns, nur einige ziehen in den Süden (Teilzieher). Je kälter es wird, desto mehr flüchten sie in die Nähe von Flüssen, weil es dort etwas wärmer ist. Wird der Winter besonders hart, müssen bis zu neun von zehn Zaunkönigen sterben.

*Zaunkönig*

*Buchfink*

dann ihre Nester im „2. Stock" zwischen einem und zwei Meter Höhe im Gebüsch von Wäldern, Parks und Gärten. Die Samenknacker ernähren sich bei uns im Spätwinter auch von Knospen.

Am *Zaunkönig*, dem mit nur neun Gramm Gewicht nebst dem Goldhähnchen (sechs Gramm) zweitkleinsten Vogel Europas, wurden „übermenschliche" Sangeskünste erforscht. Wir hören nur ein schmetterndes Zwitschergewusel. Spielen wir aber eine Tonbandaufnahme seines Kauderwelschs mit ganz langsamer Geschwindigkeit ab, hören wir zauberhafte Melodien. Der Heckenzwerg singt nämlich 19 „Noten" je Sekunde, also viel zu schnell für unser Ohr. Der Zaunkönig baut sein dichtes Kugelnest mit seitlichem Eingang aus Moos und Pflanzenresten im „1. Stock" von Hecken (= Zaunbuschreihen) und Gestrüpp in Wäldern, Gärten und

Am *Buchfinken* entdeckten Forscher die Phänomene von Dialekten und Ausruf-Eigennamen. Die Söhne lernen ihre Mundart exakt vom Vater. Aber ein paar Kilometer weiter zwitschern sie ganz anders. Doch reicht das kleine Vogelhirn nur zum Lernen von sechs Variationen. Also: Noch ein paar Kilometer weiter erklingt im Finkenschlag wieder das erste Lied. Auch fließende Übergänge gibt es nicht. Außerdem flicht der Vogel ganz persönliche Noten in seinen Gesang ein. Jeder Nachbar erkennt daran einen alten Bekannten oder, wenn ihm dieser Ausruf-Eigenname unbekannt vorkommt, einen fremden Einbrecher, den er sofort verjagen muß. Der Buchfink baut sein tiefes Napfnest überall, wo es Bäume gibt, ziemlich hoch im „2. oder 3. Stock". Er lebt von Sämereien und Beeren. Seine Jungen füttert er aber mit Spinnen und Insekten.

# Die Hecke

## Die Dornenhecke als Lebensretter

Wie ein Pfeil schoß der Habicht dicht über den Acker. Er stürzte sich auf einen Hasen, der gerade an Gräsern mümmelte, und krallte sich an seinem Rücken fest. Doch der Hase floh im Höchsttempo von siebzig Kilometern pro Stunde mit seinem todbringenden „Reiter" mitten in eine Dornenhecke. Kurz darauf kam er auf der anderen Seite der Hecke wieder hervor – ohne Habicht. Dieser hatte sich im stachligen Gezweig so verstrickt, daß er erst eine Stunde später wieder herausfand. Er hat nie wieder einen Hasen angegriffen, der sich in der Nähe einer Hecke aufhielt.

Viele Bauern ebnen aber immer mehr Buschhecken zwischen den Feldern ein. „Flurbereinigung" heißt das. Danach fehlt den Hoppelhänsen der lebensrettende Schutz, und das ist der Grund, warum bei uns die Hasen aussterben.

Ebenso ergeht es dem Ringfasan, dem Rebhuhn und der Wachtel. Auch sie sind vom Aussterben bedroht. Aber anstatt ihre Todesursache zu beseitigen, schiebt der eigentlich Schuldige, der Mensch,

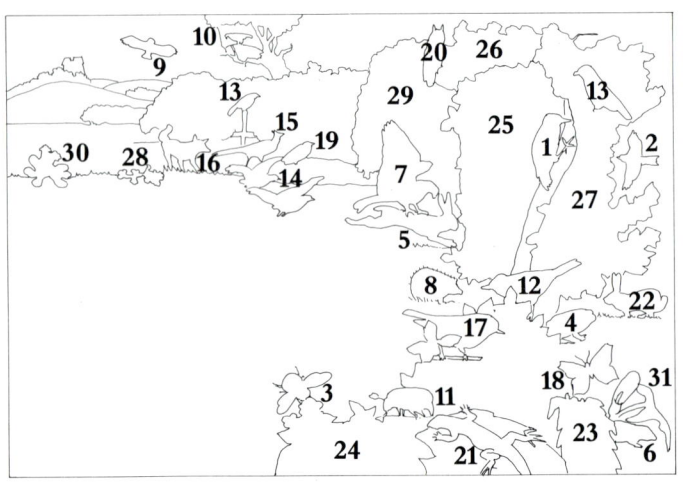

| | | |
|---|---|---|
| 1 Buntspecht | 15 Ringfasan | 27 Holzapfel |
| 2 Distelfink | 16 Rotfuchs | 28 Hopfenklee |
| 3 Erdhummel | 17 Rotkehlchen | 29 Weißdorn |
| 4 Erdkröte | 18 Tagpfauenauge | 30 Wiesenprimel |
| 5 Feldhase | 19 Wachtel | 31 Aronstab |
| 6 Feldmaus | 20 Waldohreule | |
| 7 Habicht | 21 Zauneidechse | |
| 8 Igel | 22 Wildkaninchen | |
| 9 Mäusebussard | 23 Brennessel | |
| 10 Horst des | 24 Brombeere | |
| Mäusebussards | 25 Feldahorn | |
| 11 Maikäfer | 26 Heckenrose | |
| 12 Mönchs- | | |
| grasmücke | | |
| 13 Neuntöter | | |
| 14 Rebhühner | | |

112

die Schuld auf den Habicht. Dieser soll nun abgeschossen werden. Und so geht der Teufelskreis der Ausrottung immer weiter, bis eines Tages kein Tier mehr am Leben ist.

| Wildkaninchen | |
|---|---|
| **Länge** | 45 cm |
| **Gewicht** | 2 kg |
| **Alter** | 7 Jahre |
| **Höchstge-schwindigkeit** | 38 km/h |
| **Paarung** | Februar – Juli |
| **Geburt** | 4 – 7 Würfe mit 4 – 7 Jungen |
| **Neugeborene** | Fast nackt |
| **Wohnung** | Erdbau |
| **Jungen-Sterblichkeit** | Im Seuchengebiet bis 100 % |
| **Weitere Ursachen** | Viruskrankheit Myxomatose |
| **Erwachsen mit** | 5 Monaten |
| **Zusammen-leben** | Familie |

| Feldhase | |
|---|---|
| **Länge** | 63 cm |
| **Gewicht** | 3,8 kg |
| **Alter** | 7 Jahre |
| **Höchstge-schwindigkeit** | 70 km/h |
| **Paarung** | Januar – Oktober |
| **Geburt** | 3 – 4 Würfe mit 2 – 5 Jungen |
| **Neugeborene** | Warmes Fell |
| **Wohnung** | Offene Mulde |
| **Jungen-Sterblichkeit** | In naßkalter Zeit bis 100 % |
| **Weitere Ursachen** | Unkraut- und Insekten-vernichtungsmittel |
| **Erwachsen mit** | 1 Jahr |
| **Zusammen-leben** | Einzelgänger |

## Friedensschule für Bussarde

Der Schnee lag sechzig Zentimeter dick auf den Feldern. Es war Notzeit für Rebhühner. Nur mit Mühe konnten sie sich einen Tunnel durch den Schnee graben zum trockenen Gras. Da war ihnen der Futterautomat lieber, den Vogelfreund Rolf Dwenger an der Buschhecke hinter seinem Haus

aufgestellt hatte. Eine Kette von zwölf Rebhühnern war hier emsig beim Körnerpicken, als ein Mäusebussard vom nahen Hochspannungsmast abhob und im Gleitflug eine Rebhenne angriff. Sie stand einige Meter abseits von den übrigen. Wie Dolche bohrten sich die Krallen des Bussards in den Leib des Opfers. Mit seinem Krummschnabel zerfetzte er das Opfer. Doch zum Vorschein kam nichts als Holzwolle.

Enttäuscht ließ der Greif von der ausgestopften Rebhuhn-Attrappe ab und flog zum nahe gelegenen Luderplatz, auf dem Rolf Dwenger für ihn Fleischabfälle ausgelegt hatte: Eine gut überlegte „Schule" für Mäusebussarde, in der sie lernen sollen, Rebhühner während ihres schweren Überlebenskampfes im Winter zu verschonen.

 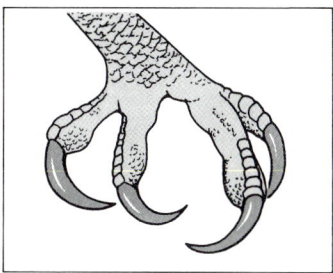

*Falken brechen der Beute das Genick mit dem „Falkenzahn". Bussarde sind Grifftöter.*

Das Geheimnis: Da Bussarde aus einer Schar von Beutetieren immer nur abseits stehende Außenseiter angreifen, wählen sie stets die Attrappe, wenn diese richtig aufgestellt worden ist. Nach dem dritten erfolglosen Angriff glauben sie, alle Rebhühner enthielten nur Holzwolle, und lassen sie in Frieden.

## Rotten Bussarde ihre Beute aus?

Schon seit drei Tagen regnete es pausenlos. Am Abend des dritten Tages waren alle drei Bussardküken im Horst völlig durchnäßt, unterkühlt, schwer krank – und schließlich tot.

So ergeht es Millionen von Vogelkindern in einem naßkalten Frühjahr. Wenn sie im Nest schon sehr groß geworden sind und so großen Hunger haben, daß beide Eltern ständig Futter heranschaffen müssen, finden sie unter ihren Fittichen keinen Schutz mehr vor Regen und Kälte. In weiten Teilen Deutschlands gehen dann ganze Jahrgänge von Bussarden elend zugrunde.

Aber noch eine andere Todesgefahr bedroht die Bussardküken im Horst: Futtermangel. 96 von 100 Beutetieren des Mäusebussards sind Feldmäuse. Bei diesen kleinen Nagern herrscht alle drei bis vier Jahre eine riesige Übervölkerung. Sie führt zu einer Katastrophe: Fast alle Mäuse sterben aus.

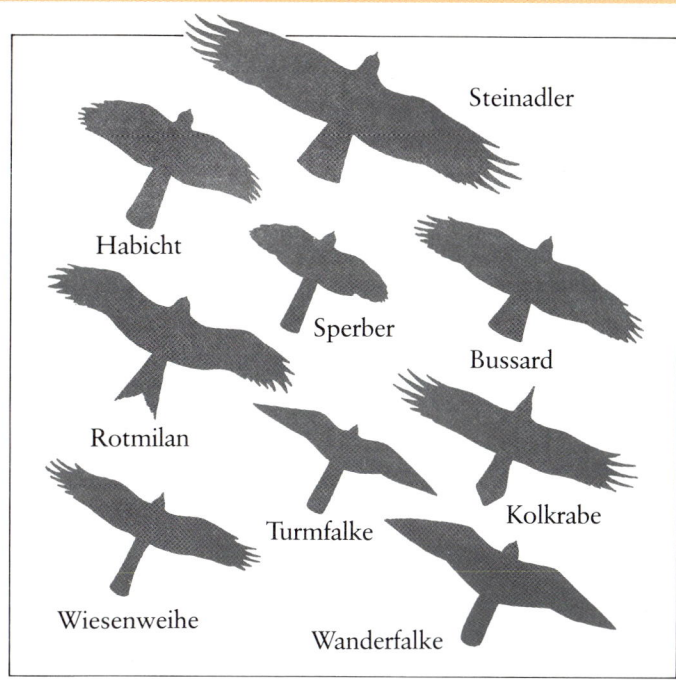

*Viele Vögel kann man am Flugbild erkennen.*

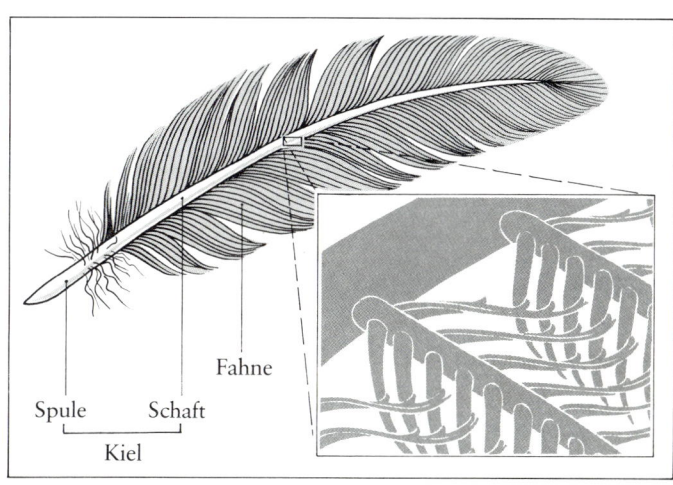

*Von den Ästen der Fahne zweigen sich Hakenstrahlen ab, die sich mit den Bogenstrahlen des Nachbarastes reißverschlußartig verbinden.*

Für den Bussard bricht dann eine Notzeit an. Zehn Prozent der erwachsenen Vögel beziehen gar nicht erst einen Horst. 30 Prozent schmücken ihren Horst mit gelben Löwenzahnblüten, legen aber keine Eier hinein. Bei den übrigen finden wir im Horst statt vier Eiern nur eines oder zwei. Von Zwillingen verhungern nach dem Schlüpfen meist noch eines oder sogar alle beide. In guten „Mäusejahren" bringen die Bussarde einer Landschaft dagegen sechseinhalbmal soviel Junge zur Welt wie in Notzeiten.

So regeln Bussarde ihre Geburtenzahl: Sie passen die Zahl ihrer Jungen der Menge der Feldmäuse an, die als Beute zur Verfügung stehen. Niemals bestimmt die Zahl der Bussarde die Masse der Mäuse. Das ist ein Naturgesetz, das auch für viele andere Feind-Beute-Beziehungen gilt. Nur wissen das viele Jäger nicht und fordern deswegen den Abschuß der Mäusebussarde und Habichte. Dabei gibt es in der Natur keinen schlechteren Regulator als den Menschen mit dem Gewehr.

## Warum greifen Bussarde Jogger an?

Allein im schweizerischen Kantonsspital Liesach wurden im Frühjahr 1985 zwölf Jogger mit stark blutenden Platzwunden am Kopf eingeliefert. Sie waren während ihres Dauerlaufs in freier Natur von Bussarden angegriffen worden. Wie konnte es dazu kommen? In den letzten Jahren hat der Bussard viel von seiner Scheu vor dem Menschen verloren, weil er nicht mehr bejagt wird. Deshalb braucht nur noch folgendes zu geschehen, bis es zu einem

| Mäusebussard | |
|---|---|
| **Länge** | 56 cm |
| **Spannweite** | 140 cm |
| **Gewicht** | 1,2 kg |
| **Alter** | 25 Jahre |
| **Horst** | Am Waldrand |
| **Jagd** | Auf dem Feld |
| **Jagdtaktik** | Such-Segelflug, Rütteln vor dem Sturz, Stoß von der Warte aus |
| **Eiablage** | 2 – 4 Eier<br>März – April |
| **Brut** | 32 – 34 Tage |
| **Junge flügge mit** | 6 – 7 Wochen |
| **Erwachsen mit** | 3 Jahren |
| **Zusammenleben** | Einehe |
| **Vogelzug** | Teilzieher zum Bodensee |

| Habicht | |
|---|---|
| **Länge** | 62 cm |
| **Spannweite** | 118 cm |
| **Gewicht** | 1,25 kg |
| **Alter** | 20 Jahre |
| **Horst** | Im Wald |
| **Jagd** | In Feld und Wald |
| **Jagdtaktik** | Rasanter, kurvenreicher Tief-Pirschflug, nur verschwommen zu sehen |
| **Eiablage** | 2 – 5 Eier<br>März – Mai |
| **Brut** | 35 – 42 Tage |
| **Junge flügge mit** | 5 – 6 Wochen |
| **Erwachsen mit** | 10 Monaten |
| **Zusammenleben** | Einehe |
| **Vogelzug** | Stand- und Strichvogel |

Angriff des Bussards auf einen Menschen kommt: Ein argloser Jogger nähert sich im Laufschritt einem Baum, auf dem ein Bussardpärchen seinen Horst

*Feldmaus*

Himmel zum Angriff auf den Kopf des völlig überraschten Sportlers herab. Um das besser zu verstehen, muß man sich vor Augen halten, daß sich der Jogger in freier Natur völlig ohne Beziehung zur natürlichen Umwelt verhält: Nie hält er an, beobachtet, versteckt sich, fixiert einen Feind, meidet ihn im großen Bogen oder flieht rechtzeitig vor ihm. Er trabt völlig nach innen gewandt, nur auf den Schritt und tiefes Durchatmen achtend, stur vor

*Hausmaus*

*Feldspitzmaus*

|  | **Feldmaus** | **Hausmaus** | **Feldspitzmaus** |
|---|---|---|---|
| **Länge** | 12 cm | 12 cm | 9 cm |
| **Gewicht** | 50 g | 30 g | 15 g |
| **Alter** | 2 Jahre | 2 Jahre | 1,5 Jahre |
| **Zoologische Ordnung** | Nagetiere, Steppenbewohner | Nagetiere, Wüstenbewohner | Insektenfresser, mit Maulwurf verwandt |
| **Nahrung** | Vegetarier. Frißt nur Feld- und Wiesenpflanzen. Verdrängt im Freien die Hausmaus | Allesfresser. Anpassung an extreme Umweltverhältnisse | Fleischfresser. Frißt täglich doppeltes Eigengewicht: Insekten, Eidechsen, viel größere Feldmäuse |
| **Zusammenleben** | Familie oder Harem | Familie | Einzelgänger |

hat. Das löst in den Vögeln bereits Kinderverteidigungswut aus. Aber noch gehen sie nicht zum Angriff über. Wenn aber der Jogger am Baum vorübergelaufen ist und davontrabt, wirkt er auf den großen Vogel wie fliehende Beute. Der letzte Rest von Angst im Bussard schwindet, und schon schießt er von hinten wie der Blitz aus heiterem

sich hin. Das ist für die Tiere etwas so Unnatürliches, daß man sich eigentlich nicht zu wundern braucht, wenn Tiere darauf mit „Mißverständnis" reagieren. Die Tiere verhalten sich nach wie vor ganz „normal" – nur die Jogger nicht! Warum also nicht hin und wieder im Geländelauf eine Pause zum Beobachten der Tiere in freier Natur einlegen?

## Massenvermehrung führt in den Untergang

Was der Mensch seit Jahrhunderten mit Gift, Katzen und Fallen nicht vermochte, nämlich die Zahl der Feld- und Erdmäuse in Schranken zu halten, das vollbringt die Hecke mit ihren Tieren – oder ein grausiger Massenmord der Mäuse untereinander.

Im Wechsel von drei bis vier Jahren bevölkert die *Erdmaus* unsere Getreidefelder so dicht, daß der Bauer mit jedem Schritt auf eine Maus tritt. Doch dieser Bevölkerungsexplosion folgt das Massensterben auf dem Fuße. Wie kommt es dazu?

Normalerweise lebt die Erdmaus in Einehe. Doch sobald sich die Tiere in günstigen Jahren stärker vermehren und die Familien mit ihren Erdbauten enger zusammenrücken müssen, geraten die Männchen in einen Liebestaumel: Sie gehen mit Nachbarweibchen fremd und legen sich mehrere „Ehefrauen" zu.

Der gesteigerte Vermehrungstrieb hat eine unbarmherzige Mordlust zur Folge. Die Männchen beißen sich gegenseitig tot. Neun von zehn kommen dabei um. Aber die wenigen überlebenden schaffen sich tatsächlich einen Harem von etwa neun Weibchen an.

Alle die sieben Jungen, die jedes Muttertier das ganze Sommerhalbjahr über in Abständen von 21 Tagen zur Welt bringt, werden in einem zentralen Nest mit den Jungen der anderen Mütter zusammengelegt und von allen Weibchen gemeinsam gesäugt, ganz gleich, ob sie leibliche oder fremde Kinder sind. Obwohl es jetzt viel weniger Männchen gibt, steigt die Anzahl der Geburten immer noch. Doch dann dringen fremde Männchen in den übervölkerten Lebensraum ein und entreißen den männlichen Mäusen, die durch ihr anstrengendes Liebesleben stark geschwächt sind, in mörderischen Kämpfen die Weibchen.

Allein der Körperduft der fremden Männchen wirkt bei allen eroberten Weibchen als „Antibabypille" (Bruce-Effekt). Die Embryonen lösen sich im Mutterleib auf oder werden als Fehlgeburt ausgestoßen. Der fremde Herrscher vernichtet alle ungeborenen Kinder, die nicht seine eigenen sind, um schneller eigenen Nachwuchs zeugen zu können.

Doch nun beginnt diese gnadenlose, aber immerhin arterhaltende Regel in den Untergang zu führen. Denn längst bevor die 21 Tage der Trächtigkeit herum sind und die Kinder des jetzigen Mäuseherrschers geboren werden, ist wieder ein neuer Eroberer da. Abermals gehen alle Kinder verloren. Und so setzt sich das immer weiter fort. Trotz des übersteigerten Paarungsverhaltens stirbt der größte Teil der Mäuse binnen kurzer Zeit aus.

Nur im Bereich von 200 Metern links und rechts einer Hecke ist noch nie eine solche Mäuseplage beobachtet worden. Dort sorgen Steinmarder, Iltis und Mauswiesel, Rotfuchs und Igel, Spitzmaus und Neuntöter dafür, daß es gar nicht erst zu einer Mäuseübervölkerung kommt.

## Die Natur schützt die Natur

Wie weit wagen sich Mäuse- und Insektenjäger, die in der Hecke wohnen, eigentlich ins freie Feld hinaus?

| | |
|---|---|
| Rotfuchs | bis zu 1000 Meter |
| Steinmarder | bis zu 4000 Meter |
| Iltis | bis zu 300 Meter |
| Mauswiesel | bis zu 150 Meter |
| Igel | bis zu 250 Meter |
| Spitzmaus | bis zu 200 Meter |
| Neuntöter | bis zu 300 Meter |
| Zauneidechse | bis zu 5 Meter |
| Erdkröte | bis zu 70 Meter |
| Laufkäfer | bis zu 50 Meter |
| Schlupfwespe | bis zu 100 Meter |

Dies sind nur einige Beispiele. Insgesamt können in einer Hecke 36 Vogelarten, 20 Säugetierarten und 110 Schlupfwespenarten leben. Zählen wir auch alle anderen Insekten, Spinnen, Milben, Schnecken und Würmer mit, so sind es rund 1800 Tierarten, für die die Hecke Lebensraum ist.

Aber auch als Windschutz sorgen Hecken dafür, daß

– Getreidehalme nicht niedergeschlagen werden,
– die Erdkrume nicht so schnell austrocknet und vom Wind verweht wird,
– sich frühmorgens mehr Tau bilden kann, der die Pflanzen frisch hält.

Was geschieht, wenn eine 1 000 Meter lange Hecke eingeebnet und in Ackerland umgewandelt wird?
● Der Landwirt gewinnt 2 000 Quadratmeter Ackerfläche. Aber auf einer Fläche von 120 000 Quadratmetern vermehren sich Mäuse und Schadinsekten hemmungslos. Einem Gewinn von 2 Prozent steht ein Verlust von bis zu 25 Prozent gegenüber. Denn der Ertrag auf Feldern, die von Hecken gesäumt sind, ist um ein Viertel höher als auf ungeschützten Monokulturen.
● In Heckengebieten werden 40 Prozent aller Schadinsekten von Heckenbewohnern vernichtet; so wird ihre Massenvermehrung verhindert. Auf heckenlosen Äckern ist es dagegen nur ein Prozent. Hier muß der Bauer Insektengifte verspritzen. Diese töten aber auch viele Nutzinsekten, Vögel und Säugetiere. Der Tod zieht immer weitere Kreise.
● Naturschützer zählten in Südostbayern auf der Fläche eines Quadratkilometers in Gebieten mit

*Ringfasan männl.*

*weibl.*

*Rebhuhn männl.*

*weibl.*

*Wachtel männl.*

*weibl.*

| | Rebhuhn | Wachtel | Ringfasan |
|---|---|---|---|
| **Größe** | 30 cm | 18 cm | 85 cm |
| **Gewicht** | 400 g | 100 g | 1,2 kg |
| **Gelege** | 20 Eier | 14 Eier | 15 Eier |
| | Alle drei sind Bodenbrüter und brauchen daher Pflanzen als Deckung. | | |
| **Brut** | 25 Tage | 20 Tage | 27 Tage |
| | Bei allen dreien brütet nur das Weibchen und führt die Jungen. | | |
| **Jungtiere** | Bleiben bis zum Ende des Winters bei der Mutter: „Kette" | Mit 4 – 7 Wochen selbständig | Bleiben bis zum Anfang des Winters bei der Mutter: „Gesperre" |
| **Überwintern** | Überleben nur in der Kette. Tötet der Jäger mehr als 2, sterben alle | Zug ins tropische Afrika | Standvogel |
| **Herkunft** | Einheimisch | Einheimisch | Aus Ostasien eingebürgert |

Hecken 3305 Schmetterlinge, in heckenlosen Gebieten nur 132. Davon waren 88 „nur" Kohlweißlinge.

● Im Inntal bei Passau ging auf deutscher Seite nach der Flurbereinigung die Zahl der Rebhühner von 1961 bis 1975 um 85 Prozent zurück. Auf der österreichischen Seite, wo keine Flurbereinigung stattgefunden hatte, wuchsen in der gleichen Zeit die Rebhuhnbestände sogar an.

● In naßkalten Frühjahren sterben die Junghasen an Unterkühlung und Krankheiten nur dort in Massen, wo es keine Hecken gibt. Mutter Mümmelmann betreibt nämlich Naturheilkunde: Sie frißt Heilkräuter. Die „Medizin" geht in ihre Milch über, die sie ihren Jungen gibt. So sind diese bald wieder putzmunter. Aber die Heilkräuter findet sie nur an Hecken und Rainen sowie in Straßengräben.

Diese Tatsachen haben dazu geführt, daß viele Bauern ihre Fehler einsehen und einst eingeebnete Hecken wieder neu anpflanzen.

## Was ist eine Hecke?

Viele Hecken entstanden vor Jahrhunderten als Grenzmarkierungen. Altes Landrecht bestimmte, daß zwischen den Äckern eine Pflugscharbreite als Rain freizulassen und möglichst durch Steinhaufen zu markieren sei.

Auf dem Steinwall siedelten sich „Pionierpflanzen" wie Gelbflechte, Hedwigsmoos und Farne an. Der Wind bedeckte die Feldmarkierungen mit immer mehr Erde. Haselnuß, Holunder, Schlehe, Hagebutte (Wildrose), Weiß- und Rotdorn, Weide, Pappel, Eberesche, Jasmin sowie zahllose Sträucher und Kräuter konnten dort Fuß fassen.

In Abständen von einigen Jahren muß die Hecke gestutzt werden. Ein Teil des Holzes wurde früher zum Heizen des Herdes verwendet. Heute dient es als Kaminholz. Es dürfen aber nicht alle Äste abgesägt werden: Damit die Hecke nicht zu dünn wird und ihren Zweck als Windschutz verliert, müssen viele Äste nach unten abgeknickt werden. Daher der in Schleswig-Holstein gebräuchliche Name „Knick" für die Hecke. An den toten Ästen können sich viele Pflanzen emporranken. Es gibt aber auch viele Hecken, die der Mensch eigens angepflanzt hat und die keinen Steinhaufen als Grundlage haben.

## Die wichtigsten Heckenpflanzen

Auf Steinhaufen, die der Wind mit Erde eindeckt, wachsen Haselnuß, Holunder, Schlehe, Hagebutte, Weiß- und Rotdorn, Weide, Pappel, Eberesche, Jasmin sowie zahllose Sträucher und Kräuter.

## Dornen als Fleischerhaken

Wer im Frühjahr an einer Hecke entlanggeht, kann dort auf ein kleines Gruselkabinett treffen: Da hängen, auf Dornen aufgespießt, etwa eine Hornisse neben einem Käfer, eine Maus neben einer Eidechse oder einer Heuschrecke.

Inhaber dieses „Frischfleischlagers" ist ein Vogel: der ungefähr amselgroße *Neuntöter*, auch Rotrückenwürger genannt. Seinen Namen hat er erhalten, weil die Leute früher glaubten, der Vogel würde erst neun Tiere töten, bevor er zu fressen beginnt. Das ist natürlich Unsinn.

Wie bei kaum einem anderen Vogel, so sind beim Neuntöter die Nestlinge von naßkaltem Wetter bedroht. Dann fliegen keine Insekten. Mäuse und Eidechsen bleiben im Bau, und nach zwei futterlosen Tagen sind alle Kinder tot – ausgenommen die Jungen jener Neuntöter, die in vorangegangenen guten Tagen Vorratswirtschaft betrieben haben, indem sie überzählige Beute „auf Lager" gelegt haben.

Übrigens wird das Opfer nicht erst beim Aufspießen auf einen Dorn „erdolcht", sondern schon in dem Augenblick getötet, in dem es gefangen wird. Das Aufspießen ist also nichts Schlimmeres als ein Aufhängen der toten Beute am „Fleischerhaken". Trotz ihrer Vorratswirtschaft nehmen die Bestände der Neuntöter spürbar ab. Die Ursache dafür ist der Rückgang der Hecken und Dornensträucher. Zuerst versuchten diese Vögel, als Ersatz für ihre verlorengegangenen Pflanzendornen den Stacheldraht von Weidezäunen zu benutzen. Aber bald hatten die überall zahlreich auftauchenden Elstern das gemerkt und räumten die weithin sichtbaren Lebensmittellager des Neuntöters leer. Die Folge war eine tödliche Hungersnot der Neuntöter-Kinder.

## Insekten bekämpfen Insekten

An die Künste eines Wünschelrutengängers erinnert die Fähigkeit einer *Schlupfwespe*, ihre Opfer aufzuspüren. Dies sind Larven von Holzwespen, die bis zu sieben Zentimeter tief in Baumstämmen ihre Gänge fressen. Wie sollte man eine solche Larve von außen entdecken können?

Die Pfeifenräumer-Schlupfwespe trippelt auf der Baumrinde hin und her, bleibt plötzlich stehen, verbessert ihre Stellung noch etwas und setzt ihren überlangen Legebohrer an. Nach zwanzig Minuten trifft sie in sechs Zentimeter Tiefe präzis auf die Larve, sticht sie an und legt ein Ei hinein.

Die Schlupfwespe besitzt sechs Ohren – zwar nicht am Kopf, aber an ihren sechs Füßen. Mit diesen „Spionage-Mikrofonen" kann sie die Freßge-

## Neuntöter

| Größe | 18 cm |
|---|---|
| Balz | Anfang Mai |
| Gelege | 4 – 6 Eier im Napfnest |
| Brut | 14 bis 16 Tage, meist durch das Weibchen |
| Jungtiere | 12 bis 16 Tage von beiden Eltern im Nest gefüttert und 3 bis 4 Wochen nach dem Ausfliegen betreut |
| Überwintern | Zug von Ende September bis Ende April nach Südafrika. „Schleifenzug": Hinweg über das Mittelmeer, zurück über Sinai, Israel, Türkei |

räusche der nagenden Holzwespen-Larve genau orten.

Ähnlich eindrucksvoll arbeitet die „Nase" einer anderen Schlupfwespenart: Bricht man im Nadelwald den Kokon einer Nonne auf, eines Schmetterlings, der sich als großer Waldschädling erwiesen hat, so wird man schon wenige Minuten später von Schlupfwespen umschwärmt. Aus kilometerweiter Ferne hat sie der ausströmende Duft angelockt, und sie wollen nun ihre Eier in den Puppen der Nonne ablegen.

So findet jede der 70 000 Schlupfwespenarten ihre speziellen Opfer. Auf die gleiche Weise gehen Zehntausende von Erz-, Hunger- und Zehrwespen vor, die zusammen mit den Schlupfwespen die zoologische Teilordnung der Legwespen bilden. Diese werden so genannt, weil ihr Hinterleibsorgan ein Eier-Legebohrer ist und kein Stachel wie bei den Stechwespen.

Aus dem Ei der Schlupfwespe schlüpft eine Larve, die das Opfer, den sogenannten Wirt, bei lebendigem Leib auffrißt. Dann verpuppt sich die Larve in der Mumie des Wirtes und kriecht als fertiges Insekt aus dem Kokon.

Auf diese Weise vernichten allein 300 Schlupfwespenarten Blattläuse. Weitere Arten haben sich spezialisiert auf die Raupen der Gamma-Eulen (Getreideschädlinge), Kieferneulen, Kohlweißlinge, Kiefernspinner, Schwammspinner (Obstbaumschädlinge) und zahlreiche andere Raupen; auf Larven der Holzbockkäfer, Mehlkäfer und vieler anderer Käfer sowie auf Frucht- und Schmeißfliegen, Küchenschaben, Spinnen, Skorpione, Zecken und Tausendfüßer. Schlupfwespen sorgen dafür, daß Insekten und andere Gliertiere nicht die ganze Welt auffressen. Allein in der Hecke leben 100 Schlupfwespenarten.

In den letzten Jahren haben einige Biologen damit begonnen, Schlupfwespen in Millionenanzahl zu züchten und in Gebieten freizulassen, die von Schädlingen verseucht sind – mit durchschlagendem Erfolg!

Diese biologische Schädlingsbekämpfung ist viel wirkungsvoller als der Einsatz chemischer Gifte und verseucht nicht die Umwelt. Ihr gehört die Zukunft, denn so kann der Kreislauf der Natur erhalten werden.

# Am Wegrand

## Wie der Hamster das Hamstern erfand

Alljährlich im Herbst sammelt der *Feldhamster* bis zu 60 Kilogramm Nahrungsmittel in unterirdischen Lagerhallen, um damit den Winter zu überleben. Wie mag er die Vorratshaltung gelernt haben?

Ursprünglich wollte er nur in Ruhe fressen. Viele Tiere laufen mit großen Futterbrocken in Deckung und verzehren sie dort, wo sie vor Feinden und Dieben halbwegs geschützt sind.

Auch der Feldhamster frißt kein Körnchen dort, wo er es findet, sondern stopft sich beide Backentaschen voll und flitzt in seinen Bau. Nun hat die Natur den Sammeltrieb so sehr verstärkt, daß der Hamster immer wieder neue Nahrung heranschafft, bevor das eben Eingetragene verspeist ist. Wenn dann das Verzehren der Nahrung nicht irgendwo in einem Gang geschieht und auch nicht im Schlafkessel, sondern in einem „Speisezimmer", so wird dieses durch die immer weiter wachsende Menge der „Reste" von selbst allmählich zur Lagerhalle. Doch jeder, der Schätze anhäuft, hat Diebe zu fürchten. Feldmäuse betätigen sich als Einbrecher, manchmal auch Ratten. Fasane und Rebhühner graben sich zu den Kornkammern vor. Um diese Einbrecher zu vertreiben, wacht der Nager während des Winterschlafs mehrmals auf. Wurde sein Lager trotzdem ausgeplündert, muß er verhungern. Früher erlaubten Bauern Arbeitslosen, diese kleinen Silos auszugraben, um sich die Körner anzueignen. Man wollte damit auch gleichzeitig die Tiere bekämpfen. Heute tut dies niemand mehr, und den Feldhamstern geht es wieder gut.

## Eine Maus baut „Vogelnester"

Was tut ein Tier, wenn es so winzig ist, daß es sogar unter Mäusen nur wie ein Zwerg erscheint? Unsere *Erntemaus*, auch Eurasiatische Zwergmaus genannt, wiegt nur halb so viel wie eine Kohlmeise und ist eines der kleinsten Säugetiere überhaupt.

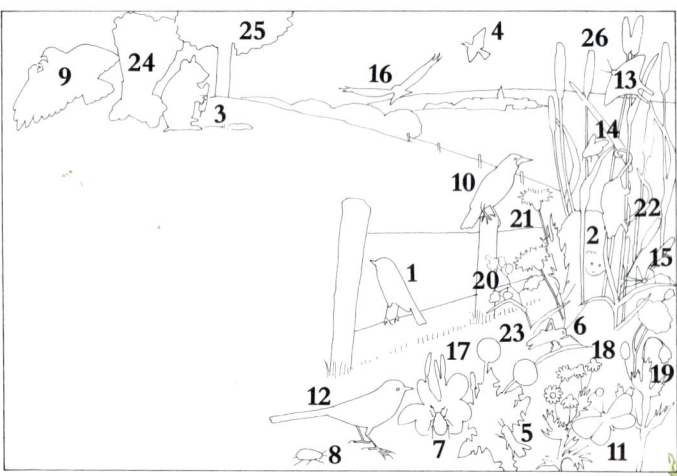

| | | |
|---|---|---|
| 1 Braunkehlchen | 13 Segelfalter | 19 Klatschmohn |
| 2 Eurasiatische | 14 Steinhummel | 20 Knäuelgras |
|   Zwergmaus | 15 Weberknecht | 21 Kornblume |
| 3 Feldhamster | 16 Wiesenweihe | 22 Lieschgras |
| 4 Feldlerche | 17 Breitwegerich | 23 Löwenzahn |
| 5 Gemeiner | 18 Echte Kamille | 24 Raps |
|   Grashüpfer | | 25 Vogelkirsche |
| 6 Grünes Heupferd | | 26 Weizen |
| 7 Junikäfer | | |
| 8 Julikäfer | | |
| 9 Kornweihe | | |
| 10 Saatkrähe | | |
| 11 Schachbrettfalter | | |
| 12 Schafstelze | | |

| Erntemaus | (vergleiche auch mit Haus- und Feldmaus) |
|---|---|
| Länge | Bis 7,5 cm + 7 cm Schwanz |
| Gewicht | 4,5 – 6 g |
| Paarung | April bis September |
| Geburten | Nach 21 Tagen Tragzeit wirft das Weibchen bis zu 6 mal im Jahr je 5 – 9 Junge von je 1 g |
| Die Jungen | Sind mit 2 Wochen selbständig, mit 4 Monaten fortpflanzungsfähig |
| Alter | In freier Wildbahn 1,5 Jahre, in Menschennähe 5 Jahre |
| Überwintern | Winterruhe mit kleinen Vorräten in Erdkammern oder Scheunen |

| Feldhamster | |
|---|---|
| Länge | Bis 34 cm + 6 cm Schwanz |
| Gewicht | Bis 500 g |
| Sozialverhalten | Einzelgänger |
| Bau des Männchens | Nur eine Fallröhre zur Flucht und eine schräge Röhre als Ausgang |
| Bau des Weibchens | 6 – 8 Fallröhren und schräge Ausgänge, damit sich fliehende Junge nicht gegenseitig behindern |
| Paarung | Anfang bis Mitte April und August |
| Geburten | Nach 20 Tagen Tragzeit wirft das Weibchen 2 – 3 mal im Jahr je 4 – 12 Junge von je 7 g Gewicht |
| Die Jungen | Sind mit 4 Wochen selbständig, mit 3 Monaten fortpflanzungsfähig |
| Alter | Bis 10 Jahre |
| Feinde | Greifvögel, Hermelin, Iltis, Mauswiesel |
| Überwintern | Winterschlaf mit großen Vorräten |

Im Erdreich wimmelt es von Feinden. Der Maulwurf würde die kleine Maus fressen, der Feldhamster sie als möglichen Einbrecher verjagen, die Massen von Feld- und Erdmäusen sie verdrängen. Da gibt es nur einen Ausweg: Das Schlafnest und die Kinderwiege werden wie ein Vogelnest hoch oben in die Getreidehalme geflochten. Zoologen bezeichnen das als Einnischung in einen Lebensraum. In dieser Nische und auf diese Weise ist der Tierart das Überleben möglich.

Wie ein Mini-Affe klettert die Erntemaus einen Halm hinauf und sichert jeden Schritt mit einem Rettungsseil, dem Greifschwanz. Er ist ihr „fünftes Bein". Oben arbeitet sie wie ein Seemann in der Takelage mit Spleißen und Knoten. Sich nur mit den Hinterbeinen festhaltend, nimmt sie ein Halmblatt zwischen die Zähne und zieht es mit den Vorderfüßen zur Hälfte so durch, daß es sich der Länge nach aufspaltet, aber am Halm bleibt. Dies wiederholt sie noch mehrmals, bis das Blatt in acht oder zehn Streifen zerfasert ist. Die Enden werden dann mit den ebenfalls zerspleißten Blättern zweier benachbarter Halme verknotet.

In diese Verankerung webt das Tier noch zahlreiche

andere Blätter so ein, daß ein Kugelnest von etwa sieben Zentimeter Durchmesser entsteht. Seine Festigkeit trotzt jedem Sturm.

Hier oben hat die Erntemaus nur einen Feind zu fürchten: die Kornweihe. Das ist einer der wenigen Greifvögel, die in einem hohen Getreidefeld landen und auch wieder starten können. Stürzt sich der Greif auf eine Maus, läßt sich diese wie ein Stein fallen und entwischt dem Feind (meist!) in die Bodenzone des Halm-Dschungels.

## Die Weihen – dem Tode geweiht?

Mit einem erbeuteten Feldhamster in den Fängen gaukelte ein Kornweihen-Männchen über dem Getreidefeld. Plötzlich wuchtete sich ein anderer großer Vogel aus dem Weizenmeer nach oben und wollte ihm den toten Hamster entreißen. Doch das Männchen riß sich hoch, vollführte einen Looping rückwärts, zog senkrecht nach oben und kurbelte in enger Spirale herab. Stets aber folgte ihm der andere Flugakrobat in Tuchfühlung, bis er die Beute an sich gebracht hatte.

Es handelte sich um das Weibchen, das im Kornfeld brütete und von seinem Männchen gefüttert wurde. Was wie ein Luftkampf aussah, war die unter den Weihen übliche Futterübergabe, mit der die ständige Horstbewacherin gefüttert wird. Es ist eine Art Liebesspiel ähnlich der Flugbalz dieser Vögel. Wenn später die ewig heißhungrigen Jungen geschlüpft sind, ist für die Eltern zum Spiel aber keine Zeit mehr. Dann wirft das Männchen seine Futterbrocken gut gezielt direkt in den Horst.

Leider sind *Korn-, Wiesen- und Rohrweihe* sehr selten geworden. Bis 1975 lag das daran, daß Jäger diese Vögel mit Mäusebussarden verwechselt und abgeschossen haben. Inzwischen dürfen Greifvögel nicht mehr geschossen werden. Aber nur die Bestände der Rohrweihen haben sich etwas erholt. Rohrweihen bauen ihren Horst meist im Schilf, dessen Flächen gegenwärtig wieder wachsen. Dort werden sie auch von Wassersportlern kaum noch gestört. Sie sind die einzigen Großvögel, die im Röhricht landen und starten können. Mit ihren großen Fängen können sie im Gleitstoß Ratten, Frösche, Fische und halbwüchsige Bleßhühner greifen. In letzter Zeit versuchen Rohrweihen wie die Korn- und Wiesenweihen, in Kornfeldern und auf Wiesen zu brüten, jedoch kaum mit Erfolg, ebenso vergeblich wie ihre hierauf besser spezialisierten Verwandten. Nur eine „Erfindung" hat sich bewährt: das Brüten im Rapsfeld. Zur Brutzeit im Mai steht der Raps schon so hoch, daß er genug Deckungsschutz bietet.

Auf Wiesen und Kornfeldern ist das nicht so. Früher suchten sich die Wiesen- und Kornweihen hier Brutplätze auf sehr feuchtem, morastigem Untergrund oder im Schutz von Büschen aus. Fuchs und Marder meiden Nässe, Ratten und Mäuse auch. Heute fallen die Büsche der Flur-„Bereinigung" zum Opfer. Alles „Kultur"-Land wird trockengelegt. Ratten und Mäuse nagen sich von unten durch den Horst und lutschen die Eier aus. Wiesen werden gedüngt und zeitiger im Jahr gemäht als früher und die Nestlinge dabei zerschnitzelt.

So gab es 1987 in Deutschland nur noch 20 Brutpaare der Kornweihe. Sie ist also einer unserer seltensten Vögel geworden. Unter ähnlichen Ausrottungsursachen haben aber auch ganz andere Tiere zu leiden: die Schmetterlinge.

## Was uns die Schmetterlinge erzählen

Fast die Hälfte unserer mitteleuropäischen Tagfalter steht kurz vor dem Aussterben. In der Umgebung der Großstädte sind es sogar schon acht von zehn.

Dukaten- und Resedafalter, Ochsenauge und Großer Perlmuttfalter sind bereits von Wiesen und Weiden verschwunden. Vom Schwalbenschwanz, Segelfalter, Großen Fuchs und Trauermantel finden wir kaum noch ein Tier.

Andererseits scheint in letzter Zeit das häufige Auftreten des Kleinen Fuchses, des Tagpfauenauges und des Admirals diese Aussage Lügen zu strafen. Aber das täuscht. Gerade diese Tatsache signalisiert uns eine besorgniserregende Gefährdung unserer Umwelt. Wir müssen diese Dinge nur richtig deuten.

Die Weibchen dieser drei Falter legen ihre Eier auf Brennesseln ab, weil den schlüpfenden Raupen diese Blattnahrung am besten bekommt. Brennesseln werden heute von vielen Naturfreunden geschont.

Somit ist das Flattern dieser Schmetterlinge nur ein Zeichen dafür, daß es jetzt wieder viele Brennesseln gibt. Tatsächlich haben diese in letzter Zeit auch aus anderen Gründen stark zugenommen: Wo früher Thymian wuchs, wurde dieser vom Kunstdünger vernichtet. Statt dessen wachsen dort jetzt Brennnesseln. Also verschwindet dort der Bläuling.

Aussterben jeder einzelnen Schmetterlingsart signalisiert uns das Aussterben mindestens einer Pflanzenart – nämlich derjenigen, ohne die die Raupen dieser Falter nicht leben können.

Eine geringfügige Überdüngung der Wiesen, schon

*männl.*

*weibl.*

*weibl.*

*männl.*

| Kornweihe | |
|---|---|
| **Größe** | Bis 55 cm |
| **Spannweite** | Bis 105 cm |
| **Gewicht** | Bis 500 g |
| **Horst** | In feuchten Kornfeldern, Wiesen, Moor und Heide |
| **Brut** | Im Mai und Juni 4 – 6 Eier, 29 – 31 Tage nur von Mutter bebrütet, flügge mit 40 Tagen |
| **Jagd** | Niedriger Suchflug über offenem Kulturland. Gleitstoß auf Kleinvögel und Kleinsäuger |
| **Zug** | Kurzstreckenzieher und Strichvogel, große Winterverluste |

| Wiesenweihe | |
|---|---|
| **Größe** | Bis 45 cm |
| **Spannweite** | Bis 110 cm |
| **Gewicht** | Bis 330 g |
| **Horst** | In feuchten, hochwüchsigen Wiesen |
| **Brut** | Im Mai und Juni 3 – 5 Eier, 28 – 35 Tage nur von Mutter bebrütet, flügge mit 35 – 40 Tagen |
| **Jagd** | Gaukelnder Suchflug über offenen Äckern und Wiesen auf Lerchen, Wachteln, Mäuse, Eidechsen |
| **Zug** | Langstreckenzieher von September bis April über die Sahara |

Auch an Bachufern, an denen früher viele Blütenpflanzen mit ebenso zahlreichen Schmetterlingsarten gediehen, sprießen nun nur noch die bestens an Zivilisationsschmutz angepaßten Brennnesseln. Das Einleiten von Abwässern zeigt böse Folgen. Somit sind Schmetterlinge nicht zu übersehende Störungsanzeiger (Bioindikatoren) für das Verschwinden von Pflanzen aus unserer Heimat. Das

verschwinden dort Liesch-, Knäuel- und Honiggras und damit auch der Schachbrettfalter. Ein minimales Absinken des Grundwasserspiegels, schon sterben die Weidenröschen und mit ihnen der Labkrautschwärmer. Fallen Weidenbäume einer Bach- oder Flußbegradigung zum Opfer oder Birken der Flurbereinigung, dann müssen wir um den Trauermantel trauern.

*weibl.*

*männl.*

## Rohrweihe

| | |
|---|---|
| **Größe** | Bis 50 cm |
| **Spannweite** | Bis 120 cm |
| **Gewicht** | Bis 680 g |
| **Horst** | Im Schilf und Raps |
| **Brut** | Im Mai und Juni 3 – 7 Eier, 31 – 36 Tage nur von Mutter bebrütet, flügge mit 40 Tagen |
| **Jagd** | Flatteriger Suchflug über Schilf, Steilstoß auf kleinere Wasservögel, Gelege, Frösche, Fische |
| **Zug** | Mittelstreckenzieher von Oktober bis März in den Mittelmeerraum |

## Zur Lage des Landes

Die Landwirtschaft hat seit 1950 ein Wunder vollbracht. Während des Krieges und in der Nachkriegszeit war sie in Deutschland, Österreich und in der Schweiz nicht mehr in der Lage, die Bevölkerung zu ernähren. Der Hunger war qualvoll, Lebensmittel-Einfuhren aus Übersee wurden blockiert.

Heute produziert die Landwirtschaft Getreidehalden, Milchseen, Butter- und Fleischberge. Sie exportiert in jene Überseeländer, die uns früher ernährt haben und in denen heute katastrophale Hungersnot herrscht. Ohne die Fortschritte unserer Landwirtschaft, ohne Kunstdünger, Schädlingsbekämpfung und die Züchtung besserer Pflanzensorten würde heute in Europa dasselbe Elend herrschen wie in vielen sogenannten Entwicklungsländern. Das sollte nie vergessen werden.

Andererseits ist die Naturzerstörung durch die modernen Methoden der Landwirtschaft erschreckend. Einzelheiten darüber füllen dieses Buch. Die Schuld daran liegt nicht beim Bauern, sondern in den verordneten Maßnahmen der Landwirtschaftsministerien und der Europäischen Gemeinschaft sowie bei der Kreditvergabe der Banken.

Speziell im Rahmen dieses Kapitels ist folgendes zu sagen: Muß jeder Wegrand, jeder Straßengraben, jeder Feldrain mit chemischen „Unkraut"-Vernichtern, also mit tödlichen Giften „sauber" gespritzt werden? Feldwildkräuter wie Klatschmohn, Kornblume, Vogelmiere, Franzosenkraut, Huflattich, Sauerklee, Ehrenpreis, Taubnessel, Kamille, Hahnenfuß, Ackerminze und viele andere sind kein „Unkraut". Sie sind Futter- und Heilpflanzen für Rehe, Feldhasen, Wildkaninchen, Fasane, Rebhühner, Wachteln und viele andere Tiere. Sie sind auch die Existenzgrundlage für viele Schmetterlinge.

Bauern, die das eingesehen haben, sparen seit 1985 einen sechs Meter breiten Randstreifen ihrer Getreidefelder bei der Unkrautvernichtung aus. Von 100 hier ausgesetzten Rebhühnern waren nach 3 Wochen noch 93 am Leben. In völlig mit Gift bespritzten Revieren überlebten hingegen nur 21. Und noch mehr: Hennen, die im vergifteten Umfeld aufwuchsen, zogen nur halb so viele Junge auf wie andere im Krautparadies.

## Die Lerche als Schlagersänger

Wenn jemand eine Wendeltreppe bis zur 16. Etage hinaufrennt und dabei pausenlos laut singt – dann hat er eine ungefähre Vorstellung davon, was eine Feldlerche leistet.

Dieser kleine Vogel, der als einer der ersten Frühlingsboten schon an warmen Februartagen seine Lieder in den Himmel schmettert, ist einer der wenigen Gefiederten, die im Fliegen singen können. Wir Menschen hören dabei nur ein wirr zwitscherndes Nuscheln, aber das empfinden wir nur so, weil unser Gehör dafür zu schwer „von

19 solcher Liedteile reiht sie in einer Sekunde aneinander – mehrere Minuten lang. Wenn wir jedes Lautmuster mit einem Buchstaben kennzeichnen, kann das Vöglein zum Beispiel folgende Lieder

|  | Feldlerche | Haubenlerche | Heidelerche |
|---|---|---|---|
| **Länge** | Bis 18 cm | Bis 17 cm | Bis 15 cm |
| **Gewicht** | Bis 40 g | Bis 45 g | Bis 26 g |
| **Lebensraum** | Wiesen mit kurzen Gräsern, Äcker mit Wintergetreide, Moore, Dünen, Almwiesen | Wiesen mit Schafherden, Magerrasen, braches Bauerwartungsland am Stadtrand, Flachdächer | Von Bäumen umstandenes Ödland, Heide, Steinbrüche, magere Bergwiesen |
| **Bedrohung** | Nicht bedroht | Bedroht | Stark bedroht |
| **Gesang** | Singflug 50–100 m hoch, auch im Rütteln und beim Abstieg | Von Boden oder niedriger Warte aus. Imitiert Schäferpfiffe | Hin und her schwebender Singflug vom Baum oder Boden aus |
| **Brut** | Mitte April und Juni 2 mal je 3–5 Eier, 10–14 Tage bebrütet, flügge mit 18 Tagen | Mitte April und Juni 2 mal je 3–5 Eier, 12–13 Tage bebrütet, flügge mit 18 Tagen | Anfang April und Juni 2 mal je 3–5 Eier, 13–15 Tage bebrütet, flügge mit 18 Tagen |
| **Zug** | September bis Februar ans Mittelmeer | Standvogel | November bis Februar: Süd- und Westeuropa |
| **Nahrung** | Im Winter grüne Kräuter, im Frühjahr und Sommer Kleintiere am Boden, im Herbst Sämereien | | |

Begriff" ist. Als Forscher die Lerchenlieder auf Tonband aufzeichneten und mit langsamerer Geschwindigkeit abspielten, erklangen Melodien, die in ihrer Schönheit dem Nachtigallenschlag kaum nachstanden. In ihrem Liederschatz besitzt die Feldlerche sechzehn verschiedene Lautmuster.

komponieren: aabbcccdefgh oder abcdefffgggggh oder abbcccde oder abcdecdecdefgfg. Es kann sich beliebig wiederholen. An die „abc"-Folge aber ist es sklavisch gebunden.

Dabei vermag die Lerche nur während des Ausatmens Laute zu erzeugen. Das gelingt ihr mit einer außergewöhnlichen Atemtechnik, den sogenannten „Mini-Atemzügen": Wenn sie in einer Sekunde bis zu 19 Lautmuster aneinanderreiht, ist jedes durch eine kleine Pause gegen das vorige und das folgende abgesetzt. Diese Pause ist zwar nur eine Hundertstelsekunde lang, aber sie reicht dem Vogel zum Luftholen.

Nehmen wir an, er atme in einer „Pause" drei Fingerhüte voll Luft ein, dann verbraucht das nächste Lautmuster wieder zwei. Und so geht das immer weiter, bis die Lunge voll ist. Eine für uns Menschen kaum vorstellbare Atemtechnik im Dienst erstaunlicher Sangeskünste!

## „Demokratie" im Krähenschwarm

Wenn wir an einem Wintertag auf dem Feld einen Schwarm *Saatkrähen* beobachten, können wir Ohrenzeugen „demokratischer" Volksabstimmungen werden. Ein Teil dieser Rabenvögel schnalzt erregend tschick: „Los! Weiterfliegen!" Andere antworten mit mürrischem Krächzen: „Nee! Wir wollen landen!" Aber die Müden und Hungrigen brauchen eine Dreiviertel-Mehrheit, um sich gegen die Unternehmungslustigen durchzusetzen.

Der Leitvogel des bis zu 2 000 Mitglieder umfassenden Schwarmes hat in dieser Meinungsmache nur eine Stimme. Aber bei Gefahr führt er allein das Kommando. Ein eintöniger, langgezogener Schrei, von Zeit zu Zeit gerufen, heißt: „Keine Sorge. Ich wache für euch!" Derselbe Laut, kürzer und schnell hintereinander ausgestoßen, ist das Signal für den Alarmstart des ganzen Schwarmes.

Kommt ein Greifvogel in Sicht, schnarrt der Leitvogel im tiefen Baß: „Alle in der Luft möglichst dicht zusammenschließen!" Werden hieran noch einige hohe Töne angehängt, heißt das: „Im dichten Schwarm über den Feind nach oben fliegen!" Greifvögel attackieren nie von unten.

Droht die Gefahr jedoch von einem Menschen, der eine Flinte trägt, überschlägt sich die Stimme des Leitvogels in einer Serie schriller Krächzer: „Rette sich, wer kann! Alles weit auseinanderfliegen!" So lernen auch die Jungvögel, wen sie künftig als Todfeind zu fürchten haben. Sie lassen auch später Menschen mit Gewehren niemals auf Schußweite an sich heran.

Aber gerade dadurch sind diese Vögel heute vom Aussterben bedroht. Bauern und Jäger meinen, sie müßten die Saatkrähen als Schädlinge bekämpfen, weil sie die keimende Wintersaat fressen. Doch schießen können sie diese Tiere nur in den Brutkolonien, wo sie auch die Gelege zerstören.

So werden also die Brutvögel unserer Heimat vernichtet, obwohl sie im ganzen Sommerhalbjahr keine Saat fressen, sondern nur Insekten, Würmer, Schnecken und Mäuse.

Im Winter aber erleben wir eine Invasion von Saatkrähen-Geschwadern aus Polen, Rußland und Schweden. Diese sind es, die Schäden anrichten. Doch die Jäger sind gegen sie ziemlich machtlos, denn im März ziehen diese Vogelmassen zum Brüten wieder unbehelligt nach Norden und Osten. Nur unsere eigenen Tiere, die bodenständigen, die nützlichen, werden ausgerottet – weil Bauern und Jäger diese Zusammenhänge nicht kennen.

## Die Liebeslieder der Wiesenritter

Am Tage sind die *Grünen Heupferde* stumm: Freßzeit! Im Gras einer Wiese gut getarnt, lauern sie auf Beute: auf Fliegen, Spinnen, Raupen und Schmetterlinge. Wiesenritters Vorder- und Mittelbeine tragen kräftige Dornen zum Ergreifen und Festhalten der Beute. Gräser sind nur Zubrot.

Abends klettern sie auf Büsche und Bäume. Dort beginnen die Männchen mit ihrer stundenlangen Zirp-Serenade. Im linken Vorderflügel liegt eine harte Schrillader mit sägeartigen Zähnen. Damit geigt das Männchen über eine Schrillkante am hinteren rechten Vorderflügel.

Zunächst erklingt eine Zirp-Erkennungsmelodie, der Artgesang. Nur Artgenossen reagieren darauf, schwirren mit den Flügeln ein paar Meter zum Sänger und zirpen auch. Die Richtung erkennen sie mit Spezialohren, die erstaunlicherweise in den Vorderbeinen liegen.

Allmählich versammelt sich ein lautstarker Chor im gemeinsamen Bemühen, die stummen Weibchen von fern her anzulocken. Sobald ein Zirper ein Weibchen spürt, wechselt er in den Werbegesang über. Er ist dabei sehr leise, damit die anderen Männchen davon nichts mitbekommen. Doch oft erfahren es diese trotzdem. Dann stimmt das Männchen den Kriegsgesang an, der Rivalen abschrecken soll, aber besonders starke Tiere kampfeswütig anzieht. Ein Forscher imitierte dieses Zirpen perfekt. Da hüpften die Heuschrecken auf seine ausgestreckte Hand, den Arm entlang und in seinen geöffneten Mund hinein.

Nach einem Drohduell kann es zwischen den Wiesenrittern zum Kampf kommen. Trifft einer seinen Gegner mit einem Sprungbein-Tritt, fliegt dieser bis zu 20 Zentimeter weit und räumt stumm das Feld, während der Sieger ein Triumphzirpen erschallen läßt. Es ist jedoch nur kurz, damit sich inzwischen kein „lachender Dritter" mit seinem Weibchen davonmacht.

*Rabenkrähe*

*Saatkrähe*

*Kolkrabe*

| | **Saatkrähe** | **Rabenkrähe** | **Kolkrabe** |
|---|---|---|---|
| **Länge** | Bis 50 cm | Bis 49 cm | Bis 67 cm |
| **Gewicht** | Bis 670 g | Bis 800 g | Bis 1250 g |
| **Sozial-verhalten** | In Schwärmen bis zu 2000 Vögel, Schlafplätze im Wald bis zu 10000 Vögel, Brut in Kolonien bis 300 Paare | Zusammenleben nur in Paaren mit Jungen im eigenen Revier, Nichtbrüter vagabundieren in Gruppen | Zusammenleben nur in Paaren mit Jungen im eigenen Revier, Nichtbrüter vagabundieren in Gruppen |
| **Paarbindung** | Lebenslange Einehe | Lebenslange Einehe | Lebenslange Einehe |
| **Brut** | Ende März 3 – 5 Eier, 16 – 18 Tage bebrütet, flügge mit 3 – 4 Wochen | Ende März 4 – 6 Eier, 17 – 21 Tage bebrütet, flügge mit 4 Wochen | Anfang März 4 – 6 Eier, 21 Tage bebrütet, flügge mit 6 Wochen |
| | Aufopferungsvolle Kinderbetreuung. Krähen und Raben sind keine „Rabeneltern"! Aber die Brut muß gegen Nesträuber (nichtbrütende Artgenossen) verteidigt werden. | | |
| **Alter** | Bis 20 Jahre | Bis 25 Jahre | Bis 40 Jahre |
| **Zug** | Einheimische Brüter sind Stand- und Strichvögel. Im Winter starker Zuzug aus Osten und Norden | Brutvögel sind Standvögel, Nichtbrüter Strichvögel | Brutvögel sind Standvögel, Nichtbrüter Strichvögel |
| **Gefährdung** | Durch Bejagung gefährdet | Nicht gefährdet | Fast ausgerottet |

| | Gemeiner Grashüpfer | Grünes Heupferd | Feldgrille |
|---|---|---|---|
| **Länge** | Bis 2,0 cm | Bis 3,5 cm | Bis 2,5 cm |
| **Fühler** | Nur kurz | Länger als der Körper | Fast so lang wie der Körper |
| **Laut-erzeugung** | Sägekamm des Hinterbeines streicht über Kante der Flügeldecken. Männchen und Weibchen zirpen | Aneinanderreiben der Flügel, nur Männchen zirpen | Aneinanderreiben der Flügel, nur Männchen zirpen |
| **Hörorgan** | Am ersten Hinterleibsring | In beiden Vorderbeinen | In beiden Vorderbeinen |
| **Lebensraum** | Nur extensiv genutzte Wiesen, Raine, Waldränder, Feldgehölz | Wiesen mit Büschen und Bäumen, Waldränder, Parks, Gärten | Warme, trockene, nur groß-flächig bewirtschaftete Wiesen |
| **Nahrung** | Nur verschiedene Gräser | Insekten und Kleintiere, nur wenig Gräser und Blätter | Pflanzliche und tierische Kost |
| **Fort-pflanzung** | Weibchen legt mit Lege-stachel bis 300 Eier in Gruppen zu 20, 30 oder 40 in weichen Boden. Larven schlüpfen nach 20 Tagen | Nach Übertragung eines Samenpaketes legt Weibchen 100 Eier mit Legestachel in weichen Boden. Larven schlüpfen erst im nächsten Frühjahr | Weibchen legt im 40 cm tiefen Erdbau mit Legesta-chel bis 300 Eier. Larven schlüpfen im Herbst und überwintern in Laub und Moos |

## Maikäfer flieg – mit Bordcomputer

Das Maikäfer-Leben währt knapp 14 Tage. Deshalb muß ein „Bordcomputer" dafür sorgen, daß keine Zeit vergeudet wird. Wie findet der auf einer Wiese ans Licht krabbelnde Feldmaikäfer seine Futterbäume ohne langes Suchen? Seine Facettenaugen können hohe Dinge gegen den Horizont erkennen und ansteuern. Die Verwechslung mit einem Berg vermeidet er, indem er nur in ein bis zwei Meter Höhe fliegt. So gesehen wird jeder Baum, dem er näher kommt, schnell „höher" als jeder Berg.

Nachdem die Tiere sich an Blättern sattgefressen und danach Hochzeit gehalten haben, fliegt das Weibchen zur Eiablage an einen Ort, der sich als „Kinderwiege" bereits bewährt hat: zur eigenen Jugendheimat. Der Brummer findet sie auf der Wiese auf fünf Quadratmeter genau wieder. Wie? Mit seinem Sonnenkompaß. Vor 14 Tagen hatte sein „Bordcomputer" die Herflugrichtung gespeichert. Nun kehrt der Maikäfer den Kurs um 180 Grad um. Ist die Sonne von Wolken verdeckt, schaltet er auf seinen Magnetkompaß um. Auch die Entfernung hat er gespeichert. Das Maß dazu war der Kräfteverbrauch während des Fluges.

So erreicht das Weibchen exakt sein Zielgebiet, zum Beispiel eine Wiesenstelle mit viel Löwenzahn, und geht dort senkrecht nieder, um rund 70 Eier abzulegen. Die Wurzeln des Löwenzahns sind die Lieblingsspeise der Engerlinge, die aus den Eiern schlüpfen und die in ihrem drei- bis vierjährigen unterirdischen Dasein nicht weiter als sechs Meter kriechen können. Eine Landung an falscher Stelle würde den Tod dieser Larven bedeuten.

Wenn der Sommer des dritten Jahres zu Ende geht (in Norddeutschland des vierten Jahres), verpuppt sich der Engerling, und bereits im Herbst schlüpft er in seiner unterirdischen Kammer als fertiger Käfer. Hier überwintert er auch, wobei er sich stets in der erdmagnetischen Nord-Süd-Richtung bettet. Im Mai krabbelt er genau dann an die Oberfläche, wenn die Frühjahrswärme die Blätter der Bäume voll entfaltet hat, also wenn genug Nahrung da ist. Woher er das im 70 Zentimeter tiefen Erdbau erfährt, ist noch ein Rätsel. Aber wie auf Kommando kriechen überall die Käfermassen aus der Erde. Bis 1960 war das jedenfalls so. Die Gründe, warum es seither immer weniger Käfer wurden,

sind nicht restlos geklärt. Eine neue Maikäfer-Bevölkerungsexplosion ist aber durchaus möglich. Der 3 Zentimeter große Feldmaikäfer hat einige Verwandte: Die Larve des *Waldmaikäfers* lebt im Boden lichter Wälder, Waldränder und der Heide. Das 2,5 Zentimeter große Vollinsekt trat nie in Millionenmassen auf, ist aber auch nicht selten. Der 1,8 Zentimeter große *Junikäfer* schwärmt erst, wenn die Maikäfer verschwunden und die Blätter nachgewachsen sind. Seine Larvenentwicklung dauert nur zwei bis drei Jahre. Ausgewachsene Engerlinge verpuppen sich erst im Frühjahr und schlüpfen im Juni. Der 1,5 Zentimeter große *Julikäfer* braucht zur Larvenentwicklung nur zwei Jahre und schwärmt erst im Juli oder August.

## Die Wiesenspezialisten

*Das Braunkehlchen* (13 Zentimeter lang, 18 Gramm schwer) braucht als Lebensraum Wiesen, wo es Insekten und Spinnen fangen kann. Aber sein Bodennest muß unter einem Busch gegen Feindeinsicht von oben abgeschirmt sein, sonst wird es von Krähen und Elstern ausgeraubt. Wo die Flur „berei-

*Braunkehlchen*

nigt" wird, ist das Braunkehlchen zum Aussterben verurteilt, wie derzeit vielerorts in Mitteleuropa. Als am Rande einer Wiese Jungfichten gepflanzt wurden, siedelten sich hier sogleich Braunkehlchen an. Drei Jahre später, als die Zweige in Bodennähe

*weibl.*

*männl.*

*Schafstelze*

zum Insektenfang auf der Wiese nimmt sie in Kauf. Doch braucht sie Wasser. Aber eine Pfütze genügt ihr schon. Deshalb ist sie noch häufig zu beobachten, sogar in Gruppen, wenn sie zum Winterquartier in Süd- und Westeuropa zieht. Die gelbe *Schafstelze* überlebt, weil sie es versteht, sich Entwässerungsgräben nutzbar zu machen. Hier versteckt sie ihr Nest an der Böschung unter überhängendem Gras. Zum Insektenfang begleitet sie, oft in Scharen, die Schafherden. In Tarnstellung an Gräsern sitzende Heuschrecken kann sie erst entdecken, wenn diese von den Schafen aufgescheucht wurden. Den Winter verbringt sie südlich der Sahara.

*Der Weberknecht,* auch Kanker genannt, trägt seinen Leib wie eine Gondel an acht langen Beinen. Mit sechsen davon klettert das Spinnentier im Dschungel der Wiesen. Feinde gibt es unzählige. Ameisen krabbeln die Beine hoch und zwacken sie ab. Vögel fassen ihn am Bein. Dann wirft der Weberknecht dieses ab und flieht. Bei Tage verkriecht er sich, alle Beine strahlenförmig als Alarm-Stolperdrähte von sich gestreckt. Im zweiten Beinpaar, jenem mit Überlänge, befinden sich Vibrations-

vertrocknet waren, verschwanden alle diese Vögel wieder. So empfindlich reagieren sie auf Veränderungen in ihrem Lebensraum. Für das *Schwarzkehlchen* gilt ähnliches.

*männl.*

*weibl.*

*Schwarzkehlchen*

*Bachstelze*

Die *Bachstelze* (18 Zentimeter lang, 23 Gramm schwer) muß ihr Bodennest ebenfalls unter einem Dach verbergen. Aber sie ist anpassungsfähiger und wählt auch Erd- und Mauerlöcher, Holzstapel, Röhren, Dachsparren in einer Scheune. Weite Wege

sinne, die Erschütterungen wahrnehmen, wie sie Eidechsen oder Raubkäfer beim Laufen erzeugen. In die Luft erhoben, dienen diese Beine als Antennen, die das Summen von Wespen hören können. Das ganze Tier ist ein Präzisionsmeßgerät. Seine Sinne orten auch nachts Beute: Blattläuse, Milben, kleine Spinnen, junge Schnecken und Aas.

133

# Auf dem Bauernhof

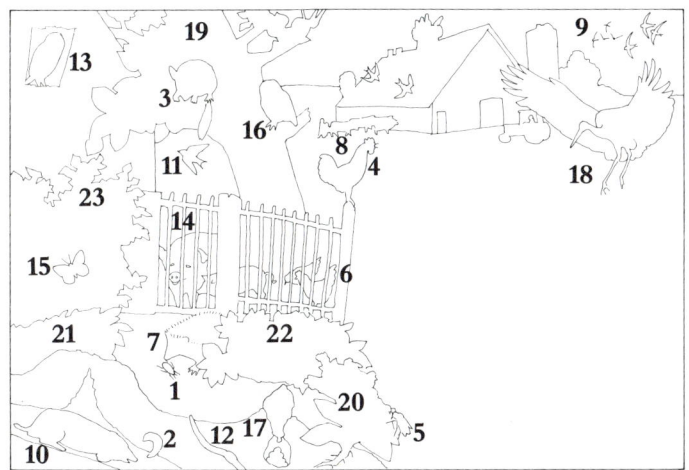

| | | |
|---|---|---|
| 1 Gartenlaubkäfer | 3 Gartenschläfer | 13 Schleiereule |
| 2 Gartenlaubkäfer- | 4 Hahn | 14 Schwein |
| larve | 5 Honigbiene | 15 Stachelbeer- |
| | 6 Huhn | spanner |
| | 7 Igel | 16 Steinkauz |
| | 8 Kuh | 17 Weinberg- |
| | 9 Mauersegler | schnecke |
| | 10 Maulwurf | 18 Weißstorch |
| | 11 Mehlschwalbe | 19 Apfelbaum |
| | 12 Regenwurm | 20 Borretsch |
| | | 21 Buschbohne |
| | | 22 Gurke |
| | | 23 Stachelbeere |

## Angst um Adebar

Anfang Juni war Jörg, das *Storchenkind*, im Horst auf dem Dach eines Bauernhauses im schleswig-holsteinischen Dorf Bergenhusen aus dem Ei geschlüpft. Zuerst ging es ihm sehr gut. Die Bauern hatten das Menschenmögliche für ihre „Glücks- und Kinderbringer" getan: Nisthilfen auf den Dächern montiert, Hochspannungsleitungen unter die Erde verlegt, neue Feuchtgebiete mit vielen Fröschen angelegt. Und die Storcheneltern fütterten Jörg mit Mäusen, Heuschrecken, Würmern und sogar mit Schlangen.

Ende August aber packte alle 27 Jungstörche des Dorfes ein plötzliches Fernweh nach dem unbekannten Südafrika. Die Zugunruhe regte sich. Während die Elternvögel noch zwei Wochen daheim blieben, schraubten sich die Jungen in Aufwinden der warmen, aufsteigenden Luft in den Himmel und segelten in Richtung Balkan. Hier versammelten sich auf Rastplätzen riesige Storchengeschwader aus Polen und Rußland, denen sich die jungen Störche aus Bergenhusen anschlossen.

Noch 1975 überquerten 346 400 Störche den Bosporus bei Istanbul. 1980 waren es nur noch

135

79 526 und 1985 gar nur 52 170. Alle anderen waren auf der gefährlichen Winterreise zu Tode gekommen. Die Gefahr beginnt über dem Libanon. Bewaffnete Horden schießen mit Maschinenge- wehren und Granatwerfern in die Schwärme der Adebare, wie die Störche auch genannt werden.

An der Südspitze der Halbinsel Sinai beginnt der Flug übers Rote Meer. Auf See gibt es keine Aufwinde zum Segeln. So halten sich die Vögel mit mühsamem Flug knapp zwei Meter über den Wellen. Viele Tiere stürzen erschöpft ins Meer und ertrinken.

Ist die Küste Afrikas erreicht, beginnt der Flug über die Wüste mit Hunger und Durst. Wenn bei den Tempeln von Luxor und Karnak der Nil erreicht ist,

| **Weißstorch** | | **Schwarzstorch** | |
|---|---|---|---|
| **Größe** | Bis 1,10 m | **Größe** | Bis 1,05 m |
| **Gewicht** | Bis 4,4 kg | **Gewicht** | Bis 4,0 kg |
| **Spannweite** | Bis 2,20 m | **Spannweite** | Bis 2,05 m |
| **Lebensraum** | Offenes, kaum genutztes Land mit Feuchtwiesen, Teichen und Bächen | **Lebensraum** | Absolut ungestörte Wälder mit Tümpeln und feuchtem Untergrund |
| **Nistplatz** | Früher auf Bäumen, dann auf Dächern in Dörfern, da hier Schutz vor Feinden | **Nistplatz** | 14 – 18 m hoch in Waldbäumen unter schattenspendender Krone. Flieht vor Menschen |
| **Brut** | Ende April bis Mai 3 – 5 Eier, 33 – 34 Tage bebrütet, flügge mit 55 – 60 Tagen | **Brut** | Mitte April bis Mai 3 – 5 Eier, 32 – 40 Tage bebrütet, flügge mit 60 – 70 Tagen |
| **Haupt-verbreitung** | „Oststörche": Türkei, Balkan, Polen, Rußland „Weststörche": Marokko, Algerien, Tunesien, Spanien | **Haupt-verbreitung** | „Oststörche": Türkei, Balkan, Polen, Rußland „Weststörche": Nur noch minimale Bestände in Spanien |
| **Zugscheide** | Von den Hauptverbreitungsgebieten drangen die Vögel früher bis Mitteleuropa vor und trafen sich längs einer Linie, die vom Ijsselmeer in Holland zum Harz und weiter bis zum Alpenrand bei Füssen führt. Beim Schwarzstorch verläuft sie etwas weiter östlich. So entstand die Zugscheide. Störche aus einem bestimmten Besiedlungsgebiet haben ihre speziellen Zugwege. | | |

haben sie sich eine Erholungspause verdient. Über dem Sudan wird es aber wieder gefährlich. Viele Leute braten sich dort gern einen Storch.

In Uganda geht die Schießerei der Menschen auf die

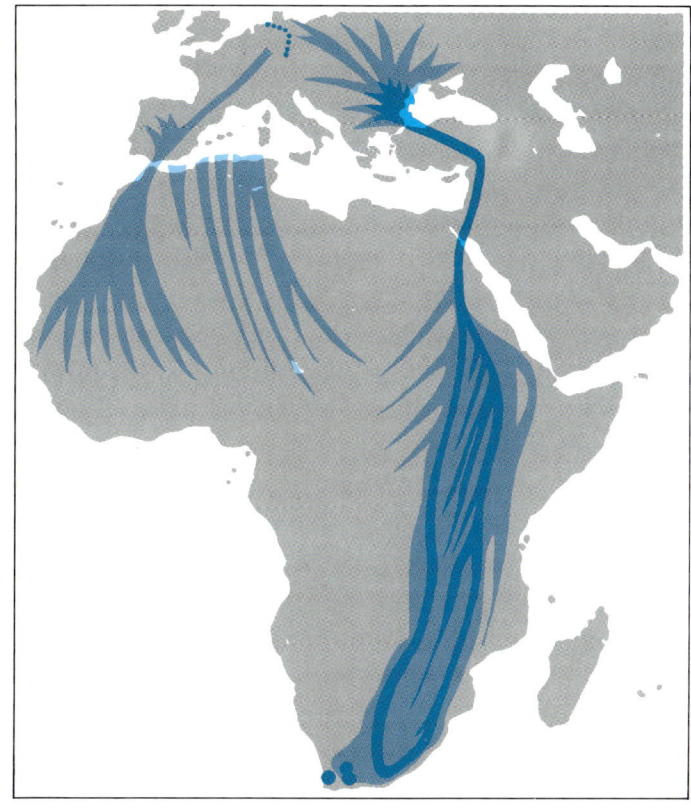

*Die Weißstörche, die westlich der Zugscheide (gepunktete Linie) brüten, ziehen über Gibraltar nach Westafrika, die Oststörche über Israel den Nil entlang bis nach Südafrika.*

Störche weiter. Desgleichen in Moçambique. Erst im südafrikanischen Winterquartier herrscht wieder Frieden. Aber auch hier trocknet das Land aus. Ungeheure Schwärme von Wanderheuschrecken fressen die Pflanzen kahl. Die Heuschrecken werden mit Gift bekämpft. Doch dieses tötet auch die Störche. Und die Überlebenden sind in vielen Fällen so schwach, daß sie keine Kraft mehr zur Rückreise haben.

So müssen wir uns besorgt fragen, wie lang es bei uns noch Störche geben wird.

## Wunderohren in finsterer Nacht

Der Weißstorch ist nicht der einzige Vogel, der freiwillig die Nähe des Menschen sucht und auf Bauernhäusern nistet. Auch die *Schleiereule* fühlt sich dort heimisch. Sie bewohnt Löcher im Mauer-

werk. Ende Mai sind die Nächte und die Zeiten zur Mäusejagd nur kurz. Trotzdem müssen Vater und Mutter Schleiereule allnächtlich mindestens 16 Mäuse und 5 Ratten fangen, wenn alle 9 bis 12 Nestlinge satt werden sollen. Da bleibt beim Füttern in der Dunkelheit keine Zeit, lange zu überlegen, welches Schnäbelchen an der Reihe ist. So bekommt immer nur das älteste Kind die Nahrung.

Dieses verhält sich als vorbildlicher großer Bruder und übernimmt die Futterverteilung mit erstaunlichem Sinn für Gerechtigkeit. Wenn das jüngste Geschwister in der hintersten Ecke des Nestes hungrig zwitschert, watschelt der Älteste mit einer Maus im Schnabel durch das Gedränge und gibt dem Kleinsten das Futter in zerteilten, mundgerechten Portionen. Derweil können die Eltern weiterjagen.

Wie finden sie die Mäuse in finsterer Nacht? Mit den Ohren! Sie hören nicht nur die feinsten Trippelschrittchen im Gras, sondern orten auch deren Richtung präzise.

Wenn ein Mensch einen Ton hört, der von rechts kommt, so trifft der Ton am rechten Ohr früher ein als am linken. Der Zeitunterschied ist winzig, aber unser Gehirn berechnet aus ihm die Richtung. So auch bei der Schleiereule. Diese muß aber auch wissen, wie schräg das Mäuserascheln von unten kommt. Bei uns Menschen ist die Information, die das Ohr auffängt, nur ungenau. Die Schleiereule dagegen kann das viel exakter, nämlich mit ihrem Gesicht, das einem Hohlspiegel gleicht.

In ihm formen Federn zusätzliche Gehörgänge von einer Unregelmäßigkeit, als wären nach einer saftigen Ohrfeige sämtliche Gesichtszüge „entgleist". Der Gang zum rechten Ohr öffnet sich mehr nach oben, der zum linken Ohr mehr nach unten. Bewegt sich eine Schallquelle nach oben, wird der Empfang im rechten Ohr also lauter und im linken leiser. Hieraus berechnet das Eulenhirn den Höhenwinkel so genau, daß der Vogel beim Sturzflug die Maus mit den Fängen trifft. Würde sie nur einen Zentimeter danebengreifen, wäre die Maus entwischt. Warum stößt die Eule beim Nachtflug nicht an Bäume, Büsche oder Mauern? Weil sie immer auf denselben Luftstraßen jagt, wo sie jeden Flügelschlag auswendig kennt. Sie besitzt ein unglaubliches Ortsgedächtnis.

Dennoch ist die Schleiereule vom Aussterben bedroht. Gedankenlose Menschen nehmen dem Mäusejäger bei der Renovierung von Scheunen und Ställen durch Zumauern aller Löcher jegliche Nistgelegenheit. Viele Bauern haben den Fehler aber

## So helfen wir dem Steinkauz

Auch der Steinkauz kann in Mitteleuropa nur noch in Dorfnähe leben. Warum fliegt er nicht in den Wald? Weil ihn dort der gut doppelt so große Waldkauz töten würde. Ursprünglich ist der Steinkauz ein Felsenhöhlenbrüter, der etwa am Steilhang der Akropolis in Athen oder in den felsigen Buschland-

| Schleiereule | | |
| --- | --- | --- |
| **Größe** | 34 cm | |
| **Gewicht** | 300 g | |
| **Lebensraum** | Dörfer und Stadtränder im Flachland | |
| **Nest** | In Mauerlöchern von Scheunen, Kirchen, Dachböden | |
| **Brut** | Ab März 2 – 3 Bruten mit je bis zu 12 Eiern, 30 – 34 Tage bebrütet, flügge mit 6 Wochen | |
| **Nahrung** | Mäuse, Suchflug in 5 – 7 m Höhe | |

| Steinkauz | | |
| --- | --- | --- |
| **Größe** | 20 cm | |
| **Gewicht** | 190 g | |
| **Lebensraum** | Flachland mit einzelnen Bäumen und Streuobstwiesen | |
| **Nest** | In Felsen- und Baumhöhlen und alten Gebäuden | |
| **Brut** | Ab Mitte April nur 1 Brut mit 3 – 5 Eiern, 25 – 30 Tage bebrütet, flügge mit 5 Wochen | |
| **Nahrung** | Mäuse und andere Kleintiere, Insekten, Regenwürmer | |

schon eingesehen und sorgen für neue Nistplätze. Manche öffnen deshalb auch das „Uhlenloch" in den Giebelspitzen der Scheunen wieder. Wer besonders schlau ist, durchbricht das „Uhlenloch" auch nach innen. Dann fangen die Vögel im Winter auch in der Scheune Mäuse.

schaften Spaniens lebt und bei uns auf Höhlen in verstreut stehenden Bäumen, etwa in alten Kopfweiden oder in den Streuobstwiesen am Dorfrand angewiesen ist. Fällt der Mensch die alten Weiden oder ersetzt er die großen Obstbäume durch kleinwüchsige, pflege- und pflückleichte Sorten, stirbt

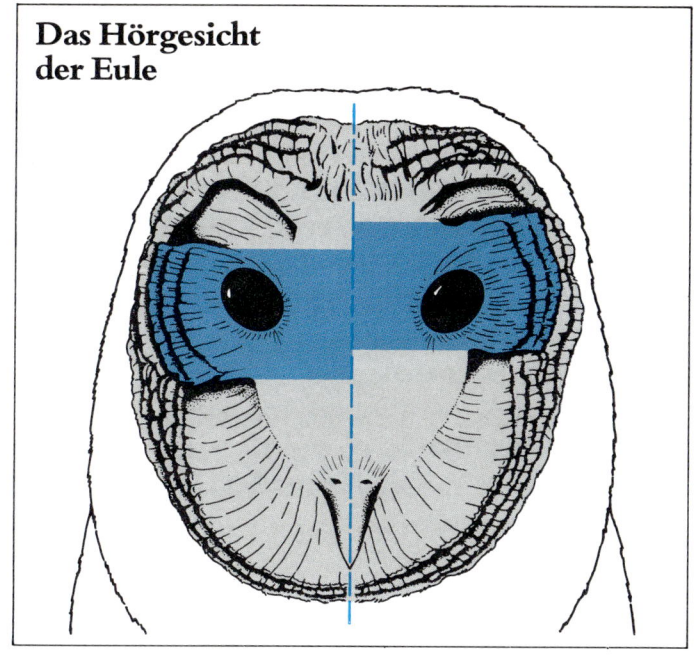

**Das Hörgesicht der Eule**

*Das Gesicht der Schleiereule ist eine einzige große „Ohrmuschel". Unter den Federn verlaufen Gehörgänge zum Anpeilen von Mäuseschritten.*

der Steinkauz aus, wie vielerorts schon geschehen. Eine Mäuseplage ist die Folge.

Daher helfen Vogelschützer dem liebenswerten Tier. Sie montieren in jüngeren Bäumen mardersichere Niströhren und zahlen jenen Bauern Prämien, die beim Abholzen einer Streuobstwiese einige große Bäume mit Höhlen stehenlassen.

Ein Nest bezieht das Kauzpärchen als Wohnung, zwei oder drei weitere braucht es als Speisekammer. Forscher fanden in diesen Vorratsnestern bis zu sechs Mäuse, eine Blindschleiche, Frösche, Eidechsen, Sperlinge und Dutzende von Heuschrecken und Käfern. Die kleine Eule betreibt Vorratswirtschaft, um bei Dauerregen oder im Winter einige extrem kalte Tage überleben zu können.

Von Menschen angelegte Nester müssen gut getarnt werden. Barbarische Menschen rauben sonst die tagsüber darin schlafenden Steinkäuze, um sie auszustopfen: als Zimmerschmuck für „Naturfreunde"!

## Meckis Kampf mit Kreuzottern

Ein Irrtum ist schuld, daß bei uns alljährlich etwa eine Million *Igel* von Autos überfahren werden. Viele Leute glauben, „Mecki" sei unempfindlich gegen Gifte, und vergiften ihn, ohne es zu wissen.

Bienen-, Wespen- und Hornissenstiche machen ihm nichts aus. Auch das Gift eines Käfers namens „Spanische Fliege", das bis zu 25 Menschen töten kann, bringt nur einen einzigen Igel um. Vom Gift, das den Wundstarrkrampf (Tetanus) hervorruft, verkraftet der Ritter mit den 16 000 Stacheln sogar 4000mal soviel wie ein Mensch.

Aber am Biß einer Kreuzotter stirbt er. Im Zweikampf mit ihr kann er es meist vermeiden, gebissen zu werden. Den Vorstoß der Schlange fängt er mit abgespreizten Nackenstacheln ab. Dann packt er selber zu und verspeist die Otter. Aber wenn sie ihn im Gesicht erwischt, ist es um ihn geschehen.

Es gibt also doch Gifte, die den Igel töten. Zu ihnen gehört auch das Gift, das Menschen in Form von Schneckenkörnern ins Salatbeet legen. Es tötet jede Schnecke. Aber wenn der Igel nun die toten Schnecken frißt, geschieht etwas Seltsames, das Forscher erst kürzlich entdeckt haben.

Der vergiftete Igel läuft taumelnd umher, strotzt vor Ungeziefer, streunt am Tage herum, zeigt keine Angst mehr, weder vor Menschen noch vor Hunden, und rollt sich auch nicht mehr schützend zusammen. So torkelt er halb bewußtlos auf der Straße umher und wird vom Auto überfahren. Aber auch gesunde Igel sind in Gefahr, wenn sie auf nächtlichem Beutezug von einem Auto geblendet werden.

## Mit Luftdruck-„Radar" durch die Unterwelt

Um Beutetiere zu fangen, gräbt der *Maulwurf* Jagdröhren. Sie schlängeln sich in 20 bis 40 Zentimeter Tiefe durch sein 400 Quadratmeter großes Revier. Einen neuen Tunnel treibt er pro Minute um 30 Zentimeter voran. Mit Pausen schafft er in einer Nacht 100 Meter. Im weichen Boden eines Beetes drückt er das Erdreich zur Seite. Im harten Boden einer Wiese stößt er die ausgeschachtete Erde als Maulwurfshaufen nach oben.

In diesen Gängen ruhen sich Regenwürmer, Asseln, Tausendfüßler, Schnecken, Erdraupen, Engerlinge, Käfer von ihrer Wühlarbeit aus und werden vom Maulwurf geschnappt. Er frißt täglich sein Eigengewicht an Beute, 36 Kilogramm im Jahr.

Woher weiß er im Finstern, ob er sich einer Einsturzstelle, einem Regenwurm, einer Spinne, einem feindlichen Maulwurf oder gar seinem Todfeind, einer Ringelnatter, nähert? Wenn er mit einem Tempo von vier Stundenkilometern durch sein Röhrennetz flitzt, schiebt er ähnlich wie eine U-Bahn einen Luftschwall vor sich her. Hindernisse

| Igel | |
|---|---|
| **Länge** | Bis 30 cm |
| **Gewicht** | Bis 1 200 g |
| **Lebensraum** | Gärten, Hecken, buschreiche, trockene Waldränder |
| **Zusammen-leben** | Einzelgänger, außer in der Paarungszeit |
| **Paarung** | April und Ende Juli, bei angelegten Stacheln schmerzlos |
| **Geburt** | Im Mai und September je 5 – 7 Junge. Stacheln der Babys noch im Hautpolster. 4 Wochen gesäugt. Zerstreuen sich dann |
| **Alter** | Bis 10 Jahre |

| Maulwurf | |
|---|---|
| **Länge** | Bis 17 cm |
| **Gewicht** | Bis 120 g |
| **Lebensraum** | Gärten, trockene, nicht sandige Wiesen und Weiden |
| **Zusammen-leben** | Einzelgänger, außer in der Paarungszeit |
| **Paarung** | April bis Mai in unterirdischen Brunstbahnen |
| **Geburt** | Im Mai oder Juni 3 – 4 bohnengroße Junge, 5 Wochen gesäugt, dann selbständig. Wandern über der Erde laufend aus |
| **Alter** | Etwa 3 Jahre |

*Beide zählen zur zoologischen Ordnung der Insektenfresser*

werfen die Luft echoartig zurück. Dieses Echo nimmt der Unterweltler mit seinem Tele-Tastsinn wahr. Tausende feinster Tasthärchen sitzen an der Schnauzenspitze, rings um das Maul herum, an der Oberseite der vorderen Grabfüße und – als „Radar" für den Rückwärtsgang – am Schwanzstummel. Hiermit entziffert er, was sich im finsteren Loch tut, ob er ausbessern, weglaufen oder angreifen muß. Zum Bau des Maulwurfs gehören außerdem Reisewege zur Balz bei der Nachbarin – Liebespfade oder sogenannte Brunstbahnen. Außerdem gibt es mit Heu ausgepolsterte Schlafnester und Kinderstuben, Sammelbehälter für die Sauerstoffversor-

gung, Drainagerohre zum Abführen von Regenwasser, zum Grundwasser führende Trinkgänge und Fluchtwege. Die Vorratskammern werden im September und Oktober gefüllt, damit auch während der Winterruhe (kein Winterschlaf!) Nahrung vorhanden ist. In einem Speicher fand man 1 280 Regenwürmer. Sie lebten noch, aber der Maulwurf hatte ihnen das Vorderende abgebissen. So hielten sie sich frisch, konnten aber nicht fliehen. Maulwürfe stehen unter Schutz und dürfen, außer im eigenen Hausgarten, nicht gefangen oder getötet werden. Der Name leitet sich von Maul = Mull = Humus ab.

## Tote warnen die Lebenden

Auf jedem Quadratmeter Feld, Wald und Gartenland leben 10 bis 20 *Regenwürmer*. Sie werden bis zu 30 Zentimeter lang. Alle Regenwürmer der Bundesrepublik Deutschland wiegen zusammen 25 Millionen Tonnen, achtmal so viel wie alle Menschen unseres Landes. Die Tiere graben beim Fressen von Humus das Erdreich durch ihren Darm hindurch um und lockern es auf. Ohne sie würden nur halb so viel Weizen auf dem Feld, Gras auf der Wiese und Holz im Wald wachsen.

Nur einmal in ihrem drei- bis zehnjährigen Leben paaren sie sich. Dann bauen sie in dunkler Maiennacht eine Erdklümpchen-Pyramide, schlängeln sich bis zu 10 Zentimeter hoch in die Luft, tanzen wie Minischlangen einen Reigen und tasten nach einem Partner. Männchen sucht Männchen. Sie

*Regenwurm mit Erdklümpchenpyramide*

legen sich so nebeneinander, daß ihre Kopfenden in entgegengesetzte Richtung weisen, fesseln sich mit Widerhaken-Borsten und einem Schleimband aus dem roten „Gürtel". So sind sie für drei Stunden untrennbar, bis jeder vom anderen den Samen empfangen hat. Einen Tag später werden beide Männchen zu Weibchen und beginnen Eier zu legen. Jedes Tier ist zunächst Männchen und dann Weibchen, also ein Zwitter.

Bei starkem Regen müssen die Würmer ihren Bau verlassen, da sie in der unter Wasser stehenden

Erdröhre sonst ersticken würden. Eine herbeihüpfende Amsel erspüren sie mit ihrem Tastsinn. Dann fliehen sie in ihr Loch und verankern sich dort mit den Borsten des Hinterleibes. Oft erwischt der Vogel aber das Hinterteil und beginnt zu zupfen. Dann reißt der Wurm in zwei Teile. Bis zu 120 seiner hinteren Ringel-Glieder kann er ohne Lebensgefahr verlieren. Sie wachsen binnen drei Wochen wieder nach. Entgegen einer weitverbreiteten Meinung stirbt das durch einen Spaten abgetrennte Hinterende vom 38. bis zum 120. Glied jedoch ab. Es kann allein nicht überleben.

Deshalb besitzen Regenwürmer ein raffiniertes Alarmsystem: Jedes der sehr schmerzempfindlichen Tiere, das zerrissen wurde, scheidet mit seinem Schleim einen Schreckstoff aus. Wenn noch drei Monate später andere Regenwürmer diesen Duft spüren, fliehen sie den lebensgefährlichen Ort. Tote warnen also die Lebenden.

## Sie erfanden Amors Liebespfeil

Die Liebe der *Weinbergschnecken* ist das Langweiligste, was man sich denken kann. Sie beginnt, wenn im Mai oder Juni eine Schnecke auf die

*Weinbergschnecken beim Paarungsspiel*

Schleimspur einer anderen trifft. Da es sich hierauf leichter glitscht, ist die Verfolgte bald eingeholt. Dann umkriechen sie sich stundenlang im Schneckentempo. Sie müssen sich auch erst „überlegen", wer Männchen und wer Weibchen spielen soll, denn auch sie sind Zwitter.

Schließlich richten sie sich aneinander auf und pressen Sohle gegen Sohle. Dann müssen sie verschnaufen, unglücklicherweise jeder zu einer anderen Zeit. Es klappt erst, wenn ein Partner einen regelrechten Liebespfeil abschießt. Unter leichtem

Zischen jagt ein Treibgas einen Kalkpfeil von einem Zentimeter Länge aus einer Art Köcher in den Leib des anderen. Der Pfeil dringt knapp einen Zentimeter tief ein, an beliebiger Stelle. Jetzt treiben der Schmerz und ein „Verzauberungs"-Mittel am Pfeil den langweiligen Kerl zu höchster Erregung. So bringen beide ihre Liebeswallungen in den gleichen Takt. Sieben Wochen später legt die Schnecke 60 bis 80 knapp erbsengroße Eier in ein Erdloch. 20 bis 27 Tage danach schlüpfen die zarten, glasigen Jungtiere. Die kleinen Salatfresser haben viele Feinde, da ihnen ihr Gehäuse noch keinen Schutz bietet: Raubund Leuchtkäfer, schneckenfressende Schnecken, Vögel, Dachse, Waschbären, Ameisen. Weinbergschnecken werden günstigstenfalls zwölf Jahre alt.

## Im Reich der Bienenkönigin

Etwa 50 000 Tiere gehören zum Staat der Königin. Sie hat die königliche Aufgabe, für Nachwuchs zu sorgen. Im Mai und Juni legt sie Tag für Tag bis zu 1 500 Eier in die leeren Zellen der Brutwaben. Damit beginnt der Lebensweg einer Honigbiene. Aus dem Ei schlüpft nach drei Tagen die Larve. Sie wird von „Kindermädchen" eifrig mit Honig und Blütenstaub (Pollen) gefüttert und steigert in sechs Tagen ihr Gewicht auf das 500fache. Dann verpuppt sie sich und vollzieht in zwölf Tagen die Verwandlung (Metamorphose) zum Vollinsekt. Sie ist jetzt eine Honigbiene.

In den ersten zehn Tagen ihres Erwachsenendaseins arbeitet sie nun als „Kindermädchen", „Raumpflegerin" oder „lebende Klimaanlage". Hierbei erzeugt sie durch Muskelzittern Wärme, oder sie bringt durch Flügelschwirren Wassertropfen zum Verdunsten und erzeugt dadurch Verdunstungskälte. So wird eine Innentemperatur von 35 Grad erhalten.

Danach ist die Biene tagelang Wachswaben-Bauarbeiterin, Honig-Kellermeisterin oder Pollen-Lagerhalterin, schließlich Müllkutscherin oder Leichenträgerin. Es folgen zwei Tage als Torwächterin, in denen sie auch die Umgebung erkundet. Vom 23. Erwachsenentag an arbeitet sie zwei Wochen als Sammlerin für Nektar, Pollen, Wasser und Harz. Mit Harz werden zugige Ritzen abgedichtet. Nach 5 Wochen stirbt sie. Die Königin aber wird vier bis fünf Jahre alt.

*Bienen auf Wabe*

In Blüten findet die Biene Nektar, also Rohzucker. Ihr Speichel spaltet ihn auf in Frucht- und Traubenzucker. Durch den Entzug von Wasser dickt er ein. So entsteht Honig. Um dem Ausbruch von Krankheiten und Seuchen im Staat vorzubeugen, mischt die Biene keimtötende Wirkstoffe hinein. Deshalb ist Honig auch für Menschen gesund. Um ein Kilogramm Honig zu bekommen, müssen Bienen sieben Millionen Kleeblüten besuchen. Das erfordert eine Flugstrecke, die sechsmal um den Erdball führt. Ein Bienenstaat sammelt an einem trockenen, warmen Tag ein Kilogramm Honig.

Während die Bienen Nektar sammeln, transportieren sie von Blume zu Blume den Blütenstaub, also den männlichen Samen. So werden die Blumen bestäubt und befruchtet. Ohne Bienen gäbe es kaum Obst. Deshalb halten die Menschen sie als „Haustiere".

## Das Abc der Bienen-Sprache

Sammelbienen, die ein reiches Blütenfeld gefunden haben, teilen den Bienen im Stock mit, in welcher Richtung und wie weit sie zu diesem Ziel fliegen müssen. Sie verständigen sich durch eine Tanz-Sprache:

Die erfolgreiche Heimkehrerin durchläuft auf der senkrechten Wabenwand eine gerade Meßstrecke. Dann kehrt sie im rechten Bogen zum Anfang der Meßstrecke zurück, durchläuft sie wieder, kehrt im linken Bogen zurück und so fort.

„Arbeitslose" Sammlerinnen folgen der Vortänzerin im Antennenkontakt und merken sich Richtung und Durcheildauer der Meßstrecke. Und das lesen sie aus dem Tanz heraus:

## Richtungsweisung

| Meßstrecke wird durchlaufen | Blütenfeld liegt |
|---|---|
| Senkrecht von unten nach oben | In Richtung auf die Sonne zu |
| senkrecht von oben nach unten | in Richtung von der Sonne weg |
| 32 Grad schräg von links unten nach rechts oben | in Richtung von 32 Grad schräg rechts von der Sonne |

Entsprechend kann auch jeder andere Winkel vom Bienenstock zum Blütenfeld auf 2,5 Grad genau mitgeteilt werden.

## Entfernungsmitteilung

| Biene durchläuft die Meßstrecke in 15 Sekunden | Entfernung des Blütenfeldes vom Stock |
|---|---|
| 9,4 mal | 100 Meter |
| 7,0 mal | 300 Meter |
| 6,0 mal | 500 Meter |
| 4,6 mal | 1 000 Meter |
| 2,2 mal | 5 000 Meter |

Entsprechend kann auch jeder andere Zwischenwert auf wenige Meter genau mitgeteilt werden.

## Wilde Wesen wurden zu Haustieren

Als erste Art machte sich der Mensch den Hund zum Haustier. Er stammt vom Wolf ab. Die ältesten Knochenfunde, die deutliche Hundemerkmale zeigen, sind 12 000 Jahre alt. Sie lagen in einer Höhle bei Palegawra im Iran. Weitere Funde stammen aus dem Norden Israels.

Vermutlich haben Steinzeitjäger Jungwölfe gefunden, ins Lager gebracht und im Holzkäfig als Fleischnahrung für Notzeiten gezüchtet. Die bissigsten Tiere wurden aussortiert. Es blieben die Zahmen. Allmählich bemerkte man, daß die Tiere auch als Wächter taugten, als Beschützer und Helfer bei der Jagd. So wurde der Hund zum Freund des Menschen.

Erst 2 000 Jahre später folgte das zweite Haustier, die Ziege. Sie stammt von der Bezoarziege ab, die ähnlich riesige Hörner wie der Steinbock hat und heute nur noch in wenigen Exemplaren auf Kreta lebt. Bald kam das Schaf hinzu. Dessen Urahn – das Mufflon – ist heute noch in vielen Freigehegen zu betrachten.

Schwieriger gestaltete sich die Haustierwerdung (Domestikation) des Rindes. Sein Vorfahr war der Ur, ein gewaltiges Wildrind, das damals in den riesigen Urwäldern Europas lebte. Die Stiere waren gefürchtete Tiere. Trotzdem wurden sie vor 7 800 Jahren in Osteuropa und der Türkei gezähmt. Seit dem Jahr 1627 gibt es keine wilden Ure mehr. Sie wurden ausgerottet.

Bald darauf gelang es auf der russischen Halbinsel Krim, aus Wildschweinen rosa Hausschweine zu züchten. Seltsamerweise entdeckte der Mensch dann erst das Pferd für sich. In den Steppen der Ukraine wurde das Przewalski-Wildpferd gezähmt und als Reittier für die Armee abgerichtet. Erst später verwendete man es auch zum Ziehen von Wagen und Pflügen. Auch der Wildesel mußte sich zum Tragtier umfunktionieren lassen.

Vor etwa 4 500 Jahren lief den alten Ägyptern ein sehr zutrauliches Wildtier zu: die Nubische Falbkatze, die Urahnin unseres Mäusefängers. Lediglich die Angorakatze stammt von der Sicheldünenkatze in der Karakum-Wüste ab.

Auch die Abstammung des Geflügels ist kein Geheimnis. Aus der Graugans wurde die weiße Hausgans, aus der Stockente die Haus- oder Pekingente, aus dem südostasiatischen Bankiwahuhn unsere Eierlegerin, aus der Felsentaube die Haus- und die Brieftaube.

## Und ewig stinken die Felder

Noch um 1950 herrschte auf dem Bauernhof eine Idylle. Der Hahn krähte auf dem Misthaufen, die Schweine suhlten sich im Obstgarten, die Kühe fanden auf der Weide ihr Paradies, die Pferde mußten Wagen und Pflüge ziehen. Zur Getreideernte kam ein Dutzend Frauen, um Garben zu binden und zum Trocknen aufzustellen.

Heute will trotz großer Arbeitslosigkeit kaum noch jemand als „Knecht" in der Landwirtschaft arbeiten. Bauer und Bäuerin müssen auf kleineren Höfen alles allein schaffen – mit vielen modernen und teuren Maschinen, mit rationellen Methoden und vereinheitlichter Bewirtschaftung: Beschränkung auf eine Getreideart oder Spezialisierung auf die Viehhaltung.

Im Zuge dieser Entwicklung kommt es leider auch zu tierquälerischen Auswüchsen: Massenhaltung von „Batteriehühnern", Aufzucht von Kälbern in engen Mastboxen, verbotener Einsatz von Muskelfleisch bildenden Hormonen, Abtransport von Schweinen und Rindern, die in Lastwagen eingepfercht und auf langen Strecken durchgeschüttelt werden.

Es floriert auch die „Güllewirtschaft". In Ställen mit Massenhaltung von Vieh oder Geflügel fällt viel Mist und Jauche an. Mit Wasser verdünnt, wird diese als Gülle zum Düngen der Felder verwendet, auf denen meist der gegen Überdüngung ziemlich unempfindliche Mais angebaut wird, und zwar als Futter für eben das Vieh, das die Gülle geliefert hat. Allerdings produzieren die Tiere weitaus mehr Mist und Jauche, als die Felder brauchen. Um den Unrat loszuwerden, werden die Felder überdüngt. Sie stinken fast das ganze Jahr und vergiften das Grundwasser, die umliegenden Bäche, Flüsse und Seen. Keine Spur mehr von der einstigen Idylle.

### Sie „sehen" mit den Ohren

Die Stille der lauen Mondnacht war ein Zeichen für den Frieden in der Natur – sollte man meinen. Doch da schaltete der Forscher ein Gerät ein, mit dem für uns Menschen unhörbar hohe Töne, sogenannte Ultraschall-Laute, wahrnehmbar gemacht werden können. Schlagartig erfüllte ein lautes Geknatter die Luft. Scheinwerfer ließen die Krachmacher sichtbar werden: *Fledermäuse*, die hinter Mücken

*Abendsegler (oben) und Hufeisennase (unten)*

und Nachtfaltern herjagten. Die Ultraschall-Laute, die Fledermäuse ausstoßen, werden von Mauern, Ästen, Drähten, Motten und Mücken echoartig zurückgeworfen. An diesen Echos hören Fledermäuse, was sich vor ihnen befindet. Professor Möhres sagt dazu: „Wie uns Menschen im Widerschein eines Scheinwerfers eine nächtliche Landschaft erscheint, so wird der Fledermaus im Widerhall ihres Schallwerfers die in der Finsternis verborgene Umgebung erkennbar." Dieses Säugetier kann tatsächlich Bilder hören.

Einige Nachtfalter können sich aber schützen. Sie haben Ultraschall-Ohren und hören die „Feindsender". Dann stürzen sie schnell zu Boden oder fliegen Ausweichspiralen. Andere schreien im Ultraschall zurück. Das ist eine Warnung: „Achtung! Ich schmecke bitter!" Dann werden sie von den Fledermäusen verschont.

Tagsüber schlafen diese Nachtjäger. Dazu hängen sie sich mit dem Kopf nach unten in Baum- und Felsenhöhlen, in Kirchtürmen, Ruinen, aber auch im Gebälk von Dächern auf. Besonders sichere Orte dienen ihnen als Wochen- und Kinderstube.

Ihren Winterschlaf halten die Fledermäuse von Oktober bis April in noch besser geschützten und wärmeren Höhlen, meist tief im Felsen. Vom Sommer- ins Winterquartier fliegen sie mehrere hundert Kilometer weit, natürlich nachts. Wie diese Säugetiere, die einzigen, die fliegen können, den Weg dorthin finden, ist noch ein Rätsel.

Während des Winterschlafs wachen die Fledermäuse öfter auf und paaren sich. Eine Ehebindung kennen sie nicht. Die Jungen werden im Juni oder Juli in den Wochenstuben geboren, meist nur eines pro Weibchen. Nach wenigen Tagen kommen sie in den „Kindergarten", wo sie – einzigartig in der Tierwelt – von allen Müttern gesäugt werden, ohne Rücksicht auf ihre leibliche Zugehörigkeit. Fledermäuse werden bis zu 17 Jahre alt.

Leider geht die Zahl dieser Tiere, von denen es in Europa 32 verschiedene Arten gibt, in erschreckendem Maße zurück. Insektengifte töten auch sie. Außerdem werden zunehmend Einfluglöcher in Ruinen, Gehöften und Kirchtürmen zugesperrt, so daß es den Tieren an Schlafplätzen und Kinderstuben fehlt. Gegenwärtig sind aber Tierschützer dabei, künstliche Schlafplätze zu schaffen.

## Weltmeister im Schlafen

Die Siebenschläfer waren nach der Legende sieben christliche Brüder, die im Jahre 251 während einer Christenverfolgung des römischen Kaisers Decius bei Ephesos in eine Höhle flüchteten und dort lebend eingemauert wurden. Bis zur Öffnung des Felsenloches anno 446 sollen sie 195 Jahre lang geschlafen und danach als Beweis für die Auferstehung vom Tode gegolten haben.

Ein fast ebenso großes Schlafwunder sind die nach ihnen benannten Tiere, die *Siebenschläfer* (auch Bilche oder Schlafmäuse). Sie halten von Ende September bis Anfang Mai sieben Monate lang Winterschlaf. Aber auch im Sommer werden sie nur in wenigen Nachtstunden munter. Ende Juli schlafen sie von drei Uhr morgens bis abends um zehn, also 19 Stunden am Tag. Ein Tier, das neun Jahre alt geworden ist, hat somit acht Jahre seines Lebens glatt verschlafen.

Wenn sie aber munter sind, poltern sie wild umher. Wo sie sich in den Dachkammern eingenistet haben, spukt es mitternächtlich. Die Zeit ihrer temperamentvollen Liebesspiele im Mai liegt nämlich genau in der Geisterstunde. Dann hopst und trippelt es durchs Haus, faucht, pfeift, stöhnt, murmelt, quiekt und rasselt es. Haben sie einen Zweig als Trampolin, springen sie bis zu zehn Meter weit. Sie klettern an Gardinen hoch und balancieren auf drei Millimeter dünnen Drähten. Sobald aber ein Mensch Licht einschaltet, sind sie alle, holterdiepolter, verschwunden.

Im Winterschlaf stellen sie ihr Lebensfeuer auf Sparflamme. Schlummernd verbraucht ein Siebenschläfer, der im Sommer täglich 150 Gramm Futter frißt, nur noch 0,2 Gramm Körperfett. Dennoch ist der Winterschlaf sehr gefährlich. Von fünf Schläfern wachen vier nie wieder auf. Wildschweine, Dachse, Füchse, Wiesel, Hermeline und die sich wieder stark vermehrenden Ratten graben sie aus und verspeisen sie. Deshalb werden die Siebenschläfer heute immer seltener.

Der *Gartenschläfer* schlummert über Winter nicht ganz so lange wie sein Verwandter. Aber er überrascht uns mit einer anderen Besonderheit, wie folgende Geschichte erzählt:

Sein letztes Stündlein schien geschlagen zu haben, als er im fahlen Licht des Halbmondes gewahrte,

145

wie ein Marder am Baumstamm emporkletterte. Zu fliehen war hoffnungslos. Der Marder ist doch schneller. So wedelte der Gartenschläfer dem Räuber mit seinem 13 Zentimeter langen Schwanz vor

der Nase herum. Der Marder sprang zu und hatte die Schwanzquaste zwischen seinen Krallen. Bei vielen Beutetieren wie Eichhörnchen, Siebenschläfern und Mäusen genügt das, um das Opfer wie an der Leine festzuhalten und dann zu töten. Aber beim Gartenschläfer riß die Schwanzhaut durch. Dann spurtete er los. Dabei glitt sein nun-

## Siebenschläfer

| | |
|---|---|
| **Länge** | 18 cm + 15 cm Schwanz |
| **Gewicht** | Bis 185 g |
| **Lebensraum** | Obstgärten, Laub- und Mischwälder |
| **Nahrung** | Vorwiegend Pflanzenfresser; Blätter, Rinde, Eckern, Eicheln, Nüsse, Beeren, Obst, Insekten |
| **Nest** | In Baumhöhle, Vogelnest oder Dachboden |
| **Geburten** | Im August oder September 1 Wurf mit 4 – 6 Jungen, 4 – 5 Wochen gesäugt, mit 8 Wochen selbständig |
| **Alter** | 6 – 7 Jahre |
| **Winterschlaf** | Ende September bis Anfang Mai |
| **Besonderheit** | Lebt im Familienrudel mit bis zu 8 Mitgliedern |

## Gartenschläfer

| | |
|---|---|
| **Länge** | 17 cm + 12 cm Schwanz |
| **Gewicht** | Bis 120 g |
| **Lebensraum** | Lichter Laubwald, Fichtenschonungen, keine Gärten! |
| **Nahrung** | Vorwiegend Fleischfresser; Raupen, Käfer, Schnecken, Mäuse, Eidechsen, Heuschrecken, Früchte |
| **Nest** | Aus Moos und Heu im Fels, in Steinhaufen, Erdlöchern, Waldhütten |
| **Geburten** | Im Juni oder Juli 1 Wurf mit 3 – 6 Jungen, 4 Wochen gesäugt, mit 8 Wochen selbständig |
| **Alter** | 4 – 5 Jahre |
| **Winterschlaf** | Oktober bis Ende März |
| **Besonderheit** | Wenn Feind den Schwanz packt, kann Schwanzhaut abgestreift werden |

mehr nackter Schwanz aus der Hauthülle heraus, und er war frei, während sich der Marder mit einer haarigen „Wurstpelle" begnügen mußte.

Es ist ein ähnlicher Selbstverstümmelungstrick wie bei den Eidechsen. Hernach nagt der Schläfer seinen Schwanzknochen ab. Und bald darauf wächst ihm ein neuer Schwanzstummel.

## Haselmaus

| | |
|---|---|
| **Länge** | 9 cm + 7 cm Schwanz |
| **Gewicht** | Bis 43 g |
| **Lebensraum** | Unterwuchsreiche Wälder und Hecken mit und ohne Haselsträucher |
| **Nahrung** | Vorwiegend Pflanzenfresser; Nüsse, Eicheln, Eckern, Beeren, Knospen, Insekten |
| **Nest** | Kugelnester aus Heu und Laub, 1–2 m hoch im Gebüsch |
| **Geburten** | Im Sommer 1–2 Würfe mit je 3–5 Jungen, 4 Wochen gesäugt, mit 6 Wochen selbständig |
| **Alter** | 3–4 Jahre |
| **Winterschlaf** | Ende Oktober bis Anfang April |
| **Besonderheit** | In heißen Nächten fallen sie in einen Sommerschlaf |

## Vom Dorf- zum Stadtbewohner

Seit 1977 ist die *Rauchschwalbe*, einst nur Bewohner dörflicher Viehställe, immer mehr zum Städter geworden. Ihre Landflucht nimmt ständig größere Ausmaße an. Die Dörfer werden zunehmend schwalbenfeindlich. Einflugfenster in Ställen werden verschlossen, die Räume mit Insektengift fliegenfrei gehalten, die Umgebung der Höfe wird asphaltiert. Somit finden die Schwalben, früher als Glücksbringer willkommen, heute keine Wohnstätte mehr auf dem Lande.

Aber seit 1978 suchen sie sich einen neuen Lebensraum, und zwar ausgerechnet die Stadt und sogar auch die Villenvororte der Großstädte. Dort suchen sie ihre Nistplätze nun unter überdachten Terrassen und Balkonen, unter Tankstellendächern, Brücken und Hauseingängen, ja sogar in lärmenden Werkstätten und in den Lichtschächten der Wohnblocks.

Der zum Nestbau benötigte Lehm ist in der Stadt jedoch Mangelware. Fehlt er, nimmt der Vogel auch feuchte Gartenerde, die er mit Grashalmen und Speichel mischt. Aber dann zerbröckelt das Nest oft, bevor die Jungen flügge sind. Und das bedeutet ihren Tod.

Hier muß der Tierfreund helfen. Wer im Frühling sieht, daß Schwalben das Haus auf Nistplatzsuche immer wieder umfliegen, kann im Handel erhältliche Kunstnester möglichst weit unter einer Überdachung anbringen. Mühsamer ist es, wenn der Helfer den Tieren den Nestbau zwar selbst überläßt, ihnen aber die notwendigen Hilfen gibt. Hierzu gehört eine Neststütze, ein Brett von 12 x 12 Zentimeter mit 2,5 Zentimeter hoher Randleiste. Auch sollte in der Nähe Lehm bereitgestellt werden, der sehr naß sein muß. Sonst müssen die Schwalben Wasser suchen, das sie meist im Fluge schöpfen. Aber dazu gibt es in der Stadt kaum Gelegenheit. Wen weiße Kleckse stören, der montiere Kotbretter in mindestens 30 Zentimeter Abstand unter das Nest, damit die Vögel ihr Nest von unten bequem anfliegen können. Auf diese Weise können besonders schwalbenliebende Menschen sogar eine ganze Kolonie unter ihrem Dach ansiedeln. Eine Mühe, die mehr als reich belohnt wird, wenn man beobachten kann, wie die Jungen in den Kinderstuben gefüttert werden.

## Weltreisender Wetterprophet

Der Beobachter am Radarschirm traute seinen Augen nicht. Nahe Zürich verfolgte er einen Schwarm von *Mauerseglern*, die von ihren Brutplätzen zur Reise nach Südafrika aufgebrochen waren. Aber diese Vögel steuerten nicht den erwarteten Südkurs, sondern flogen nach Nordwest in Richtung Paris. Hatten sie die Orientierung verloren?

Da meldete der Wetterbericht ein Gewittertief über Oberitalien. Schlagartig wurde dem Forscher klar, was gemeint ist, wenn es in der Fachsprache heißt: „Mit Hilfe eines Sinnes für Luftdruckschwankungen ist der Mauersegler in der Lage, zyklonale Wetterflüge durchzuführen." Die Vögel hatten also schon im derzeitigen Schönwettergebiet der Alpennordseite mit einem „inneren Barometer" gespürt,

## Rauchschwalbe

| | |
|---|---|
| **Länge** | Bis 19 cm |
| **Gewicht** | Bis 22 g |
| **Nistplatz** | In Ställen und Scheunen oder unter Vorsprüngen |
| **Nest** | Oben offene Viertelkugel aus Lehmpillen |
| **Brut** | Mai und August 2mal 4 – 5 Eier, 14 – 16 Tage bebrütet, flügge mit 20 – 22 Tagen |
| **Zug** | Oktober bis April: tropisches Afrika (Kongo) |
| **Nahrung** | Fliegende Kleininsekten wie Blattläuse und Mücken, am Faden segelnde Spinnen. Da Mücken vor einem Regen tief fliegen, folgen ihnen die Schwalben und künden uns dadurch schlechtes Wetter an. Wegen des viel höheren Flugtempos können Mauersegler nicht in Bodennähe fliegen. Gefahr von Zusammenstößen. Sie suchen dann Schönwetterzonen auf, die z.T. viele hundert Kilometer entfernt sind. Die Nestlinge fallen in eine Art Winterschlaf (Torpor) und können bis zu 4 Tage ohne Eltern überleben |

## Mehlschwalbe

| | |
|---|---|
| **Länge** | Bis 12,5 cm |
| **Gewicht** | Bis 18 g |
| **Nistplatz** | Außen an Bauwerken oder Felsen |
| **Nest** | Geschlossene Viertelkugel mit einem Schlupfloch |
| **Brut** | Ab Ende Mai 2mal 3 – 5 Eier, 14 – 15 Tage bebrütet, flügge mit 20 – 30 Tagen |
| **Zug** | Oktober bis April: Afrika südlich der Sahara |
| **Nahrung** | Siehe Rauchschwalbe |

daß südlich des Gebirges Sturm, Blitz und Regen zu erwarten waren. Daraufhin umflogen sie nun die Schlechtwetterzone weiträumig über Frankreich, Nordspanien, das westliche Mittelmeer und Tunesien.

Die meisten anderen Zugvögel halten die ihnen angeborene Zugrichtung stets stur ein. Werden sie von schlechtem Wetter überrascht, landen sie und warten Sturm und Gewitter am Boden ab. Dauert das Unwetter mehrere Tage, kommt es zu einem sogenannten Zugstau, weil sich immer mehr Vögel hier versammeln. Hingegen sind Mauersegler die einzigen Vögel, von denen wir bisher wissen, daß sie Riesenumwege in Kauf nehmen, um Unwetterzonen zu umfliegen.

Diesen Luxus können sich die Mauersegler aus drei Gründen leisten: Sie finden ihre Fluginsektennah-

rung ausschließlich in der Luft, brauchen zum Fressen also nicht zu landen. Sie schlafen sogar in großen Höhen segelnd, wie Radarbeobachtungen gezeigt haben. Und sie fliegen sehr schnell. Das Mittelmeer überqueren sie in wenigen Stunden, die Sahara in zwei Tagen. Während die anderen Zugvögel im Regenguß auf dem Boden warten, haben die Mauersegler das Unwettergebiet schon längst umflogen. Das gilt übrigens für die Sandstürme über der Sahara ebenso wie für die Monsunregen über den zentralafrikanischen Urwäldern. Wie diese beneidenswerte „innere Wetterkarte" funktioniert, ist der Wissenschaft noch ein Rätsel.

| Uferschwalbe | |
|---|---|
| **Länge** | Bis 12 cm |
| **Gewicht** | Bis 17 g |
| **Nistplatz** | In lehmiger, toniger, festsandiger Steilwand |
| **Nest** | Graben armtiefen Gang mit Nisthöhle hinten |
| **Brut** | Ab Ende Mai 2mal 4 – 5 Eier, 12 – 16 Tage bebrütet, flügge mit 16 – 22 Tagen |
| **Zug** | September bis April: Ost- und Südafrika |
| **Nahrung** | Siehe Rauchschwalbe |

| Mauersegler | |
|---|---|
| **Länge** | Bis 16 cm (keine Schwalbe!) |
| **Gewicht** | Bis 20 g |
| **Nistplatz** | In Fels- und Mauerspalten und in Baumhöhlen |
| **Nest** | Flache Schale aus Federn und Halmen, mit Speichel verleimt |
| **Brut** | Ab Ende Mai 1mal 2 – 3 Eier, 18 – 20 Tage bebrütet, flügge mit 38 – 56 Tagen |
| **Zug** | September bis April/Mai: tropisches Afrika |
| **Nahrung** | Siehe Rauchschwalbe |

# In der Stadt

## Wildtiere werden Stadtbewohner

Die Landflucht vieler Wildtiere ist im vollen Gange. Schon weiden Rehrudel in frühester Morgenstunde auf den Grünflächen der Trabantenstädte, schnüffeln Füchse in den Mülltonnen der Vororte. Schon dringen Wildkaninchen bis in die Hinterhöfe der Innenstädte vor und trippeln Igel in den Rinnsteinen der Hauptverkehrsstraßen.

Auf dem Friedhof von Berlin-Heiligensee wühlen Wildschwein-Rotten durch die Gräber, werfen Grabsteine um und führen die Stadtjäger an der Nase herum. In vielen Villengegenden trommeln im Frühling allmorgendlich Buntspechte ihre Liebeslieder auf das Blech von Verkehrsschildern und Regenrohren, daß es weithin scheppert. Haustauben entwickeln sich auf zentralen Plätzen zur Hauptverkehrszeit zu Auto-Toreros. Man muß sich fragen, was sie da, eingenebelt von Auspuffgasen, auf dem Asphalt zu picken finden, aber sie riskieren sekündlich ihr Leben dafür.

Die Silbermöwen von Bremerhaven und Wilhelmshaven ziehen seit 1975 nicht mehr zum Brüten auf eine Nordseeinsel, sondern nisten im „Dünengelände" der Großstadtdächer. In mehreren bayerischen Kleinstädten können die Küster die Glocken nicht mehr läuten, weil Fledermäuse dicht zusammengedrängt im Glockeninneren am Klöppel hängen und schlafen. Auch Graureiher fliegen freiwillig in die Städte und gründen in den Zoos auf den großen Freiflugkäfigen der Greifvögel Brutkolonien.

Turmfalken nisten inzwischen nicht nur in Kirchtürmen, sondern auch in den Luftschächten moderner Hochhäuser, im Mauerwerk der Fabrikhallen,

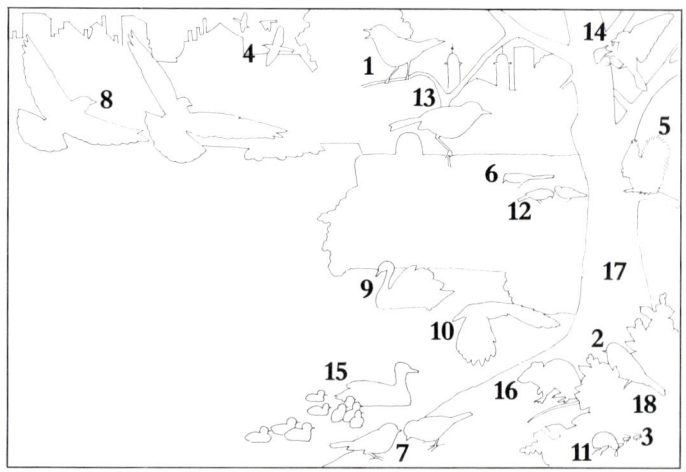

| 1 Amsel | 8 Haustaube | 15 Stockente |
|---------|-------------|--------------|
| 2 Blaumeise | 9 Höckerschwan | 16 Wanderratte |
| 3 Blattlaus | 10 Kohlmeise | 17 Esche |
| 4 Dohle | 11 Marienkäfer | 18 Schneebeere |
| 5 Eichhörnchen | 12 Ringeltaube | |
| 6 Elster | 13 Singdrossel | |
| 7 Haussperling | 14 Star | |

im Rohrgewirr der Ölraffinerien, in den Masten der Starkstromleitungen, in Rüstlöchern von Autobahnbrücken oder auf den Fernsehtürmen.

Die Städte üben nicht nur auf viele Menschen eine magische Anziehungskraft aus, sondern neuerdings auch auf freilebende Tiere. Obwohl in den Straßenschluchten mehr Vögel sterben als aufwachsen, obwohl das gesamte Sozialverhalten der Tiere gestört wird und durcheinandergerät, obwohl Schmutz, Gestank und Gifte die Gesundheit ruinieren, werden die Tierverluste in der Großstadt durch steten „Zuzug" vom Lande mehr als ausgeglichen.

## Wie Vögel die Städte eroberten

Heute nisten *Amseln* steil über den Straßenschluchten der Innenstädte auf dem Gesims der Hochhäuser und haben sich so an Licht, Lärm und Menschenmassen gewöhnt, daß sie ihr Nest auf Fabrikhöfen, in Autowerkstätten, im vollen Schein der Straßenlaternen oder gar inmitten der Neonbuchstaben greller Lichtreklame bauen, wo sie die Dunkelheit der Nacht nicht mehr kennen. Sie erwählen Fernsehantennen und Blitzableiter als Singwarten und flöten dort schon um Mitternacht ihr Morgenlied gegen das Motorradknattern, während sie einst die Waldlichtung vom höchsten Zweig des Holderbusches aus beherrschten. Hier muß sich etwas Einschneidendes ereignet haben! Noch vor 160 Jahren gab es außer Sperlingen, Tauben und Turmfalken in keiner Stadt freilebende Vögel. Die Grenze zwischen Stadt und Land war damals durch die Stadtmauer so schroff gezogen, daß die Vögel den Übergang nicht bewältigen konnten.

Natürlich hätten sie leicht über die Mauern hinwegfliegen können, aber die Unterschiede in der Lebensweise zwischen dem freien Feld und dem Häusermeer sowie in den Methoden, sich Futter zu beschaffen, waren so enorm, daß die Vögel ihr Verhalten nicht so abrupt umstellen konnten. Das gelang erst, als der Übergang von Feld und Wald zur Stadt durch den Bau von Vororten mit Gartensiedlungen fließend wurde. Aber selbst da ging die Verstädterung noch sehr langsam voran.

Vor dem Ersten Weltkrieg gab es nur westlich der Oder-Neiße-Linie Stadtamseln. Seither erobert sich dieser Vogel, wie polnische Forscher verfolgt haben, auf breiter Front von Westen nach Osten vordringend, Stadt für Stadt. 1962 hatten die Amseln die Linie Königsberg, Warschau, Lemberg erreicht. Die Vormarschgeschwindigkeit liegt überall bei sechs Kilometern im Jahr. Seit 1986 haben die Amseln auch Kaunas, Brest-Litovsk und Ternopol in der Sowjetunion erobert.

weibl.

männl.

| Amsel = Schwarzdrossel | |
| --- | --- |
| Länge | Bis 24 cm |
| Gewicht | Bis 90 g |
| Lebensraum | Optimal ist kurzer Rasen mit Büschen oder Hecken zum Nisten |
| Gesang | Flötet nächst der Nachtigall die schönsten Lieder. Großer Melodienreichtum |
| Alarm | Erregtes Zicken gegen Bodenfeinde, hohes Fiepen gegen Luftfeinde |
| Brut | Ab Anfang April 2–4 Bruten zu je 2–7 Eiern, 12–14 Tage bebrütet. Junge verlassen mit 13 Tagen das Nest, flügge nach weiteren 6–10 Tagen |
| Alter | Bis 5 Jahre |

Hierfür gibt es nur eine Erklärung: Amselkinder erlernen von ihren Eltern, wie man in einer Stadt lebt. Sie verlassen dann ihre Heimatstadt und siedeln sich in einer anderen Stadt an, in der es bislang noch keine Artgenossen gab.

Außerdem ist das Klima in den Städten wärmer als auf dem freien Land. Der Frühling zieht 14 Tage eher ein. Die Keimdrüsen der Stadtvögel reifen vorzeitig, und Amsel-Männchen leben dort fast doppelt so lang wie Weibchen. Der Zugtrieb aber ist bei den Stadtamseln, vor allem bei den Männchen, erloschen.

### Singdrossel

| | |
|---|---|
| **Länge** | Bis 23 cm |
| **Gewicht** | Bis 70 g |
| **Lebensraum** | Braucht zur Deckung mehr Gebüsch als die Amsel. Ist daher nicht so häufig |
| **Gesang** | Wiederholt jede geflötete Melodie zwei- oder dreimal = Erkennungsmerkmal |
| **Alarm** | Zicken nicht so hart wie bei Amsel. Doch gegenseitiges Verstehen von Zicken und Fiepen |
| **Brut** | Ab April 2 Bruten zu je 3–6 Eiern, 12–13 Tage bebrütet. Junge verlassen mit 12–16 Tagen das Nest, flügge nach weiteren 3–8 Tagen |
| **Alter** | Bis 5 Jahre |

## Was Spatzen von den Dächern pfeifen

Einer der ältesten gefiederten Stadtbewohner ist der Haussperling, kurz Spatz genannt. Er kam mit dem Pferd in die Stadt, genauer gesagt mit dem Pferdeapfel, aus dem er sich halbverdaute Haferkörner pickte.

Als um 1960 die Zugpferde aus dem Stadtbild verschwanden und durch Motorfahrzeuge ersetzt wurden, war dies für die Spatzen eine schlimme Katastrophe. Aber sie haben die Situation durch ihre Fähigkeit gemeistert, alles auf seine Genießbarkeit zu untersuchen. Die neuesten Entdeckungen pfeifen sie regelrecht von allen Dächern, damit alle Mitglieder der Großfamilie sie ausnutzen können.

Spatzen signalisieren sich auch Gefahren. Hat zum Beispiel ein Junge einen Vogel mit dem Luftgewehr geschossen, beschimpfen ihn die Schwarmmitglieder in ihrer Schilpsprache, und deshalb fliehen die Spatzen vor diesem Menschen – allerdings nur dann, wenn er etwas Gewehrähnliches in Händen trägt. Keinem gelingt es, noch einen zweiten Sperling zu schießen.

Wenn ein Nestling beim ersten Flugversuch das Dach hinunter in die Regenrinne trudelt und nicht wieder herauskommt, pfeifen die Eltern ihre ganze Straßengemeinschaft zusammen. Dann bringt die bis zu 40 Vögel zählende Sippschaft Blätter, Zweige und Heu herbei und stopft dies unter das verunglückte Kind, bis es auf den Rand der Rinne krabbeln und erneut starten kann.

Durch dieses vorbildliche Sozialsystem konnten sich die Haussperlinge, die ursprünglich nur in Afghanistan lebten, über den ganzen Erdball ausbreiten. Ob in Feuerland, Sibirien oder Senegal, ob in Indien, Australien oder Tahiti, überall fühlen sie sich jetzt wie zu Hause.

## Der Überlebenskünstler

Die *Hausmaus* bringt das Kunststück fertig, ausgerechnet in engster Nachbarschaft zu ihrem Todfeind, dem Menschen, zu überleben. Sobald der Mensch einen Landstrich verläßt, etwa eine kleine Insel, dauert es keine anderthalb Jahre, bis die Hausmaus dort ausgestorben ist. Daraufhin breitet sich die Feldmaus dort aus.

Die Hausmaus stammt aus den Wüsten Innerasiens. Als vor 9 000 Jahren die Menschen begannen, Getreide anzubauen und zu lagern, wurde der kleine vegetarische Nager zum körnerfressenden „Haustier". Die unerschöpflichen Nahrungsvorräte des Menschen waren der Maus jedes Risiko wert. Hinzu kommt eine erstaunliche Anpassungsfähigkeit an die Zivilisation. So finden wir Hausmäuse in den Bergwerken des Ruhrgebiets bis in Tiefen von 550 Metern und in den Restaurants der Fernsehtürme, aber auch in den Oasen der Sahara und in den Forschercamps auf Antarktika. Sogar in der Finsternis der Kühlhäuser bauen sie im Dauerfrost

bei Minusgraden aus Jutesäcken im Gefrierfleisch mollig warme Nester und ziehen dort Sommer wie Winter pausenlos Junge auf.

Getreidesilos sind für die Maus das reinste Schlaraffenland. Aber auch in Gotteshäusern kann sich eine „arme Kirchenmaus" noch ernähren, und zwar von toten Fliegen und Spinnen sowie von den Hautschuppen der Kirchgänger, die während des Gottesdienstes aus der Kleidung zu Boden gerieselt sind.

In den Wolkenkratzern der Städte fährt die Maus auf dem Dach der Fahrstühle von Stock zu Stock,

*weibl.*

*männl.*

| **Haussperling** | |
|---|---|
| **Länge** | Bis 15 cm |
| **Gewicht** | Bis 30 g |
| **Nest** | In Löchern aller Art meist an Häusern, zur Not in Kletterpflanzen. Nur Nestbesitzer erobern ein Weibchen |
| **Brut** | Ab Mitte April 2 – 3 Bruten zu je 4 – 6 Eiern, 11 – 13 Tage bebrütet, flügge mit 13 – 16 Tagen |
| **Gruppen-leben** | Koloniebrüter. Nach Brut Zusammenschluß zu Gruppen, Ausflüge aufs Land (Kornfelder). Am Abend große Schlafgesellschaft |
| **Zug** | Standvogel. In afghanischer Heimat aber Zugvogel! |

| **Star** | |
|---|---|
| **Länge** | Bis 21,5 cm |
| **Gewicht** | Bis 75 g |
| **Nest** | In Baum-, Felsen- und Mauerhöhlen sowie in Nistkästen. Einehe, aber oft wechselnde Beziehungen |
| **Brut** | Ab Mitte April 1 – 2 Bruten zu je 4 – 6 Eiern, 13 – 15 Tage bebrütet, flügge mit 18 – 22 Tagen |
| **Gruppen-leben** | Koloniebrüter. Zusammenschluß zu riesigen Schwärmen, Ausflüge in Kirschgärten usw. Abends riesige Schlafgesellschaften |
| **Zug** | November bis Februar Zug nach West- und Südeuropa |

oder sie klettert an den senkrechten Wänden der Müllschlucker bis zur obersten Etage. Ihre Lieblingswege sind die Zufuhrkanäle der Warmluftheizungen oder die Heizungsrohre. Sie nagt die Wärme-Isolation ab und gewinnt dadurch Polstermaterial für ihr Nest.

## Die Erfolgsrezepte der Ratten

In einer deutschen Großstadt wurde 1970 für 800 000 Mark ein Vergiftungsfeldzug gegen Wanderratten, auch Norweger- oder Wasserratten genannt, durchgeführt. Man brachte 370 000 Tiere um.

„Für dasselbe Geld hätte man die Ratten auch füttern können", spottete ein Zoologe. Denn schon wenige Wochen später huschten mehr Ratten als je zuvor durch Hinterhöfe und Keller. In der Bundesrepublik Deutschland leben heute 60 Millionen Menschen und 120 Millionen Ratten. Dies sind ihre Erfolgsrezepte:

1. Sie zeugen enorm viele Nachkommen. Ein einziges Pärchen würde sich in drei Jahren auf 20 Millionen vermehren, wenn der Tod die Reihen nicht lichten würde. Ein Weibchen wirft im Jahr bis zu siebenmal und bringt pro Wurf sechs bis zwölf Junge zur Welt. Da Ratten nur drei bis vier Jahre alt werden, ist ihre Todesrate ungeheuer hoch, fast wie bei einer Vergiftungsaktion.

2. Sie fressen alles Pflanzliche und Fleischliche und erschließen ständig neue Nahrungsquellen. Unbekanntes könnte jedoch Gift sein. Deshalb schickt die Sippe ein Jungmännchen als „Vorkoster" los. Es probiert vom Neuen nur wenig und wartet sechs Stunden, ob sich Unwohlsein einstellt. Falls ja, markiert es die unbekannte Kost mit Urin. Das ist das Signal für alle Ratten: „Vorsicht, Gift!"

3. Sie werden gegen Gift widerstandsfähig. In der großen Masse gibt es immer einige immune Tiere. Diese vermehren sich dann.

4. Sie führen ein Leben in nächtlicher Heimlichkeit und meiden gewitzt die Feinde. Faustregel: Wo eine einzige Ratte zu sehen ist, leben tatsächlich hundert. Das ist dann schon der Fall der Übervölkerung.

5. Sie haben ein vorbildliches Sozialverhalten. Ratten sind fürsorgliche Eltern und kameradschaftliche Kumpel. Sogar ein Eindringling wird niemals sofort getötet. Vielmehr wird er eine Stunde lang mit Ultraschall angeschrien und immer stärker bedroht, jedoch so, daß er genug Zeit hat, zu fliehen. Nur bei Übervölkerung entarten die Sitten ins Barbarisch-Kannibalische.

Die stärkste Waffe im Überlebenskampf ist die Pflege der Kinder in Hungerzeiten. Würden dann die stärksten Männchen den schwächeren Weibchen und den Kindern alles Futter wegfressen, hätte die letzte Stunde der Sippe bald geschlagen. Deshalb sind die Weibchen am Futter gleichberechtigt beteiligt, und zwar so, daß etwa ebenso viele Weibchen wie Männchen die Hungersnot überleben und durch die Fortpflanzung der Bestand der Sippe gesichert ist.

Das Gemeinschaftsleben der Ratten ist also viel besser, als es von unwissenden Menschen im Allgemeinen angenommen wird.

## Ziemlich blind und trotzdem findig

Bei *Stubenfliegen* sind die meisten Sinne ganz schlecht ausgebildet. Einen dampfenden Kuhfladen riechen sie erst, wenn sie mit dem Kopf fast daran stoßen. Die Körperwärme eines Schweines spüren sie erst, wenn sie auf Borstenlänge herangekommen sind, und die erhöhte Luftfeuchtigkeit in der Umgebung der Nasen von Tieren bemerken sie erst, wenn der Hauch sie streift.

Wie finden sie trotzdem ihre Nahrung? Indem sie auf allem möglichen herumlaufen! In den „Fußspitzen" ihrer beiden Vorderfüße haben sie einzigartige Geschmackssinne. Selbst wenn der Küchentisch mit einem nassen Lappen sauber gewischt wurde, findet die Stubenfliege dort immer noch Nahrhaftes und tupft es mit ihrem Saugrüssel auf.

Forscher haben versucht, Stubenfliegen zur Natur zurückzuführen. Sie gaben ihnen nur Blüten, also jene Nahrungsquellen, aus denen die meisten Insekten ihren Zuckerbedarf decken. Aber diese Fliegen sind alle verhungert. So stark ist dieses Tier von den Wohnungen der Menschen abhängig geworden.

Heiratslustige Männchen sind begriffsstutzig. Sie verwechseln sogar einen etwas hervorstehenden Nagelkopf mit einem Weibchen. Das Weibchen läßt die Paarung erst dann zu, wenn sich das Männchen auf seinem Rücken mit speziellen Haken seiner sechs Beine genau an den dafür vorgesehenen Körperkanten festkrallen kann. Bei Artfremden paßt das nicht zusammen. So wird eine Bastardierung (Artenkreuzung und daraus folgende erbliche Schädigung) vermieden.

*Stubenfliege*

Ein Weibchen legt ab Juni sechsmal jeweils etwa 100 Eier in Dunghaufen, Stallmist, Abfälle, Aas, Komposthaufen, faulendes Laub, Müll, Vogelnester und Kaninchenkot. Nach 12 bis 24 Stunden schlüpft die Made. Sie verpuppt sich nach drei bis vier Tagen. Das Vollinsekt schlüpft nach weiteren drei bis fünf Tagen. Es ist bereits drei Tage später paarungsreif. Nun kann die nächste Generation ihre Eier legen.

*Obstfliege*     *Wadenstecher*

*Schmeißfliege*

Viele Fliegen überwintern schlafend unter Heizungsverkleidungen. Einige werden dabei von einem Pilz befallen, der die ganze Fliege mit weißem Gespinst durchwächst. So kleben sie mitunter tot an Fensterscheiben. Stubenfliegen beißen oder stechen nicht. Die ähnlich aussehende *Wadenstecher-Fliege* aber sticht mit ihrem Rüssel schmerzhaft. Auch sie dringt von den Dörfern in die Städte vor. Die *Schmeißfliege,* auch „Brummer" genannt, ist mit 1,2 Zentimeter knapp doppelt so groß wie die Stubenfliege. Aas und Mist riecht sie von weitem und legt dort ihre Eier ab. Hierzu benutzt sie aber auch offene Wunden. Die *Obstfliegen,* auch Tau- oder Essigfliegen genannt, sammeln sich in Massen auf gärendem Obst, in das sie auch ihre Eier legen. Wegen ihrer schnellen Vermehrung wurden sie zu bevorzugten Versuchstieren der Vererbungsforscher.

## Männchen sind (fast!) überflüssig

Ein *Blattlaus*-Weibchen bringt jeden Tag 25 Töchter lebend zur Welt. Auch die Töchter gebären schon vom achten Lebenstag an per Jungfernzeugung nichts als Jungfern, die wiederum nur Jungfern in die Welt setzen. Blattläuse sehen zart und durchsichtig aus, aber sie sind nicht wehrlos. Unter den 800 Arten gibt es einige, die Leim ausscheiden und angreifenden Marienkäfern das Maul zukleben. Andere werfen Stinkbomben und verderben dem Feind den Appetit. Wieder andere nehmen ein Dauer-Schaumbad, das sie der Feindsicht entzieht. Die meisten Blattläuse lassen sich von Ameisen gegen Flor- und Schwebfliegen, Raubwanzen, Spinnen und Schlupfwespen verteidigen. Als Lohn erhalten die Ameisen Zuckersaft, den die Blattläuse aus Stengeln und Blättern saugen. Diesen Saft benötigen sie selber nicht, da sie von den Eiweißbestandteilen des Saftes leben.

Wenn auf der Pflanze eine Blattlaus-Bevölkerungsexplosion alles Grün überflutet, rempeln sich die Tierchen an und geraten unter Streß. Dadurch ergießen sich Hormone in den Kreislauf. Diese beeinflussen das Wachstum der „Babys" im Mutterleib so, daß nunmehr alle Töchter mit Flügeln zur Welt kommen, um fortfliegen zu können. Sie starten nur am frühen Morgen oder am frühen Nachmittag, wenn es wärmer als 17 Grad und der Himmel blau ist. Dann ist die Luft in Höhen bis 700 Meter mit Milliarden von Blattläusen erfüllt: eine leichte Beute für Schwalben und Mauersegler.

Nach zwei- bis dreistündigem Flug, auf dem sie mehrere Kilometer zurücklegen, peilen die Blattläuse ein Landesignal an: das Grüngelb junger Pflanzentriebe. Wer das Ziel verfehlt, startet erneut. Drei Irrtümer hintereinander sind aber tödlich, da die Tiere dann verhungern.

Ende August richtet es der „innere Jahreskalender" der Blattläuse ein, daß neben Jungfrauen auch Männchen geboren werden. Erst nach diesem Generationswechsel werden Paarungen möglich. Danach legen die Weibchen befruchtete Eier in Baumritzen. Eier sind die einzige Form, in der diese zarten Tierchen den Winter überleben können. Sie hervorzubringen, ist der einzige Grund, weshalb die Blattlausweibchen im August auch Männchen zeugen. Aber aus den Eiern schlüpfen im nächsten Frühjahr wieder nur Weibchen, und das ungeheure Spiel beginnt von vorn.

## Ein Käfer, der Blut schwitzt

*Marienkäfer* fressen nur Blatt- und Schildläuse, hiervon aber 50 Stück pro Tag und etwa 3 000 in ihrem

*Marienkäfer frißt Blattläuse*

zweimonatigen Leben. Und schon als Larven haben sie zuvor an die 3 000 Blattläuse verspeist. Ein einziges Tier vernichtet also mehr Blattläuse als eine ganze Spraydose Insektengift.

Wenn Ameisen angreifen, sondern Marienkäfer eine Flüssigkeit ab. Sie sieht gelb aus, tritt tröpfchenweise aus den Kniegelenken hervor und verbreitet einen ekelerregenden Gestank, der Feinde in die Flucht jagt. Die auffällige Farbe des Körpers ist also eine Warnung: „Friß mich nicht, denn ich

schmecke scheußlich!" Eidechsen, einige Vögel, Spinnen und Mordwanzen verspeisen sie trotzdem. Nichts in der Natur wirkt hundertprozentig.

Zweimal im Jahr treten Marienkäfer Luftreisen über eine Entfernung von rund 100 Kilometern an: gleich nach der Winterruhe und, in der nächsten Generation, im Spätsommer. Hierbei versammeln sie sich manchmal zu Millionen. Zum Beispiel an Meeresküsten kann man das oft beobachten.

Allein in Europa kennen wir 70 Arten: rote, gelbe, schwarze, mit 2, 5, 7, 13, 14 und 22 Punkten. Der Siebenpunkt tritt am häufigsten auf.

## Die Hausspezialisten

Am Abend war ein offenes Marmeladeglas auf dem Küchentisch stehengeblieben. Bald darauf wimmelte es darin schwarz vor *Wegameisen*. An der Wand zog sich eine meterlange Ameisenstraße hin, die in einem winzigen Spalt verschwand.

Wie hatten die Insekten in dunkler Nacht die reiche Futterquelle so schnell finden können? Sie schicken Kundschafter aus. Hat einer etwas Lohnendes entdeckt, hinterläßt er auf dem Heimweg mit dem Stachel als „Tintenkuli" eine (unsichtbare!) gestrichelte Linie. Andere Ameisen riechen diese

*Wegameise*

Duftspur noch in drei Zentimeter Abstand und gelangen so in Massen zur Futterquelle.

Die Raupe der *Kleidermotte* besitzt einen speziellen Verdauungssaft, der die Hornsubstanz der Wollhaare auflöst. Diese Substanz ist für andere Tiere ungenießbar. Die Raupe frißt in einen Wollmantel pro Tag etwa ein Loch. Rohwolle hat sie am liebsten. Hier ist sie schon nach drei Monaten ausgewachsen. In stark gefärbter Wollkleidung muß sie ein Jahr nagen. Und ist die Wolle mehr oder

*Kleidermotte*

*Bettwanze*

decke entlang und läßt sich zielgenau fallen. Sie spürt dort oben die Wärme einer unbedeckten Körperstelle des Schlafenden so genau, daß sie den Blutquell sofort trifft. Nach dem 15minütigen Mahl fastet die Wanze sieben bis zehn Tage. Sie kann notfalls aber auch bis zu einem Jahr lang hungern, ohne zu sterben.

Das Männchen begattet das Weibchen, indem es ihm mit einem spitzen Dolch an beliebiger Stelle in den Rücken sticht. Von hier wandern die Samen über das Blut zu den Fortpflanzungsorganen. Diese Liebesstiche können aber auch tödlich sein.

weniger mit Kunstfasern durchwebt, braucht die Raupe vier Jahre, bis sie groß ist und sich verpuppen kann.

Von den Schmetterlingen, die den Puppen entschlüpfen, fliegen nur die Männchen. Die Weibchen leben bis nach der Ablage ihrer 50 bis 100 Eier im Schrank weiter und bewegen sich nur „zu Fuß". Fliegende Motten zu töten ist also sinnlos. Aber sie sollten ein Alarmsignal sein: Achtung, Motten im Schrank!

Die *Bettwanze* hält ihre Blutsauge-Mahlzeit hauptsächlich zwischen drei und sechs Uhr in der Nacht. Dann kommt sie aus engen Ritzen, alten Möbeln und hinter losen Tapeten hervor und krabbelt zu den Menschen in die Betten. Gelingt ihr das nicht, klettert sie an der Wand hoch, spaziert die Zimmer-

### Brieftaube

| | |
|---|---|
| **Länge** | Bis 33 cm |
| **Gewicht** | Bis 330 g |
| **Herkunft** | Spezielle Form der Haustaube, die von der Felsentaube abstammt. Vielfach wieder verwildert |
| **Nahrung** | Körner und Samen bis Erbsengröße, auch Insekten und Würmer |
| **Nistplatz** | Taubenschlag, Simse an Hausfassaden, in Mauerlöchern |
| **Brut** | Februar bis September bis zu 5mal je 2 Eier, 17 – 18 Tage bebrütet, flügge mit 23 – 25 Tagen. Die Jungen werden zuerst mit Kropfmilch gefüttert, später mit aufgeweichten Körnern |

## Wie finden Brieftauben heim?

Forscher haben Brieftauben in einer dunklen Kiste im Auto über 800 Kilometer weit von Hamburg nach Basel transportiert. Dabei fuhren sie Umwege, und obendrein drehte sich die Kiste auch ständig um sich selbst. Doch kaum waren die Vögel in Basel aus der Kiste heraus, drehten sie eine kleine Runde über dem Startplatz, entschwanden dann in Richtung Hamburg und waren zum Teil schon nach neun Stunden wieder in ihrem Heimatschlag.

Wie orientieren sie sich beim Heimflug, auf dem sie 93,9 Kilometer pro Stunde zurücklegen? Sie besitzen einen inneren Magnetkompaß und einen inneren Sonnenkompaß. Aber damit können sie nur eine einmal eingeschlagene Richtung einhalten, aber nicht die Richtung vom fernen, unbekannten Auflaßort in die Heimat bestimmen.

### Türkentaube

| Länge | Bis 28 cm |
|---|---|
| Gewicht | Bis 200 g |
| Herkunft | Lebte bis 1890 nur von Indien bis Türkei, drang dann immer mehr bis Mitteleuropa vor |
| Nahrung | Grassamen, Keimlinge, Beeren, oft am Futterhäuschen |
| Nistplatz | Nur Fassaden- oder Baumbrüter |
| Brut | März bis September bis zu 4mal je 2 Eier, 13–14 Tage bebrütet, flügge mit 16–19 Tagen. Die Jungen werden zuerst mit Kropfmilch gefüttert, später mit aufgeweichten Körnern |

Orientieren sie sich vielleicht nach Landmarken? Um das zu testen, setzte ein Forscher den Tauben Milchglasbrillen auf die Augen. Ohne zu zögern, starteten sie und landeten exakt, wenngleich äußerst vorsichtig, direkt auf ihrem Heimatschlag. Kurz: Wir wissen bis heute (1987) noch nicht, wie die Vögel das Kunststück fertigbringen, stets ihren Schlag wiederzufinden.

In jedem Fall aber fliegen Brieftauben nur zu ihrem Heimatschlag zurück, niemals zu anderen Adressen.

## Hochhausdächer als Brutplätze

*Stockenten* sind Bodenbrüter. In den Städten aber haben sie die Flachdächer der Hochhäuser als geeignete Brutplätze entdeckt. Was passiert nun, wenn dort oben die Küken schlüpfen und als Nestflüchter gleich baden gehen wollen? Wer es zum erstenmal sieht, dem stockt das Herz:

Die Entenmutter startet und lockt ihre Kinder, abzuspringen. Diese tun das auch ganz brav, obwohl sie noch längst nicht fliegen können, und – kommen unten wohlbehalten an! Die kleinen Flauschtiere sind nämlich federleicht. Ihr Flaum wirkt wie ein Fallschirm, und statt Knochen haben sie noch sehr elastische Knorpel.

Wenn die Entenparade dann auf dem Weg zum Wasser ist, stoppen freundliche Fußgänger oft den Autoverkehr, so daß die kleine Schar im „Gänsemarsch" den nächsten Teich in einer Grünanlage erreichen kann. Schwimmen können Entenküken sofort, weil sie leicht wie Korken sind und nur zu paddeln brauchen. Der Vogelvater läßt sich zu diesem Zeitpunkt schon lange nicht mehr blicken. Seine seltsame Ehegeschichte beginnt im Herbst, wenn er aus seinem, dem weiblichen Gefieder sehr ähnlichen Tarnkleid in das farbenprächtige Balzkostüm mausert.

Dann kommen an bestimmten Stellen der Seen bis zu 40 Erpel zur Massenbalz zusammen. Die Weibchen bilden um sie einen Kreis, um den nun Tanzenden zuzuschauen. Hierbei müssen sieben verschiedene Tanzfiguren in immer derselben Reihenfolge vorgeführt werden. Wer gegen die Regeln verstößt, hat bei den Weibchen keine Chancen.

Jede Ente sucht sich ihren Erpel aus. Beide bleiben nun den ganzen Herbst und Winter unzertrennlich.

Die eigentlichen Liebesspiele, eingeleitet durch Sich-Anschauen und langes Kopfnicken, beginnen erst im Frühjahr.

Aber sobald dann das erste Ei im Nest liegt, läßt der

*Die Brautwerbung des Erpels.*

Erpel sein Weibchen im Stich und wendet sich anderen Weibchen zu. Je mehr Enten um einen Parksee wohnen, desto schlimmer wird dies. Oft belästigen mehrere Männchen ein Weibchen.

Das ist der Grund, weshalb sich die Weibchen vom Ufer immer mehr auf entfernte Hausdächer und Balkone in der Stadt zurückziehen. Hier bleiben sie wenigstens ungestört.

## Sind Elstern wirklich Diebe?

Aus drei Gründen sind die Elstern so in Verruf gekommen, daß Stadtjäger sie wieder schießen wollen:

1. Sie stehen im Verdacht, diebisch zu sein. Man sagt ihnen nach, daß sie silberne Löffel und Schmuckstücke stehlen.

2. Sie werden beschuldigt, die Nester der Singvögel auszurauben.

3. Sie haben sich vor allem als Stadtbewohner stark vermehrt. Entspricht das den Tatsachen?

Glitzerndes fasziniert Elstern, Rabenkrähen und Dohlen. Bei Feinden und Beutetieren hacken sie zuerst nach den glitzernden Augen (während eine Krähe der anderen wirklich kein Auge aushackt!). Elstern haben aber auch die Angewohnheit, ihre Nester mit funkelnden Dingen zu schmücken und stehlen zu diesem Zweck Teelöffel, Obstmesser, Silberpapier, Ringe und ähnliches, sofern Men-

*männl.*

*weibl.*

| Stockente | |
|---|---|
| **Länge** | Bis 58 cm |
| **Gewicht** | Bis 1,5 kg |
| **Paarbindung** | Kurze Einehe nur bis zum Beginn der Eiablage |
| **Brutgemeinschaft** | Einzelbrüter |
| **Brut** | März bis Juni 1mal 7 – 11 Eier, 25 – 30 Tage bebrütet; Junge führen: 50 – 60 Tage |
| **Elternverhalten** | Brut und Führen der Jungen nur durch die Mutter |
| **Zug** | Stand- und Strichvogel |
| **Alter** | In Freiheit 8 Jahre, im Zoo 17 Jahre, Hausente bis 22 Jahre |

schen diese Dinge längere Zeit draußen unbeaufsichtigt liegen lassen. Gelegenheit macht halt Diebe! Durch das Fenster in die Wohnung zu fliegen, wagt die Elster aber nicht.

Sie raubt auch Singvogelnester aus. Vom Blattversteck beobachtet sie, wohin eine Amsel Futter trägt, und plündert dann das Nest. In dichtes Buschwerk kann sie aber nicht vordringen. Deshalb hält sie sich nur an solche Nester, die ziemlich frei liegen. Das sind aber gerade jene Nester, für die in

diesen Selbstregulationsvorgängen in der Natur doch keine Ahnung hat.

Nur auf einem Gebiet werden die Elstern wie auch die Rabenkrähen zur Gefahr, und zwar ausgerech-

## Graugans

| Länge | Bis 103 cm |
|---|---|
| Gewicht | Bis 4,8 kg |
| Paarbindung | Lebenslange Einehe |
| Brut-gemeinschaft | Möglichst Einzelbrüter. Dann aggressiv gegen Nachbarn. Bei Massenvermehrung Koloniebrüter, friedlich gegen Nachbarn. Dann aber auch häufiger Partnerwechsel |
| Brut | März bis Mai 1mal 4–9 Eier, 27–29 Tage bebrütet; Junge führen: 1 Jahr |
| Eltern-verhalten | Mutter brütet, Vater beschützt; beide Eltern führen die Jungen |
| Zug | Nach Spanien, Griechenland und der Türkei |
| Alter | In Freiheit 14 Jahre, im Zoo 29 Jahre, Hausgans bis 45 Jahre |

## Höckerschwan

| Länge | Bis 152 cm |
|---|---|
| Gewicht | Bis 13 kg |
| Paarbindung | Lebenslange Einehe |
| Brut-gemeinschaft | Möglichst Einzelbrüter. Dann aggressiv gegen Nachbarn. Bei Massenvermehrung Koloniebrüter, friedlich gegen Nachbarn. Dann aber auch häufiger Partnerwechsel |
| Brut | April bis Mai 1mal 5–8 Eier, 35–41 Tage bebrütet; Junge führen: 5 Monate |
| Eltern-verhalten | Mutter brütet und führt allein; Vater beschützt ständig alle |
| Zug | In die Mittelmeergebiete. Verstädterte bleiben hier |
| Alter | Bis 50 Jahre und mehr |

Fällen von Amsel-Übervölkerung die Elternvögel keinen sicheren Platz mehr finden konnten. Also dämmen die Elstern diese Übervölkerung lediglich etwas ein. Und niemals rotten sie die Singvögel aus!

Der wahre Tierfreund sollte Singvögel und Elstern gleichermaßen lieben und allen ihr Lebensrecht lassen, anstatt nach dem Jäger zu rufen, der von

net dort, wo sie nicht geschossen werden können: in Zoos und Tierparks. Dort fressen sie nicht nur anderen Tieren das Futter weg, sondern sie zerstören die Eier in den Gelegen seltener Vögel. Dabei treibt sie nicht der Hunger, denn zu fressen finden sie ja genug, sondern reine Zerstörungswut. Zoodirektoren bezeichnen das als „Wohlstandsverwahrlosung" der Elstern. Diese rotten sich zu Räuberbanden zusammen und fallen über andere Tiere her.

Tieren auch nicht, wie von manchen Menschen gelegentlich behauptet wird. Das ist so zu erklären: Kohlmeisen verhalten sich recht klug und zweckmäßig bei ihrer Futterversorgung. Hängen wir ihnen einen Talgring mit Körnerfutter vor das Fen-

| Elster | |
|---|---|
| **Länge** | Bis 46 cm (mit Schwanz!) |
| **Gewicht** | Bis 210 g |
| **Sozialverhalten** | Zusammenleben nur in Paaren mit Jungen im eigenen Revier |
| **Paarbindung** | Lebenslange Einehe |
| **Nest** | Kugelnest in hohen Bäumen; Boden mit 4 cm dickem Lehmpanzer gegen Schrot geschützt |
| **Brut** | Anfang April 1mal 5 – 8 Eier, 17 – 18 Tage bebrütet, flügge mit 24 – 27 Tagen |
| **Alter** | Bis 17 Jahre |
| **Zug** | Standvogel |

| Dohle | |
|---|---|
| **Länge** | Bis 33 cm |
| **Gewicht** | Bis 240 g |
| **Sozialverhalten** | In volkreichen Brutkolonien und organisierten Schwärmen |
| **Paarbindung** | Nach 6monatiger Probezeit unauflösbare Einehe |
| **Nest** | In Höhlen und Nischen alter Bauten, in Felsspalten, Baumhöhlen und Nistkästen |
| **Brut** | Im April 1mal 3 – 6 Eier, 17 – 18 Tage bebrütet, flügge mit 30 – 35 Tagen |
| **Alter** | Bis 20 Jahre |
| **Zug** | Im Winter Strichvogel, auch in Schwärmen der Saatkrähen |

## Sollen wir Vögel im Winter füttern?

Wie vielen *Kohlmeisen* retten wir in jedem Winter das Leben, wenn allein in der Bundesrepublik Deutschland für 100 Millionen Mark Futterkörner in die Vogelhäuschen geschüttet werden? Forscher haben das 1985 genau untersucht: keiner einzigen! Auf der anderen Seite aber schadet das Füttern den

ster, kommen sie bald herbei, picken nur ganz wenig davon und verschwinden wieder, um erst etwa eine Stunde später erneut daran zu naschen. Würden sie eine eben entdeckte Futterquelle gleich vollständig ausbeuten, wüßten sie hernach nicht, wo sie sich in Zukunft ernähren sollten, und müßten verhungern. So aber kennen sie an die 20 Fundorte, etwa in den Rindenritzen eines Baumstammes, in den Zapfen eines Nadelbaumes, an der Flanke eines Komposthaufens und so weiter. Eine beneidenswerte Methode des Maßhaltens und der Sicherung der eigenen Zukunft.

| Kohlmeise | |
|---|---|
| **Größe** | Bis 14 cm |
| **Gewicht** | Bis 20 g |
| **Lebensraum** | Bevorzugt Nadelwald bei Nistkastenangebot; wo Blaumeise fehlt, auch im Laubwald; verstädtert in Parks und Gärten |
| **Nahrung** | Raupen, Insekten, Spinnen, ölhaltige Sämereien. Frißt aufrecht Blattläuse von Nadeln, im Finden getarnter Insekten der Blaumeise überlegen |
| **Nest** | Baumhöhlen und Nistkästen, die auch als Schlafplätze dienen |
| **Brut** | Ab Ende März bis 3mal je 6 – 12 Eier, 10 – 14 Tage bebrütet, flügge mit 15 – 22 Tagen |

So ist es auch zu verstehen, daß unsere Kohlmeisen im Garten im allgemeinen sehr gut ohne unser Futter den Winter überleben können. Was meist am Futterhäuschen erscheint, sind auch nicht „unsere" Kohlmeisen vom vergangenen Sommer, sondern zugereiste aus Skandinavien oder Osteuropa, die bei uns überwintern. Sie kennen die Futterverstecke der einheimischen Vögel nicht und halten sich daher an die Futterstellen der Menschen.

Füttern wir sie also ruhig. Dies hat allerdings nur dann Zweck, wenn das Futterhäuschen nicht weiter als ein oder zwei Meter von einem Deckung bietenden Busch oder Baum entfernt ist. Denn die Vögel brauchen einen Beobachtungsstand und eine Zuflucht in unmittelbarer Nähe. Andernfalls haben sie zu viel Angst, das Futterhäuschen zu besuchen.

## Mühsam nährt sich das Eichhörnchen

Eichhörnchen gelten zu Recht als Vorbilder für die Vorratshaltung. Aber um genug Futter zum Überleben des Winters zu horten, müssen sie eine ungeheure Arbeitsleistung vollbringen. Ein einziges Tierchen muß in jedem Herbst an die 10 000 Nüsse, Eicheln, Kastanien, Eckern und Zapfen sammeln und in Vorratskammern verstecken. Drei Monate lang arbeitet es dafür zusätzlich täglich fünf Stunden.

Alle drei Minuten muß das Eichhörnchen eine Haselnuß finden, pflücken, von der grünen Blatthülle befreien, ein Versteck suchen und die Beute dort vergraben. Außerdem muß es prüfen, ob die Nuß taub oder madig ist, und zwar ohne die harte Schale zu öffnen. Taube Nüsse erkennt es am Leichtgewicht, Maden durch das Erschnüffeln ihrer Körpergerüche. Wertloses nimmt es nicht auf Lager. Das Sprichwort stimmt also: Mühsam nährt sich das Eichhörnchen.

Trotzdem würde der Vorrat nicht über den Winter ausreichen, wenn das Tier nicht Energie sparen könnte, indem es in seinem Baumnest, dem Kobel, viel schläft. Einen echten Winterschlaf hält es aber nicht, und zwar aus folgendem Grund: Sein Kobel schützt nicht vor dem Baummarder. Spürt es im Schlaf die feinen Erschütterungen, die ein kletternder Marder hervorruft, wird es sofort munter und flitzt in den Wipfel hinauf. Der Marder klettert ebenso flink hinterher. Doch dann tut das Eichhörnchen etwas, das der Marder auch könnte, wovor er aber trotzdem zurückschreckt: Aus Höhen von bis zu 25 Metern springt es auf den Erdboden hinunter, wobei es seinen buschigen Schwanz sträubt und als Fallschirm benutzt. Ein gefährlicher Feind ist auch der Habicht. Vor ihm reißt das Eichhörnchen aus, indem es schnell immer wieder um den Baumstamm herumklettert. Aber der Greifvogel setzt seine Verfolgung fort, indem er in hohem Tempo enge Spiralen um den Stamm fliegt. Ein Absprung wäre in diesem Fall für das Eichhörnchen tödlich, denn der Greif würde es noch im Sturz fangen. Rettung bietet nur dichtes Astwerk.

Da aber weder der Baummarder noch der Habicht in die Nähe des Menschen kommt, zieht es die Eichhörnchen in immer stärkerem Maße gerade dorthin. So ist es zu erklären, daß die possierlichen Eichkätzchen in letzter Zeit immer mehr zu Bewohnern städtischer Parks und Gärten werden.

## Die Stadt als Arche Noah

Ein seltsames Phänomen vollzieht sich in unseren Tagen: Während auf dem Lande die Natur vom Menschen zur Lebensfeindlichkeit umgestaltet wird und viele Tiere dort kurz vor dem Aussterben stehen, blüht in der extremen Unnatur unserer

| Eichhörnchen | |
|---|---|
| **Länge** | Bis 25 cm + 20 cm Schwanz |
| **Gewicht** | Bis 480 g |
| **Lebensraum** | Wälder bis 2 200 m Höhe, Parks und Gärten |
| **Nest** | Kugelnest aus Reisig (Kobel) hoch im Baum. Einzelgänger |
| **Wurf** | Ab April 2mal 4 – 5 Junge, 45 Tage im Nest, selbständig mit 8 Wochen, wandern dann aus |
| **Alter** | Bis 12 Jahre |
| **Überwintern** | Winterruhe, Verzehren der Vorräte |
| **Nahrung** | Nüsse, Eckern, Nadelbaumsamen, Beeren, Pilze, Knospen, Schnecken, Insekten, Eier, Jungvögel |

| Ziesel | |
|---|---|
| **Länge** | Bis 22 cm + 7,5 cm Schwanz |
| **Gewicht** | Bis 350 g |
| **Lebensraum** | „Steppen-Eichhörnchen", nur in Ost-Österreich und Balkan |
| **Nest** | Erdbau mit Wohnkessel, in Kolonien zusammenlebend |
| **Wurf** | Ende April 1mal 5 – 8 Junge, 21 Tage im Bau, selbständig mit 8 Wochen, bleiben in Kolonie |
| **Alter** | Bis 8 Jahre |
| **Überwintern** | Winterschlaf, ohne Vorräte |
| **Nahrung** | Grassamen, Körner, Süßgräser, Wurzeln, Zwiebeln, Mais, Melonen, Insekten |

Städte das Tierleben auf. Wie vor Jahrzehnten die Menschen in einer Landflucht ohnegleichen in die großen Städte zogen, so kehren heute zahllose Tiere Wald und Wiese den Rücken, um ihr Glück zwischen Beton und Asphalt zu suchen. Die Stadt wird für sie, wie einige bereits beschriebene Beispiele zeigen, gegenwärtig zur Arche Noah, zu einer Oase des Überlebens.

Nach der Öffnung der Städte über die Mauern hinaus erfolgte eine zweite große Invasionswelle im Zweiten Weltkrieg, als viele Städte zerbombt wurden und quadratkilometerweit in Trümmern lagen. In dieses auf so tragische Weise entstandene Ödland der Städte drangen viele Tiere ein. Sie faßten dort Fuß und ließen sich seither nicht mehr verdrängen.

Ein Beispiel dafür, wie kleine Singvögel auf den Lärm von Baumaschinen reagieren, bietet die Umgestaltung von Hamburgs Wallanlagen zum Gelände der Internationalen Gartenbauausstellung (IGA) vor einigen Jahren:

Unfähig, ihre Pläne natürlichen Gegebenheiten anzupassen, ließen die Gartenarchitekten erst einmal zahlreiche Bulldozer mit Lärm und Gestank das hügelige Gelände einebnen. Dabei flohen alle Vögel, sogar auch die Spatzen. Sie flogen aber nur 300 Meter weit in die Hinterhöfe der nahe gelegenen Etagenhäuser aus der Gründerzeit. Dort blieben sie das ganze Jahr über, während groteskerweise auf dem IGA-Gelände, das Millionen Besuchern Natur vorgaukeln sollte, kein einziger Vogel mehr sang. Erst später haben sie sich dort wieder angesiedelt.

Leider fiel das nur den wenigsten Besuchern der Gartenbauausstellung auf. Wir sind es eben noch nicht gewohnt, in der Stadt Tiere zu beobachten. Dabei wird gerade dies von Jahr zu Jahr interessanter. Schon heute können wir uns in der Stadt an viel mehr Wildtieren erfreuen als auf flurbereinigten Feldern, wo inzwischen selbst der allerletzte Busch gerodet wurde. Auch im schon fast steril anmutenden Staatsforst mit seinen soldatisch ausgerichteten Baumreihen in Monokultur trifft man auf immer mehr Wildtiere.

Der beste Beobachtungsplatz ist bei den Schienenanlagen in der Nähe unserer Bahnhöfe. Hier jagt der Fuchs Wildkaninchen, die in Entwässerungsröhren ihren Bau haben. Hier schnappt sich die Elster oder Rabenkrähe Eidechsen auf dem Schotterbett der Gleise, und hier schnüffelt mitternächtlich der Waschbär nach Erdkröten und Mäusen, um dem Waldkauz zuvorzukommen, der in lautlosem Flug aus der Einkaufsstraße herüberstreicht.

In Großstädten wie Berlin, Hamburg, München, Frankfurt, Köln und Düsseldorf werden heute schon mehr als hundert Vogelarten und über 2000 Pflanzenarten gezählt. Auf einem Quadratmeter, der den Menschen 20 000 Mark kostet, leben zehn Stare oder vier Tauben gratis.

Dennoch ist das Tierleben in der Stadt nicht ungefährlich. Nicht nur, daß Hauskatzen schon zu früher Morgenstunde die Simse, Dächer und Gärten abpatrouillieren, nicht nur, daß in der Nacht Ratten auf Raubzug gehen, nicht nur, daß auch Greifvögel wie Mäusebussarde und Habichte in zunehmender Zahl zu Stadtbewohnern werden und sich hier von anderen Tieren nähren, darüber hinaus erweist sich auch das Auto als Feind.

Ein Tierarzt, der tote Amseln in der Nähe verkehrsreicher Straßen untersuchte, fand folgendes heraus: Von 100 Vögeln hatten 31 Knochenbrüche, die von einem Zusammenstoß mit einem Auto herrührten. Und nicht weniger als 53 von 100 Verkehrsopfern hatten auch noch ältere Brüche, die zeigten, daß die Vögel schon einen Unfall überlebt hatten, dadurch aber leider nicht schlauer geworden waren. Der Stadt hatten sie nicht den Rücken gekehrt.

Denn das Häusermeer bietet den Tieren noch einen entscheidenden Vorteil: Genauso wie es in der Stadt eher Frühling wird, läßt dort auch der Winter drei Wochen länger auf sich warten. Bricht er herein, so haben viele Vögel in Feld, Wald und Flur nichts mehr zu fressen. Deshalb müssen sie rechtzeitig in den warmen Süden reisen. Die gefiederten Stadtbewohner aber finden immer und überall noch etwas, ob sie von den Menschen gefüttert werden oder nicht. Das ist der Grund, weshalb in ihnen der Zugtrieb erlischt.

Das alte Kinderlied, in dem es so schön heißt, daß „Amsel, Drossel, Fink und Star" wieder da sind, hat für die geflügelten Großstadtbewohner schon längst keine Gültigkeit mehr. Sie bleiben für immer in den Steinwüsten.

# Wie die in diesem Buch beschriebenen Tiere von Zoologen geordnet werden

## Einzeller

### Geißeltierchen
**Panzergeißler**
Meeresleuchte

### Wurzelfüßer
**Amöben**
**Rädertierchen**

### Wimpertierchen

## Vielzeller

### Nesseltiere
**Echte Quallen**
Kompaßqualle
Feuerqualle
Ohrenqualle
**Blumentiere**
Korallen
Seerosen
Wachsrose
Schmarotzerseerose

### Plattwürmer
**Strudelwürmer**
**Bandwürmer**
Fischbandwurm

### Gliederwürmer
**Borstenwürmer**
Sandwurm
Seeringelwurm
Regenwurm

### Bärtierchen

### Gliederfüßer
**Spinnentiere**
Schwarze Witwe
Kreuzspinne
Hausspinne
Wolfsspinne
Tarantel
Weberknecht
Milben
Zecken (Holzbock)

### Krebstiere
**Niedere Krebse**
Wasserflöhe
Ruderfußkrebse
Hüpferlinge
Seepocken

### Höhere Krebse
Nordseegarnele
Hummer
Flußkrebs
Seespinne
Einsiedlerkrebse
Taschenkrebse
Strandkrabbe
Wollhandkrabbe

### Tracheentiere
**Tausendfüßer**
Tausendfüßer
Hundertfüßer

## Insekten

### Springschwänze
Gletscherfloh

### Fluginsekten
**Eintagsfliegen**
**Libellen**
Heidelibelle
Grüne Mosaikjungfer
**Schrecken**
Grünes Heupferd
Feldgrille
Gemeiner Grashüpfer
**Schaben**
Küchenschabe
**Wanzen**
Bettwanze
Raubwanze
Wasserläufer
**Pflanzensauger**
Blattläuse
**Käfer**
Laufkäfer
Gelbrandkäfer
Totengräber
Leuchtkäfer
Marienkäfer
Mehlkäfer
Spanische Fliege
Maikäfer
Junikäfer
Julikäfer
Hirschkäfer
Borkenkäfer
Buchdrucker
**Köcherfliegen**
**Schmetterlinge /**
**Tagfalter**
Schwalbenschwanz
Segelfalter
Hochalpenapollo
Kohlweißling

Resedafalter
Bläulinge
Dukatenfalter
Kleiner Fuchs
Großer Fuchs
Tagpfauenauge
Admiral
Trauermantel
Großer Perlmuttfalter
Schachbrett
Ochsenauge

**Nachtfalter**

Kleidermotte
Kiefernspinner
Nonne
Schwammspinner
Labkrautschwärmer
Kiefern-Prozessions-
spinner
Gamma-Eule
Kieferneule
Stachelbeerspanner

**Zweiflügler**

Stechmücken
Schwebfliegen
Frucht- und Taufliegen
Stubenfliegen
Wadenstecher
Schmeißfliegen

**Hautflügler /
Legwespen**

Holzwespen
Schlupfwespen
Pfeifenräumer
Hungerwespen
Erzwespen
Zehrwespen

**Stechwespen**

Deutsche Wespe
Sächsische Wespe
Französische Feld-
wespe
Hornisse
Feld-, Erd- u. Stein-
hummel
Honigbiene

**Ameisen**

Rote Waldameise
Wegameise
Feuerameise

## Weichtiere

### Schalenträger

**Schnecken /
Meeresschnecken**

Purpurschnecke
Wellhornschnecke
Brandhornschnecke

Gebänderte Mond-
schnecke
Bohrschnecke

**Landschnecken**

Stachelschnecke
Wegschnecke
Weinbergschnecke

**Muscheln**

Miesmuschel
Seeperlmuschel
Auster
Flußperlmuschel
Teichmuschel
Herzmuschel
Taschenmessermuschel
Sandklaffmuschel
Bohrmuschel

### Kopffüßer

**Tintenschnecken**

Ammonshorn
Sepia (Gemeiner
Tintenfisch)
Nordsee-Kalmar
Riesenkalmar
Gemeiner Krake

### Moostierchen

### Stachelhäuter

**Seeigel**

Seeigel

**Seesterne**

Seestern
Schlangenstern

## Fische

### Kieferlose

**Rundmäuler**

Inger
Bachneunauge

### Knorpelfische

**Haie**

Heringshai
Katzenhai
Dornhai

**Rochen**

Nagelrochen

### Knochenfische

**Störe**

Stör

**Aalartige**

Aal

**Heringsfische**

Hering
Sprotte

**Lachsfische**

Lachs
Bachforelle
Kleine Renke
Äsche
Hecht

**Karpfenfische / Weißfische**

Plötze
Rotfeder
Döbel
Hasel
Aland
Elritze
Brasse
Nase
Rapfen
Schleie
Barbe
Karpfen
Karausche

**Schmerlen**

Schmerle

**Welse**

Wels

**Dorschfische**

Dorsch (Kabeljau)
Schellfisch
Grenadier

**Barschartige Fische / Barschfische**

Gold- = Rotbarsch
Groppe
Flußbarsch
Kaulbarsch
Meeräsche
Sandaal
Grundel

**Markrelen- artige**

Makrele
Thunfisch

**Plattfische**

Flunder
Scholle

# Lurche

## Froschlurche

**Echte Frösche**

Wasserfrosch

**Kröten und Laubfrösche**

Erdkröte
Laubfrosch

## Schwanzlurche

**Salamander und Molche**

Feuersalamander
Alpensalamander
Kamm-Molch

# Kriechtiere

## Schuppenkriechtiere

**Eidechsen**

Zauneidechse
Smaragdeidechse
Mauereidechse

**Schleichen**

Blindschleiche

**Schlangen**

Ringelnatter
Kreuzotter

# Vögel

## Lappentaucher

Haubentaucher

## Ruderfüßer

Kormoran

## Stelzvögel

Graureiher
Weißstorch
Schwarzstorch

## Gänsevögel

**Gänse**

Höckerschwan
Graugans
Hausgans
Ringelgans
Weißwangengans
Brandgans

**Enten**

Stockente
Peking- = Hausente
Krickente
Eiderente

## Greifvögel

**Habichtartige**

Wespenbussard
Rotmilan
Schwarzmilan
Habicht
Sperber
Mäusebussard
Steinadler
Seeadler
Gänsegeier
Bartgeier
Kornweihe
Wiesenweihe
Rohrweihe
Fischadler

**Falken**

Wanderfalke
Baumfalke
Turmfalke

# Hühnervögel

**Rauhfußhühner**
Auerhuhn
Birkhuhn
Alpenschneehuhn

**Feldhühner**
Steinhuhn
Rebhuhn
Wachtel

**Fasanen**
Ringfasan
Bankiwahuhn
Haushuhn

# Kranichvögel

**Rallen**
Bleßhuhn

**Kraniche**
Kranich

# Wat- und Möwenvögel

**Schnepfenvögel**
Großer Brachvogel
Uferschnepfe
Rotschenkel
Flußläufer
Bekassine
Alpenstrandläufer
Kampfläufer

**Säbelschnäbler**
Säbelschnäbler

**Regenpfeifer**
Kiebitz
Goldregenpfeifer
Seeregenpfeifer

**Austernfischer**
Austernfischer

**Möwen**
Silbermöwe
Lachmöwe
Dreizehenmöwe
Flußseeschwalbe

**Alken**
Trottellumme

# Taubenvögel

**Tauben**
Felsentaube
Haus- und Brieftaube
Ringeltaube
Türkentaube

# Kuckucksvögel

**Kuckucke**
Kuckuck

# Eulen

**Schleiereulen**
Schleiereule

**Echte Eulen**
Uhu
Sperlingskauz
Steinkauz
Waldkauz
Waldohreule

# Seglervögel

**Segler**
Mauersegler

# Rackenvögel

**Eisvögel**
Eisvogel

# Spechtvögel

**Spechte**
Grünspecht
Schwarzspecht
Buntspecht

# Sperlings- und Singvögel

**Lerchen**
Heidelerche
Haubenlerche
Feldlerche

**Schwalben**
Rauchschwalbe
Mehlschwalbe
Uferschwalbe

**Stelzen**
Wiesenpieper
Schafstelze
Bachstelze

**Würger**
Neuntöter

**Wasseramseln**
Wasseramsel

**Zaunkönige**
Zaunkönig

**Braunellen**
Heckenbraunelle

**Fliegen-schnäpper-artige**
Fliegenschnäpper
Trauerschnäpper
Mönchsgrasmücke
Sumpfrohrsänger
Teichrohrsänger
Goldhähnchen
Hausrotschwanz
Rotkehlchen
Nachtigall
Blaukehlchen
Braunkehlchen
Schwarzkehlchen
Amsel
Singdrossel

**Meisen**
Kohlmeise
Blaumeise
Tannenmeise

**Spechtmeisen**
Kleiber
Mauerläufer

**Finken**

- Buchfink
- Kanarienvogel
- Grünling
- Hänfling
- Fichtenkreuzschnabel
- Dompfaff

**Webervögel**

- Haussperling

**Stare**

- Star

**Pirole**

- Pirol

**Rabenvögel**

- Elster
- Eichelhäher
- Alpenkrähe
- Alpendohle
- Dohle
- Saatkrähe
- Rabenkrähe
- Kolkrabe

## Säugetiere

### Insektenfresser

**Echte Igel**

- Igel

**Spitzmäuse**

- Feldspitzmaus
- Wasserspitzmaus

**Maulwürfe**

- Maulwurf

### Fledertiere

**Fledermäuse**

- Abendsegler
- Kleine Hufeisennase

### Nagetiere

**Hörnchenartige**

- Murmeltier
- Ziesel
- Eichhörnchen

**Biberartige**

- Biber

**Mäuseartige**

- Feldhamster
- Rötelmaus
- Bisamratte
- Feldmaus
- Erdmaus
- Wanderratte
- Hausmaus
- Erntemaus

**Bilche**

- Siebenschläfer
- Gartenschläfer
- Baumschläfer
- Haselmaus

### Waltiere

**Zahnwale**

- Pottwal
- Delphin

### Raubtiere

**Marder**

- Hermelin
- Mauswiesel
- Iltis
- Baummarder
- Steinmarder
- Dachs
- Fischotter

**Bären**

- Braunbär
- Waschbär

**Hundeartige**

- Wolf
- Rotfuchs
- Marderhund

**Katzen**

- Wildkatze
- Nubische Falbkatze
- Hauskatze
- Angorakatze
- Luchs

**Wasserraubtiere**

- Seehund

### Hasentiere

**Hasenartige**

- Feldhase
- Alpen-Schneehase
- Wildkaninchen

### Unpaarhufer

**Pferdeartige**

- Przewalski-Wildpferd
- Hauspferd
- Wildesel
- Hausesel

### Paarhufer

**Nichtwiederkäuer**
**Schweine**

- Wildschwein
- Hausschwein

**Wiederkäuer**
**Hirsche**

- Damhirsch
- Rothirsch
- Reh
- Elch
- Ren

**Hornträger**

- Ur
- Hausrind
- Gemse
- Alpensteinbock
- Bezoarziege
- Hausziege, -schaf
- Mufflon

# Alphabetisches Verzeichnis

## Verzeichnis der Abbildungen

# Tierbücher von Ravensburger®

**Ein Käfer in der Wiese**
Ein Stück Wiese – ganz von nahem betrachtet, so wie es kleine Kinder gerne tun.
Best.-Nr. **33540**-1   ab 3 J.

**Tiere bei uns**
Tiere am Waldrand, im Feld, bei Erdgängen, Nestern und Höhlen, aber auch im Stall und im Haus.
Best.-Nr. **33843**-5   ab 4 J.

**Ein Nest im Schilf**
Wie die Schwäne ihre Jungen aufziehen und wie es den Teichrohrsängern ergeht, die einen jungen Kuckuck im Nest haben.
Best.-Nr. **33876**-1   ab 4 J.

**Am Waldbach**
Ein Bach im Wald ist voller Leben. Dort haben viele Tiere ihr Zuhause.
Best.-Nr. **33873**-7   ab 5 J.

**Alles was ich wissen will – über Vögel, Schmetterlinge, Bäume und Blumen**
Warum der Laubbaum seine Blätter verliert, die Tanne aber nicht.
. . . Den setzt dies Buch „ins Bild''. Mit sehr naturgetreuen Sach-illustrationen und Texten.
Best.-Nr. **35536**-4   ab 6 J.

**Alles was ich wissen will – über Katzen, Hunde und andere Haustiere**
Antworten und Fragen kleiner Tierfreunde: Welches Haustier paßt zu wem, und wie sucht man es aus?
Best.-Nr. **33537**-2   ab 6 J.

**Alles was ich wissen will – über Säugetiere, Insekten und Fische**
Wie große und kleine Tiere leben – reich bebilderte Antworten und viele Kinderfragen.
Best.-Nr. **35534**-8   ab 6 J.

**Pferdebuch für Kinder**
Eine Einführung in die Pferde-haltung und -ausbildung.
Best.-Nr. **35515**-1   ab 8 J.

**Franz, der Frosch**
Franz, der Frosch, erlebt auf seiner Reise die gefährdete Welt unserer Bäche, Flüsse und Seen.
Best.-Nr. **35595**-X   ab 7 J.

Von Ravensburger® gibt es: Spiele, Kinder- und Jugendbücher, Puzzles, Hobby- und Malprogramme, Sachbücher und Videoprogramme.

# Eine Antwort auf den Hilferuf der Natur: „Aktion Schmetterling.“ Ein Buch. Ein Appell. Eine Chance. Denn Naturschutz fängt im kleinen an.

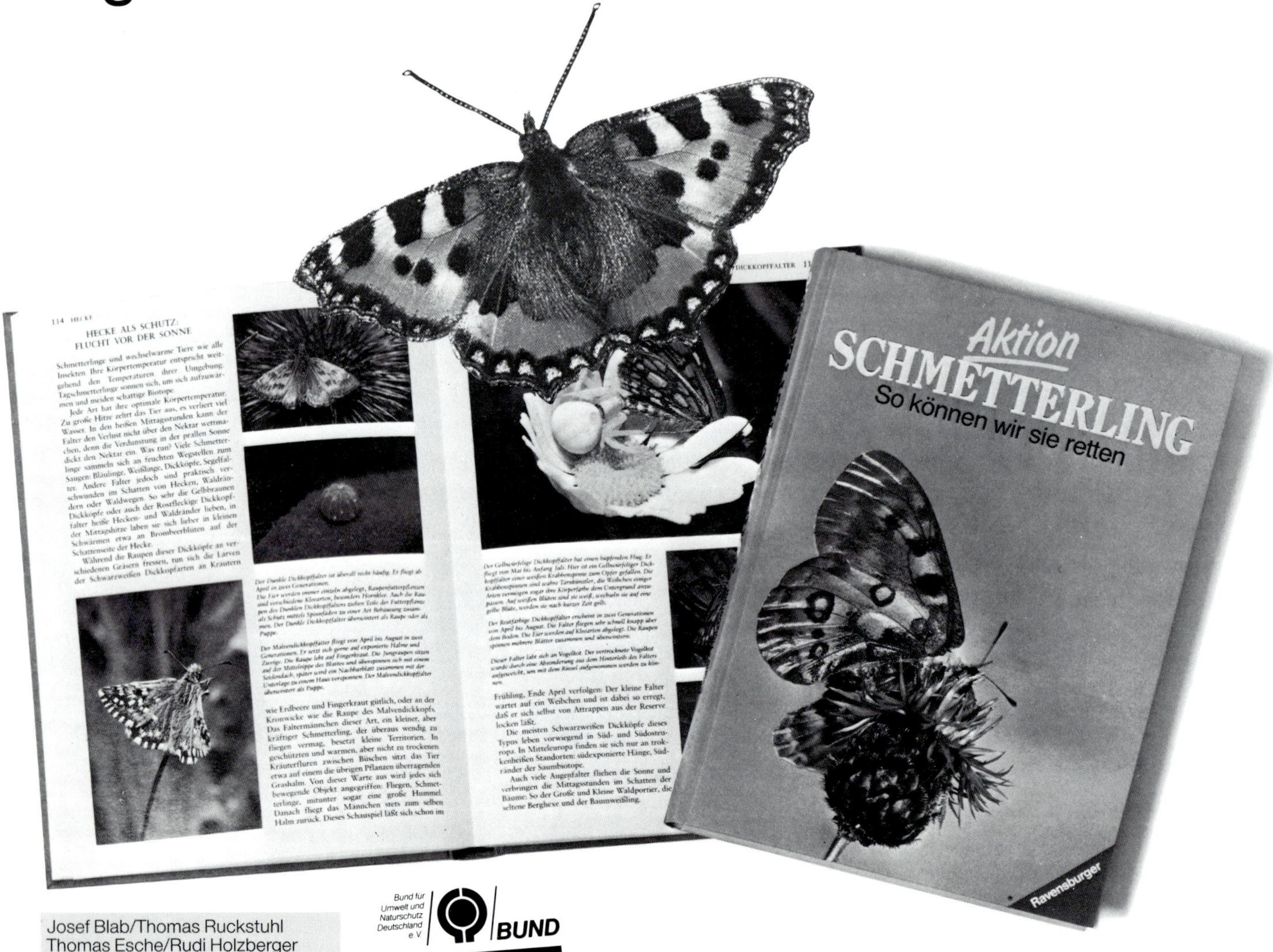


Josef Blab/Thomas Ruckstuhl
Thomas Esche/Rudi Holzberger
**Aktion Schmetterling**

So können wir sie retten.

Die Schönheit der Schmetterlinge in einzigartigen Bildern. Die Ursachen ihrer Bedrohung und der Aktionsplan zu ihrer Rettung.

192 Seiten mit ca. 400 farbigen Abbildungen von Thomas Ruckstuhl und Illustrationen von Uta Schmitt.

Pappband.

| | |
|---|---|
| Format | 19,5 ×27 cm. |
| ISBN | 3-473-46162-8 |

Bund für Umwelt und Naturschutz Deutschland e.V.
BUND

- *Jeder Buchhändler unterstützt mit einer im Buchpreis enthaltenen Spende von DM 2,– die Aktion.*

Ravensburger®

Von Ravensburger® gibt es: Spiele, Kinder- und Jugendbücher, Puzzles, Hobby- und Malprogramme, Sachbücher und Videoprogramme.

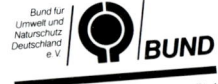